权威·前沿·原创

皮书系列为
“十二五”“十三五”国家重点图书出版规划项目

河南能源发展报告（2017）

ANNUAL REPORT ON HENAN'S ENERGY DEVELOPMENT (2017)

深化能源供给侧结构性改革

主　编／魏胜民　袁凯声
副主编／余晓鹏　王玲杰　白宏坤

图书在版编目（CIP）数据

河南能源发展报告．2017：深化能源供给侧结构性改革／魏胜民，袁凯声主编．--北京：社会科学文献出版社，2017.3

（河南蓝皮书）

ISBN 978-7-5201-0526-2

Ⅰ.①河… Ⅱ.①魏… ②袁… Ⅲ.①能源发展-研究报告-河南-2017 Ⅳ.①F426.2

中国版本图书馆 CIP 数据核字（2017）第 052250 号

河南蓝皮书
河南能源发展报告（2017）
——深化能源供给侧结构性改革

主　　编／魏胜民　袁凯声
副 主 编／余晓鹏　王玲杰　白宏坤

出 版 人／谢寿光
项目统筹／任文武
责任编辑／丁　凡

出　　版／社会科学文献出版社·区域与发展出版中心（010）59367143
地址：北京市北三环中路甲29号院华龙大厦　邮编：100029
网址：www.ssap.com.cn
发　　行／市场营销中心（010）59367081　59367018
印　　装／北京季蜂印刷有限公司

规　　格／开 本：787mm×1092mm　1/16
印 张：21.5　字 数：324千字
版　　次／2017年3月第1版　2017年3月第1次印刷
书　　号／ISBN 978-7-5201-0526-2
定　　价／79.00元

皮书序列号／PSN B-2017-607-9/9

《河南能源发展报告（2017）》编委会

主要编撰者简介

魏胜民 男，河南省宜阳人，教授级高级工程师，国网河南省电力公司副总工程师兼经济技术研究院院长，国家电网公司优秀管理专家。长期从事能源电力经济、企业战略规划等方面的研究。主持、主笔或主要参与河南省“九五”以来历次电力工业规划编制。先后荣获省部级科技进步或管理创新一等奖 4 项、二等奖 5 项、三等奖 3 项，主编或参与撰写出版著作 7 部。

袁凯声 男，河南信阳人，研究员，河南省社会科学院副院长，河南大学、河南师范大学硕士研究生导师，中国近代文学研究会理事，河南省文学学会秘书长，主持或参与国家社科基金项目等各类项目 6 项，发表学术文章七十余篇，出版学术著作 7 部。近年来从事区域发展宏观战略研究等，参加多项河南省委省政府重大决策课题专项研究，多次参加省重要文件起草工作并担任起草组组长，获得省社科优秀成果奖多项。

摘 要

本书由国网河南省电力公司经济技术研究院与河南省社会科学院共同编撰，以“深化能源供给侧结构性改革”为主题，系统分析了2016年河南能源相关行业发展的现状和问题，并对2017年的发展形势进行了预测展望，全方位、多角度研究探讨了河南推动能源供给侧结构性改革、转变能源发展方式的举措及成效，并提出了新形势下促进河南能源发展转型的对策建议，对于政府部门施政决策，能源企业、广大研究机构和社会公众研究了解河南能源发展状况具有一定的参考价值。全书主体内容可分为四大部分：总报告、行业发展篇、预测评价篇、改革创新篇。

本书的总报告阐明了对2016～2017年河南能源发展与预测的基本观点，以及供给侧结构性改革背景下河南能源发展的形势前瞻及对策建议。总报告提出，2016年，面对经济发展新常态和能源发展变革的新形势，河南以“创新、协调、绿色、开放、共享”发展理念为引领，深入贯彻“内节外引”能源方针，主动转变能源发展方式，坚持能源安全底线、生态环保红线、节能提效主线，能源发展呈现出需求有效控制、供给平稳有序、结构不断优化、效率持续提升的向好态势，但也面临着传统能源产能过剩、总量控制和减排难度大、能源系统整体效率偏低、“雾霾围城”等问题。预计2017年全省能源生产总量1.1亿吨标准煤，同比增长6.7%；能源消费总量2.45亿吨标准煤，同比增长2.9%；可再生能源消费总量1520万吨标准煤，在一次能源消费中占比达6.3%。

本书的行业发展篇，依托能源行业和研究机构中的专家学者团队，重点对河南省煤炭、石油、天然气、电力及清洁能源等行业的资源状况、发展现状和2016年发展态势进行了分析评估，并对各行业2017年的发展形势进行

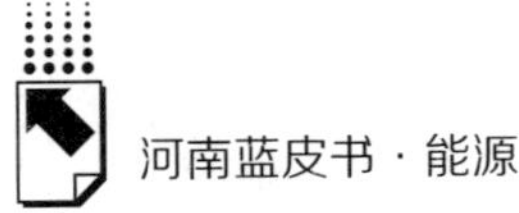

了展望，提出了能源转型环境下各行业提质增效的重点任务及措施建议。

本书的预测评价篇，主要通过重点指标分析和量化分析模型，对河南省能源供需、电力供需情况进行了回顾评价，对2017年能源供需、电力供需形势进行了预测判断，并重点就河南省“能源与经济发展关系”、“电力与经济发展关系”、“能源利用效率”以及“能源体系与产业体系的耦合关系”等进行了分析评估。

本书的改革创新篇，聚焦体制机制改革、能源转型、电力经济发展趋势、农网改造、“两个替代”、发电碳排放等热点问题，开展了“售电市场改革国际经验”“创新驱动河南能源转型升级发展的路径”“河南跨越中等收入陷阱过程中电力经济发展趋势”“农网发展对经济社会发展的促进”“以两个替代促进河南雾霾治理的路径”“河南省发电碳排放趋势研究”等专题研究，从多维度、多视角提出了促进河南能源发展转型的思路及对策建议。

目　录

Ⅰ　总报告

B.1　深化能源改革，推动绿色转型

——2016～2017 年河南省能源发展分析与展望

…………………………………… 河南能源蓝皮书课题组 / 001

一　2016 年河南省能源发展分析 ………………………… / 002

二　2017 年河南能源发展面临的形势分析 ……………… / 015

三　2017 年河南能源发展展望 …………………………… / 023

四　促进河南能源发展转型的对策建议 ………………… / 026

Ⅱ　行业发展篇

B.2　2016～2017年河南省煤炭行业发展形势分析与展望

……………………………………………………… 马任远 / 031

B.3　2016～2017年河南省石油行业发展形势分析与展望

……………………………………………… 苏　东　李　宗 / 048

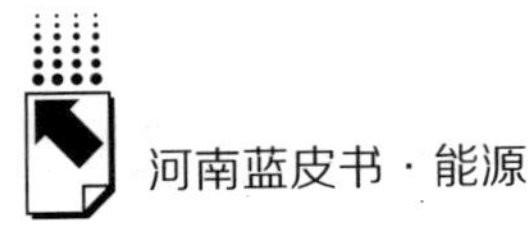

B.4　2016～2017年河南省天然气行业发展形势分析与展望
…………………………………………………… 刘立新　李　宗 / 060

B.5　2016～2017年河南省电力行业发展形势分析与展望
………………………………………………………………… 余晓鹏 / 073

B.6　2016～2017年河南省可再生能源发展形势分析与展望
…………………………………………………… 李文峰　毛玉宾 / 092

B.7　2016年河南省能源十大热点事件 …………………… 王元亮 / 114

Ⅲ　预测评价篇

B.8　河南省能源供需形势回顾与2017年供需形势预测
………………………………………………………………… 李虎军 / 126

B.9　河南省电力需求形势回顾与2017年需求形势预测
………………………………………………………………… 邓方钊 / 138

B.10　河南省能源与经济发展关系分析与评估 ……………… 刘军会 / 158

B.11　河南省电力与经济发展关系分析与评估 ……………… 王江波 / 169

B.12　河南省能源效率综合评估 ……………………………… 尹　硕 / 186

B.13　河南省能源体系与产业体系耦合关系研究 …………… 杨　萌 / 205

Ⅳ　改革创新篇

B.14　国外售电市场改革探索及经验启示 …………………… 宋大为 / 220

B.15　创新驱动河南省能源转型升级发展的路径研究 ……… 彭俊杰 / 237

B.16　河南省跨越中等收入陷阱过程中电力经济
发展趋势研究 ………………………………………………… 白宏坤 / 248

B.17　农网发展对河南省经济社会发展的促进研究
……………………………………………… 河南能源蓝皮书课题组 / 274

B.18 以“两个替代”促进河南省雾霾治理路径研究
…………………………………………………… 刘永民 苗福丰 / 286
B.19 河南省发电碳排放趋势研究 ………………… 郑雅楠 高亚静 / 302

Abstract …………………………………………………………… / 314
Contents …………………………………………………………… / 317

皮书数据库阅读**使用指南**

总　报　告

General Report

B.1

深化能源改革，推动绿色转型

——2016～2017年河南省能源发展分析与展望

河南能源蓝皮书课题组*

摘　要：2016年，河南坚持“内节外引”的能源方针，牢固树立新发展理念，深入推动能源领域供给侧结构性改革，保持了能源供需的平稳有序，能源发展呈现出结构优化、效率提升的良好态势。2017年，河南能源发展外部环境依然复杂，能源对外依存度高、总量控制和节能减排难度大等长期存在的问题依然突出，推动能源绿色、低碳转型仍面临诸多困难和挑战。课题组在2016年形势分析和2017年趋势判断的基础上，指出2017年河南能源需求将继续保持低速增长态势，全省能源供需总体比较

* 课题组组长：魏胜民、袁凯声。课题组副组长：余晓鹏、王玲杰、白宏坤。课题组成员：杨萌、王江波、尹硕、李文峰、华远鹏、赵文杰。

宽松。预计2017年全省能源生产总量1.1亿吨标准煤，能源消费总量2.45亿吨标准煤。2017年，河南能源转型升级应以提高发展质量和效益为中心，以深化供给侧结构性改革为主线，推动能源生产和消费革命，着力化解和防范过剩产能，着力培育创新发展动力，着力补齐能源发展短板，着力提升能源服务民生水平，为决胜全面小康、让中原更加出彩提供坚强的能源保障。

关键词：　河南省　能源发展　形势分析　预测展望

2016年，立足经济发展新常态和能源发展变革的新形势，河南深入贯彻国家“节约优先、绿色低碳、创新驱动”的能源发展战略，围绕“建设经济强省，打造‘三个高地’、实现‘三大提升’”的经济社会发展大局，积极开展“脱贫攻坚、大气污染防治、国有企业改革”三大攻坚战，主动转变能源发展方式，以提升能源发展的质量和效益为中心，以推进能源供给侧结构性改革为主线，大力推动能源生产和消费革命，着力化解和防范过剩产能，快速推进能源重大项目建设，不断完善能源输配网络和储备设施，持续深化能源体制机制改革，有效控制了能源消费的快速增长，实现了能源供给的平稳有序，为全省经济稳增长、保态势提供了坚强支撑和有力保障。2017年能源发展的外部环境依然复杂，河南能源接续供应能力不足、总量控制和节能减排难度较大、结构调整任务艰巨等长期存在的问题依然较为突出，全省能源绿色、低碳转型发展仍面临诸多困难和挑战。

一　2016年河南省能源发展分析

（一）2016年河南省能源发展总体情况

1. 能源供需总体平稳，有力保障经济社会发展

2016年，河南省能源生产供应平稳有序，总体较为宽松。受资源禀赋和行业发展形势影响，煤炭产销量下降；电力供应总体宽松；天然气、可再生能源等清洁能源利用量快速增长。

能源生产总量呈下降态势，降幅明显。河南是我国传统能源大省，“多煤、少油、乏气”的资源禀赋条件，决定了河南省以煤炭为主的能源结构。总体上看，随着省内煤炭行业的发展，全省能源生产总量呈现“先升后降”的变化趋势（见图1）。2000～2010年，河南省能源生产总量持续快速增长，由6591万吨标准煤上升至17438万吨标准煤，其中原煤产量由7578万吨上升至21349万吨，煤炭占一次能源生产的比重由83.7%上升至92.4%。“十二五”时期以来，受省内煤炭资源可开采量下降、开采难度不断加大，以及我国能源发展转型升级和供给侧结构性改革持续推进等因素影响，河南能源生产总量总体呈持续下降态势，“十二五”期间年均下降8.4%。煤炭作为河南能源生产的支柱行业，其产量的不断降低是导致省内能源生产总量持续下滑的根本原因。2015年，河南省能源生产总量为1.12亿吨标准煤，同比下降4.8%；初步统计，2016年河南省能源生产总量为1.03亿吨标准煤，同比下降8.3%。近期，煤炭行业在国家化解过剩产能等政策的推动下，市场明显回暖，2016年前三季度，省属骨干煤炭企业商品煤平均综合售价累计上涨120元/吨左右，企业经营状况有所好转。但从煤炭市场总体情况看，供大于求的局面并未发生根本改变，市场下行压力较大，受全省煤炭行业去产能工作持续推进影响，未来河南仍将面临能源生产总量缓慢下降的情况。

能源消费总量随着经济社会发展呈现上升态势，增速有所放缓。河南是我国的人口大省、新型工业大省，也是能源消费大省。2000～2015年，河南省能源消费总量持续快速增长，由2000年的0.8亿吨标准煤上升至2015年的2.32亿吨标准煤，增长了近2倍，年均增长7.4%（见图2）。近年来，河南深入贯彻实施省委“内节外引”能源战略，持续推动能源发展方式转变，在有力保障经济社会发展需求的同时，逐步推动了能源消费的低碳、绿色转型发展。“十二五”期间，全省能源消费总量年均增长4.5%，较2000～2010年年均增速下降了4.4个百分点，在保障经济较快发展的前提下，能源消费增速的下降充分表明，河南产业节能降耗、能源转型发展成效

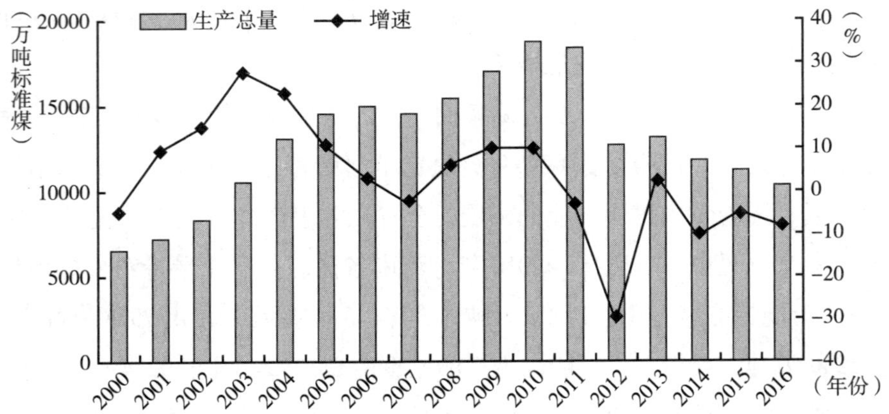

图1　2000～2016年河南省能源生产总量及增长情况

资料来源：《河南统计年鉴》（2000～2016年）。

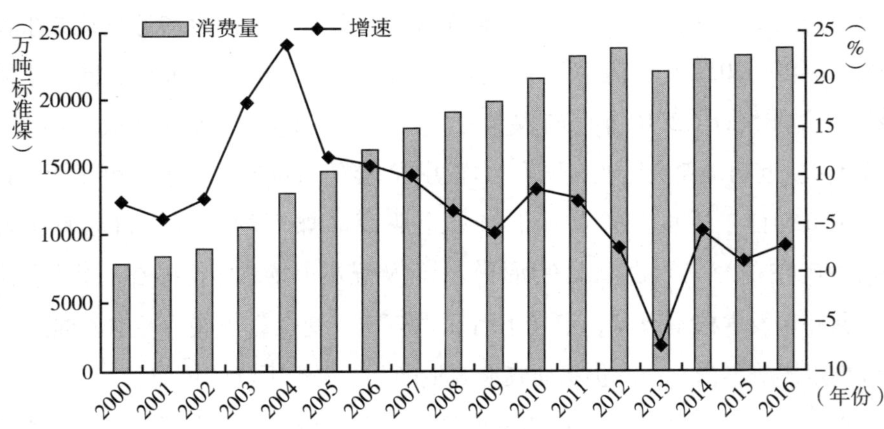

图2　2000～2016年河南省能源消费总量及增长情况

资料来源：《河南统计年鉴》（2000～2016年）。

显著。2015年河南一次能源消费总量2.32亿吨标准煤，同比增长1.2%，增速较上年降低3.3个百分点；2016年河南省能源消费总量为2.38亿吨标准煤，同比增长2.8%。从人均用能水平看，2015年河南省人均一次能源消费量、人均用电量分别为2.2吨标准煤和3038千瓦时，仅为全国平均水平的69.1%、75.3%，仍处于较低水平，与国内江苏、浙江等先进省份存在一定差距，未来随着经济发展和人民生活水平的不断提高，河南能源消费总量仍将持续增长，省内能源消费总量和碳排放控制将面临较大压力。

能源供需缺口增大，能源对外依存度不断上升。2000～2015 年，河南能源对外依存度总体呈逐步上升的态势，由 2000 年的 16.8% 上升至 2015 年的 51.5%（见图 3）。近年来，河南按照“四基地、一枢纽、两中心”的总体布局，积极推进省内清洁煤炭基地、先进生物质能示范基地、绿色煤电基地、中原炼化基地建设，努力打造全国电力联网枢纽、重要煤炭储配中心、区域性油气输配中心，构建“内节外引”的多元化能源保障格局。在“外引”方面，全国首条 1000 千伏交流特高压晋东南—荆门示范工程和首条疆电外送通道天山—中州 ±800 千伏直流特高压工程相继投运；晋豫鲁铁路输煤通道投入运行，蒙西—华中铁路输煤通道开工建设；兰州—郑州—长沙成品油、西气东输二线、端氏—博爱煤层气等跨省油气管线和省内配套管网设施相继建成，省外能源入豫能力显著提升。另外，省内能源生产总量受资源禀赋和宏观形势影响持续低迷、能源需求不断上升，河南能源对外依存度仍呈上升趋势。2016 年河南省能源对外依存度为 56.7%，较上年上升 5.2 个百分点，未来全省能源对外依存度仍较高。

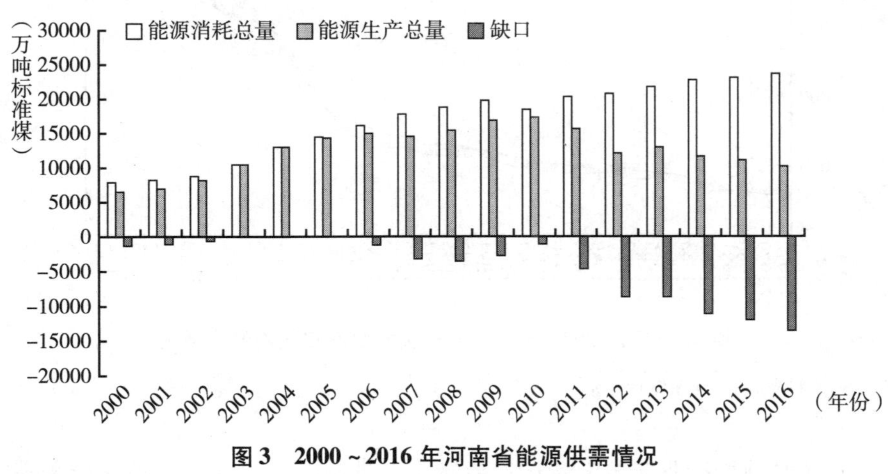

图 3　2000～2016 年河南省能源供需情况

资料来源：《河南统计年鉴》。

2. 能源结构不断优化，产业转型发展初见成效

煤炭占比稳步下降，非化石能源占比持续上升。煤炭在河南省一次能源消费结构中占有举足轻重的地位，能源资源禀赋决定了河南省“以煤为主”的能源消费结构。近年来，河南省注重转变能源发展方式，深入推进能源结构调整，取得了明显成效，煤炭占一次能源消费的比重由 2000 年的 87.6% 下降至 2015 年的 76.5%，降低了 11.1 个百分点，其中“十二五”期间下降了 6.3 个百分点；非化石能源占比由 2000 年的 1.1% 上升至 2015 年的 5.9%（见图 4）。2016 年全省能源结构进一步优化，全年河南非化石能源利用量达到 1430 万吨标准煤，同比增长 6%，占一次能源消费的比重上升至 6.0%。河南太阳能、风能、生物质能、地热能等资源相对丰富，近两年省内可再生能源快速发展。2016 年底光伏、风电、生物质能发电装机达到 438.7 万千瓦，全年非水可再生能源发电量达到 55.6 亿千瓦时，同比增长 40.2%。随着光伏、风电开发成本的下降，新能源的开发价值更加凸显，从全省近期新能源投资及开发情况看，河南能源结构将继续向着绿色、低碳的方向转变。

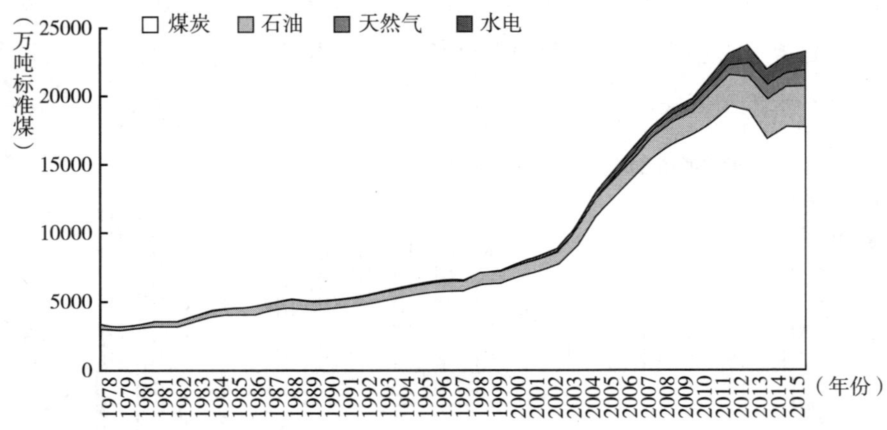

图 4　1978～2015 年河南省一次能源消费结构变化情况

资料来源：《河南统计年鉴》。

传统高载能行业能源消费增速放缓，先进制造业、现代服务业能源消费快速增长。2016 年 1～7 月，河南省化工、黑色、有色、非金属等传统四大高载能行业能源消费分别增长 0.8%、1.2%、-8.7%、-4.6%，增速均低于全省平均水平。金属制品、机械和设备维修、家具制造等行业能源消费增速较高，分别为4%、3.4%、3.3%，全省产业和能源发展转型初见成效。随着产业结构调整、化解过剩产能和大气污染防治等政策的深入实施，未来高载能行业的能源消费增速仍将维持较低水平。从用电情况看，2016 年第三产业和居民用电量快速增长，分别增长 9.84%、9.77%，增速较上年分别上升 6.5 个、14.6 个百分点，居民生活、服务业成为带动全社会用电量增长的主要力量。同时，高成长性制造业用电量增速较高，并持续高于传统行业和高载能行业。总体上看，服务业、电子设备制造、食品等低能耗、高附加值行业成为支撑能源消费增长的重要力量，河南产业转型发展的效果在能源消费中逐步显现。未来随着产业结构调整继续深入推进，传统的高载能行业能源消费增速将进一步放缓，高成长性制造业、服务业将成为河南新的用能增长点。

3. 能源效率持续提升，节能减排效果逐步显现

能源利用效率明显提升。2015 年全省万元 GDP 能耗约 0.63 吨标准煤，同比下降6.6%，降幅较上年扩大 2.5 个百分点。总体上看，河南能源效率提升较为明显，万元 GDP 能耗总体呈逐年下降趋势，1990～2015 年全省万元 GDP 能耗年均下降 4.7%（见图 5）。

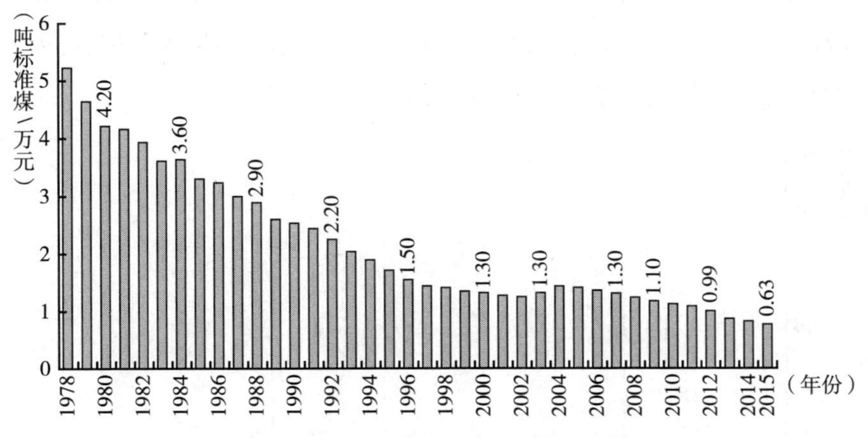

图 5　1978～2015 年河南省单位产值能耗变化情况

资料来源：《河南统计年鉴》（1978～2015 年）。

节能减排成效明显。2016 年，河南省委、省政府出台了《关于打赢大气污染防治攻坚战的意见》，统筹推进扬尘污染治理、工业污染治理、燃煤污染治理、机动车污染治理，有力推动了节能减排和空气质量改善，促进了经济、社会、环境的全面可持续发展。煤电机组节能减排升级与改造加快推进，电力行业清洁生产水平显著提升。全年完成了全省所有统调燃煤机组共计 143 台 5619 万千瓦的超低排放改造，预计每年可减少二氧化硫排放 2. 8 万吨，减少二氧化氮排放 2. 3 万吨以及烟尘排放 7. 1 万吨。成品油提质升级工程全面实施，在 2015 年完成全省汽柴油标准由国Ⅲ向国Ⅳ提升的基础上，2016 年提前两个月完成省内国Ⅴ车用汽油、柴油供应，从油品质量源头有效降低了废气污染排放。燃煤治理成效显著，2016 年前三季度，基本完成省内 3492 台 10 蒸吨及以下燃煤锅炉拆改，完成 1361 台非电行业燃煤锅炉提标治理，预计每年可减少耗煤量 560 万吨。稳步推进以电代煤、以气代煤，相继出台电能替代工作实施方案、天然气替代煤专项方案，全年推广电采暖 56 万平方米，12 万户农村居民实现厨炊永久电气化，完成天然气代煤量 4000 万立方米，气代散煤户数 2 万户，有力推动了全省能源结构优化。

另外，从二氧化硫、烟尘等污染物排放量看，全省污染物排放水平呈现逐年下降的趋势，但河南仍然是排放大省。2015 年，河南二氧化硫、烟尘排放量分别为 114. 4 万吨、84. 6 万吨，分别居全国的第 3 位和第 6 位(见图 6 ~ 图 8)，节能减排的任务仍然艰巨。

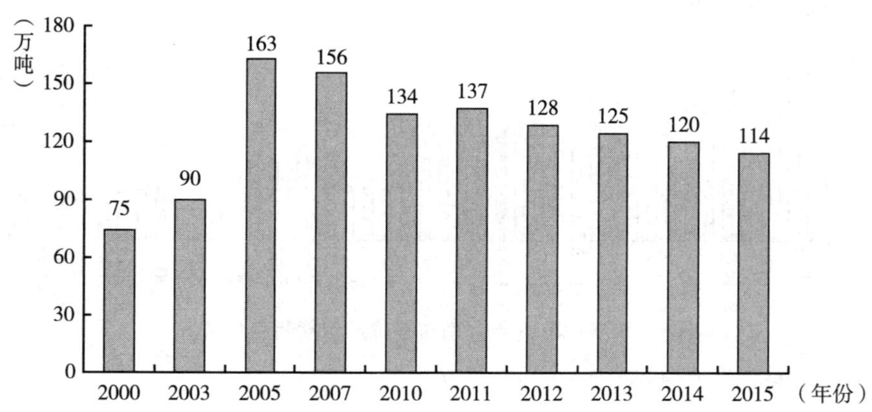

图 6　河南省历年二氧化硫排放情况

资料来源：相关年份的《河南统计年鉴》。

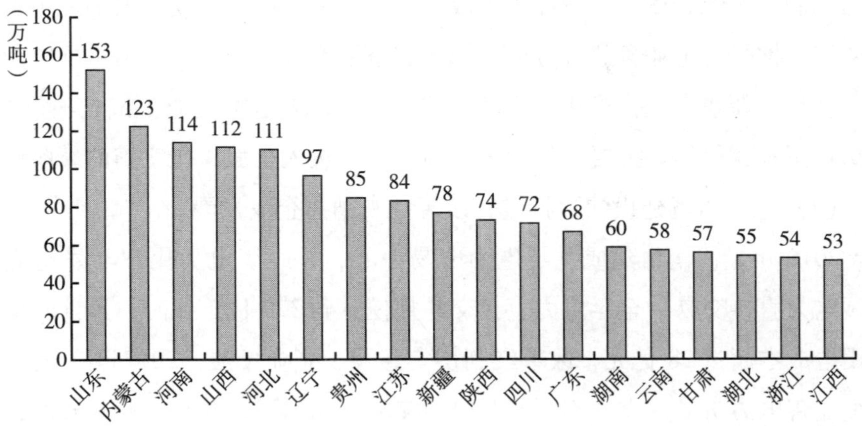

图 7　2015 年各省区二氧化硫排放情况

资料来源：《中国统计年鉴 2015》。

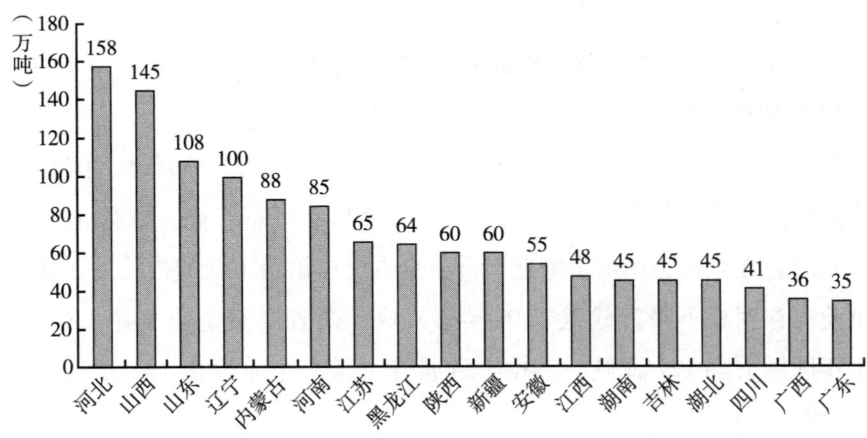

图 8　2015 年全国部分地区烟（粉）尘排放情况

资料来源：《中国统计年鉴 2015》。

4. 体制改革取得突破，改革红利惠及企业发展

（1）电力体制改革持续深化，河南综合试点方案获得批复

2016 年，河南省积极推进电力体制改革工作，取得了实质性进展。国家发改委 9 月份批复《河南省电力体制综合改革试点方案》，同意河南开展

电力体制改革综合试点。输配电价改革方面，河南已经启动开展输配电价成本监审。增量配电业务放开方面，郑州航空港经济综合实验区增量配电业务试点项目、新乡市现代煤化工循环经济产业园区增量配电业务试点项目等6个试点正式获得国家批复。河南电力体制改革进入全面深化实施的新阶段。

（2）电力市场建设快速推进，改革红利助力企业发展

2016年，河南组建成立了电力交易中心，并组织电力用户与发电企业开展电力直接交易，全年电力直接交易规模达到320亿千瓦时，累计降低企业用电成本超过28亿元，改革红利切实惠及了企业发展。2017年，河南将继续完善电力市场建设，不断规范电力交易机构运行，并在已有基础上，进一步扩大电力直接交易的规模，积极构建有序竞争的多元化电力市场，让改革红利惠及更多企业和用户。

（二）2016年河南能源行业发展情况分析

1.煤炭去产能初见成效，商品煤价格有所回升

（1）化解过剩产能取得成效，煤炭企业库存明显下降

2016年，河南深入开展供给侧结构性改革去产能专项行动，围绕煤炭等重点行业产能过剩矛盾，积极有序压减落后、过剩产能，取得了一定成效。同时，在全社会用电量增速回升、全省电煤消费上涨的带动下，省内煤炭企业库存明显下降。截至2016年9月底，全省煤炭企业库存226万吨，较上年同期下降127万吨，其中，省属骨干煤炭企业库存193万吨，下降105万吨。

（2）煤炭市场逐步回暖，商品煤价格快速回升

在国家推动煤炭行业化解过剩产能实现脱困发展等政策引导下，煤炭市场有所回暖，产品价格明显回升。2016年前三季度，河南省属骨干煤炭企业商品煤平均综合售价累计上涨120元左右，尤其6月份以后上涨幅度较大。从电煤价格看，12月底，全国电煤均价为534.9元/吨，较2015年5月以来最低值上涨219.9元/吨，河南当月电煤价格为626.9元/吨，较近期最低值上涨301.0元/吨（见图9）。

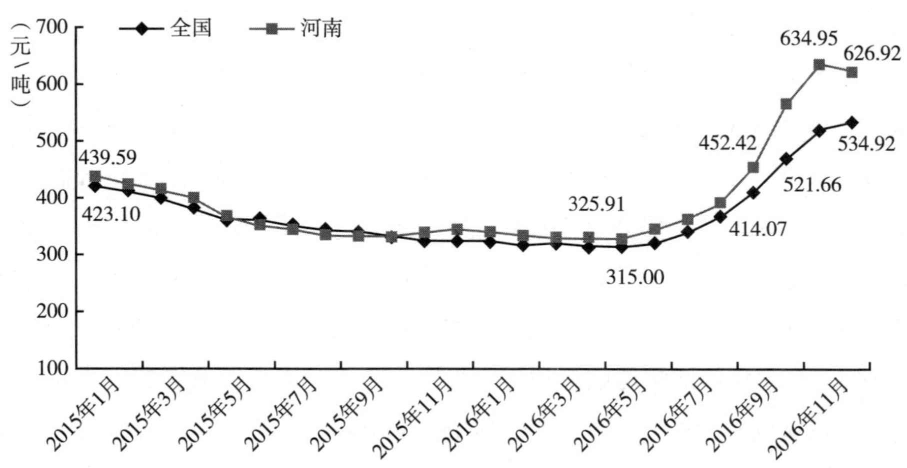

图 9　2015～2016 年河南省及全国电煤价格变化情况

（3）煤炭市场总体需求不足，产销量均有所下降

受后续可开发资源不足及行业产能过剩影响，近年来河南煤炭产量持续降低。2015 年河南原煤产量 1.35 亿吨，较上年减少 868 万吨，同比下降 6.4%。2016 年全年河南原煤产量为 1.19 亿吨，同比下降 12.1%。2016 年前三季度，全省商品煤销售量 8625 万吨，同比下降 14.2%，其中省属骨干煤炭企业销量 6865 万吨，同比下降 15.6%。2016 年以来，河南煤炭去产能工作取得积极进展，全年关闭煤炭矿井 100 对，压减产能 2388 万吨，市场供需失衡矛盾有所缓解。但全省煤炭市场产能过剩、需求不足的局面并未发生根本性改变，行业产销量均有所下滑，市场下行压力依然较大。

2. 油气供应总体保持平稳，全省消费需求稳步增长

（1）成品油提质升级、“以气代煤”工程有序实施，油气消费稳步增长

2015 年以来，河南更加注重油气的清洁利用，全省消费需求稳步增长。先后完成了车用汽柴油标准由国Ⅲ向国Ⅳ、由国Ⅳ向国Ⅴ的提升；在“气化河南”工程的基础上，河南制定《天然气替代煤专项方案（2016－2020）》，不断扩大天然气利用规模。2015 年全省成品油销量 1690 万吨，管道天然气供应量 65 亿立方米，2016 年全省成品油销量 1800 万吨，同比增

长5.8%；天然气供应量75亿立方米，同比增长15.3%。

（2）油气储备及输运管道建设快速推进，供应保障能力持续提升

2016年河南相继建成中原油田—开封、开封—薛店、博爱—薛店等天然气管道项目；开工建设中原油田文23储气库、鲁山—宝丰产业集聚区输气管道、灵宝市大王镇—陕县观音堂输气管道项目；禹州—许昌、博郑线荥阳门店—郑州北四环高压管线等天然气管道项目建设进展顺利，全年新增天然气长输管道300公里。未来，河南将继续推进油气重点项目建设，包括中石化洛炼1800万吨/年炼油扩能改造项目、日照—濮阳—洛阳原油管道、洛阳—三门峡—运城成品油管道、唐河—平顶山—伊川输气管道、安彩能源榆济线对接工程等重大项目都将于近期开工建设，全省油气供应保障能力将不断提升。

（3）油气产量持续下降，省内后续可开发资源严重不足

河南的石油资源主要分布在南阳的河南油田、濮阳的中原油田。两大油田历经多年高强度开发，已进入枯竭期，近年来产量不断下降。2015年全省原油产量412万吨，同比下降12.4%；天然气产量4.2亿立方米，同比下降14.1%。2016年河南油气产量进一步下降，全省全年原油产量315.7万吨，同比下降23.4%；天然气产量3.2亿立方米，同比下降24%。

3. 电力供需总体较为宽松，行业减排水平大幅提升

（1）电力装机规模持续增大，发电设备平均利用小时数降幅明显

2015年底河南电力装机6743.6万千瓦，2016年底全省电力装机7218.4万千瓦，较上年增加474.8万千瓦，同比增长7.0%。在近几年全省电力需求增速放缓的情况下，电力装机的快速增长使得电力供需呈现较为宽松的局面，各类发电设备的平均利用小时数均有不同程度的降低。2015年全省发电设备平均利用小时数为3902小时，较上年下降446小时；其中火电平均利用小时数为4022小时，较上年下降474小时。2016年全省发电设备平均利用小时数进一步下降为3663小时，较上年下降了239小时，较全国水平低122小时；其中火电平均利用小时数为3853小时，较上年下降169小时，较全国水平低312小时。

（2）电力需求增速稳步回升，全省用电结构不断优化

“十二五”以来，受国家经济进入新常态和产业结构调整影响，河南省

电力需求增速较“十五”“十一五”时期明显下降，甚至出现了负增长。2015 年全社会用电量为 2879.6 亿千瓦时，同比下降 1.4%。2016 年，在省内高成长性制造业、服务业快速增长和夏季高温等因素的带动下，电力需求增速明显回升，全省全社会用电量为 2989.2 亿千瓦时，同比增长 3.8%。同时，用电结构持续优化，高成长性行业用电快速增长，工业用电占比继续下降，第三产业、居民生活用电成为拉动全社会用电量增长的主要力量。2016 年全省第一、第二、第三产业和城乡居民用电结构为 2.0∶74.3∶10.2∶13.6，第二产业占比较上年下降 1.4 个百分点，第三产业和居民生活对全社会用电量增长的贡献率达到 58%。工业用电中，通用及专用设备制造业、交通运输电气电子设备制造业、食品制造业、金属制品业等高成长型制造业用电增速分别为 7.2%、8.5%、10.6% 和 14.7%，明显高于其他工业行业。

（3）火电机组超低排放改造全面完成，行业减排水平显著提升

河南电力装机以煤电为主，装机容量和发电量占比均超过 90%，煤电也是河南大气污染物排放较多的行业，二氧化硫排放量占全省的 30% 以上。推进燃煤发电机组实施达到燃气发电机组排放限值的超低排放，同等条件下可减少二氧化硫排放 66%、氮氧化物排放 50% 和烟尘排放 83%。为改善空气质量，2016 年河南通过机组超低排放改造、关停地方排放不达标的小机组等多项举措，降低电力行业排放量。全年累计完成 143 台共计 5619 万千瓦燃煤火电机组改造，全省在运统调燃煤机组全部实现了超低排放。改造后，全省每年可减少二氧化硫排放 2.8 万吨，减少二氧化氮排放 2.3 万吨，减少烟尘排放 7.1 万吨，电力行业减排水平显著提升。

4. 新兴能源持续快速发展，行业深度整合态势明显

（1）光伏、风力发电快速发展，装机容量和发电量均创新高

近年来全省新能源持续快速发展。2015 年全省新能源装机共计 182.3 万千瓦，较上年增长 68.7 万千瓦，同比增长 60.5%，全年累计发电量 39.6 亿千瓦时，同比增长 25.3%。2016 年全省新能源装机达 438.7 万千瓦，同比增长 140.6%，其中光伏发电装机 284.3 万千瓦，同比增长 596.8%；风电装机 104.1 万千瓦，同比增长 14.1%；新能源累计发电量为 55.6 亿千瓦

时，同比增长40.2%，其中光伏发电量为11.5亿千瓦时，同比增长271%，风力发电量为18.4亿千瓦时，同比增长50.8%。光伏、风电对河南新能源装机、发电量增长的贡献率分别为99.5%、91.8%，是全省新能源发电装机和发电量快速增长的主要原因。

（2）新能源投资保持高位，行业投资风险逐步显现

全省新能源领域尤其是光伏发电投资持续快速增长，2016年，河南新能源项目完成投资125亿元，创历史新高。同时，从国家批复河南指标规模看，全省普通光伏电站2016年和2017年度的指标规模仅2016年一年已经用完。截至2016年9月底，全省在建光伏电站总规模预计368万千瓦，省内光伏发电已备案容量远超出国家指导规模，局部地区出现建成并网项目无法列入国家指导规模的情况。近期，国家统筹开展了预支2017年指导规模竞争性配置工作，河南追加光伏发电规模102万千瓦，但新能源行业发展规模与国家指标不匹配的矛盾仍然存在，新能源领域的投资风险逐步显现。

（3）新能源发电上网标杆电价呈下降趋势，提质增效成为企业发展关键

为促进新能源行业的健康发展，近年来我国实行新能源标杆上网电价退坡机制，逐步降低风电、光伏的上网电价和政策补贴。2015年12月，国家发改委印发《关于完善陆上风电光伏发电上网标杆电价政策的通知》，河南风能属于Ⅳ类资源区，2016年风电标杆上网价格降低0.01元/千瓦时，2018年进一步降低0.03元/千瓦时，2016年、2018年风电标杆上网价格分别调整为0.6元/千瓦时、0.57元/千瓦时。2016年12月，国家发展改革委发布《关于调整光伏发电陆上风电标杆上网电价的通知》，河南所属的Ⅲ类资源区，2016年光伏标杆上网价格调整为0.98元/千瓦时，降幅为2%；2017年光伏标杆上网价格调整为0.85元/千瓦时，降幅达到13.3%。从长远发展看，技术进步和成本持续下降是扩大新能源规模化利用的根本驱动力。新能源发电标杆上网电价的大幅下降，有利于促进相关企业降低成本，从源头上提升新能源发电的竞争力；但也将对企业的经营、盈利造成一定影响，行业面临竞争、调整的“阵痛期”，深度整合态势明显。提质增效成为发展的关键，企业将逐步由规模扩展型向质量效益型转变。

（三）2016年河南省能源发展的主要特点

2016 年，随着经济增速放缓、产业结构深度调整和能源利用效率水平的提高，河南能源供求关系进入“新常态”。一方面，在能源消费总量和碳强度“双控”目标下，能源消费需求增速相对放缓；另一方面，能源供给能力和需求之间存在的结构性失衡问题日益凸显。总体上看，河南省能源发展呈现以下特点。

1. 耗能总量大

全省年耗能总量大，2015 年能源消费总量达到 2.32 亿吨标准煤，同比增长 1.2%，能源消费总量位居全国第 5 位。在能源消费总量中，工业消费占 70.8%。从一次能源消费看，以煤炭消费为主特征明显，煤炭、石油、天然气、水能占比分别为 76.5%、13.1%、4.5%、5.9%。2016 年河南能源消费增速仍较缓慢，初步统计，全年达到 2.38 亿吨标准煤，同比增长 2.8%。

2. 单位能耗高

2015 年，河南省单位 GDP 能耗为 0.633 吨标煤/万元，同比下降 6.6%，高于先进省份如广东、江苏等省，在全国处于中等偏下水平。2015 年河南万元工业增加值能耗为 1.24 吨标准煤，远高于国内先进地区如上海、广东等省市，也高于全国平均水平。

3. 地区与行业差异大

从地区看，受产业结构影响，河南工业经济规模较大的地区单位能耗较高，主要为安阳、濮阳、鹤壁、新乡、焦作、济源、平顶山和三门峡市，均高于全省平均水平。从行业看，河南省高载能行业主要为煤炭、化工、有色金属、电力、钢铁、建材等行业。

二　2017年河南能源发展面临的形势分析

2017 年，河南能源发展面临的形势错综复杂。从国际上看，能源供需格局发生重大变化，非常规油气、核电和可再生能源开发利用规模逐步加大，影响煤炭、石油等传统能源价格走势不确定因素增多。从国内来看，经济发展进入新常态，能源发展面临转型提质新要求，能源供需形势总体宽松，但局部性和结构性矛盾依然突出，在资源环境约束日益加剧新形势下，坚持绿色低碳发展战略，加快能源转型发展，提升能源产业竞争力更加迫切和重要。从省内看，河南粮食生产核心区、中原经济区、郑州航空港经济综合实验区、中原城市群、促进中部地区崛起“十三五”规划等国家战略规划，以及郑洛新国家自主创新示范区、中国（郑州）跨境电子商务综合试验区、中国（河南）自由贸易试验区、国家大数据综合试验区、郑州国家中心城市等国家战略平台为河南能源加快转型升级带来了重要的战略机遇，工业化城镇化加速推进，经济发展正处于动力转换、结构优化的关键时期，全省进入全面建成小康社会、加快现代化建设的决胜阶段，对能源发展提出了更高的要求。保障能源供应、加快推动能源发展方式转变的任务仍十分艰巨，能源发展既面临严峻挑战，也面临难得的机遇。

（一）河南能源发展面临诸多挑战

受资源禀赋、经济发展水平等多方面因素的影响，河南能源发展过程中积累了一些深层次的矛盾和问题。从河南省能源资源禀赋、能源生产结构和能源消费结构来看，煤炭在这三个方面都占有75%以上的绝对比例。随着全省工业化、城镇化步伐加快和人民生活水平提高，能源需求也持续增长。以煤炭为主的能源生产和消费结构越来越受到资源和环境的制约，同时也加大了节能减排难度。预计2017年河南省能源发展仍将面临严峻的挑战。

1. 资源环境制约日益加剧，能源发展亟待转型

（1）接续可开发资源严重不足，能源保障压力加大

河南省煤炭基础储量仅占全国总量的3.5%，可供建井的后备精查储量不足，煤炭产能增加受限，已经进入稳产阶段，煤炭后续可开发资源不足。石油、天然气人均储量远低于全国平均水平，分别为全国平均水平的19.6%、2.0%，常规油气资源经过三十余年的快速开发，目前已进入枯竭

期。省内水能资源基本开发殆尽。非化石能源利用量较快增长，但在较长时期内只能作为补充能源，在能源需求总量中所占比重难以大幅提高，河南省以煤为主的能源结构将在未来相当长一段时期内难以发生根本性改变。由于能源接续发展能力不强，远期河南能源对外依存度将持续攀升。如何有效保证全省能源供应，提高保障能力，是能源发展迫切需要解决的问题。

（2）能源生产高排放、高污染特征突出，加快转型迫在眉睫

2015 年全省二氧化硫排放量 114.4 万吨，占全国二氧化硫总排放量的 6.2%，居全国第 3 位；氮氧化物排放量 126.2 万吨，居全国第 3 位；烟（粉）尘排放量 84.6 万吨，居全国第 6 位。从空气质量的角度看，国际环保组织——绿色和平发布的《2015 年度中国 366 座城市 PM2.5 浓度排名》指出，2015 年河南省 PM2.5 的年均浓度全国最高，其中郑州和新乡的年均 PM2.5 浓度分别达到了 96.5 微克/立方米和 94.4 微克/立方米，远高于国家二类标准（35 微克/立方米）。空气质量与能源消费总量和结构密切相关，以煤炭为主的能源消费结构是河南空气污染的重要原因。全省为经济增长付出的环境代价已经过高，减少大气污染物排放任重道远。转变能源发展方式、提高能源质量和效益、减少能源消耗是一项长期而艰巨的任务。在大气污染防治和减排承诺的双重约束下，我国能源必须向绿色低碳转型，随着国家在控制二氧化硫等主要污染物排放的基础上，进一步将碳强度、氮氧化物等减排目标作为约束性指标纳入考核体系，2017 年河南省能源发展将受到资源约束、环境容量等方面的多重限制。

2. 能源消费总量控制压力较大，节能降耗任重道远

产业结构失衡与重点行业产能过剩并存，节能降耗难度较大。河南省产业结构偏重，能源原材料等资源性产业占规模以上工业产值的 50% 左右，且多处于产业链的前端和价值链的低端。虽然近年来河南在推动产业结构调整和转变能源发展方式方面，做出了许多卓有成效的努力，但全省工业产业整体能源消费强度较高的状况短期内难以改善。同时，能源生产等重点行业产能过剩问题突出，行业供需结构失衡，严重制约了企业的转型发展，不利于节能降耗。

从电力生产行业看，经济新常态下，电力需求增速逐步放缓，短期内电力供应过剩的现象逐步显现。河南火电装机和发电量占全省的比例均超过90%，2015年全省发电设备平均利用小时数为3902小时，其中火电机组利用小时数为4022小时，已经处于历史较低水平；2016年全年发电设备平均利用小时数进一步下降，全省发电设备和火电机组平均利用小时数分别为3663小时和3853小时，较上年分别下降了239小时和169小时。生产设备利用率的下降，直接影响了企业效益，提高了运营成本，不利于企业转型发展和节能降耗。2017年，河南省在国家战略规划和国家战略平台深入实施带动下，全省工业化、城镇化将继续快速发展，预计能源消费仍将继续增长，节能降耗的难度将进一步增大。

3. 清洁能源消费比重仍然偏低，结构调整任务艰巨

与全国能源结构相比，河南煤炭占比偏高、清洁能源比重偏低。尽管能源结构调整取得了一定效果，但河南的能源消费结构仍然偏重。2015年河南煤炭消费量占一次能源消费总量的76.5%，高于全国平均水平10.5个百分点，非化石能源消费占比为5.9%，较全国平均水平低5.3个百分点（见图10）。2015年底，我国在《强化应对气候变化——中国国家自主贡献》中，向世界庄严承诺，2020年非化石能源占一次能源消费比重达到15%左右；2030年二氧化碳排放达到峰值，非化石能源占比达到20%左右，同时降低煤炭在一次能源消费中的比重，提高电煤在煤炭消费中的比重。当前，河南能源结构与国家要求仍然存在较大差距，能源结构调整的任务依然十分艰巨。2017年，在国家要求控制能源消费总量和碳排放强度的“双控”目标下，河南省降低煤炭消费占比、提高清洁能源比重的任务依然艰巨。

4. 能源供需失衡尚未根本转变，能源价格上涨缺乏需求支撑

（1）煤炭市场供大于求的基本面没有根本转变

近期，国内煤炭市场价格回暖，但从市场整体供需情况看，行业产能过剩的问题仍然突出，供大于求的局面没有实质性转变。2017年，化解过剩产能、推进结构调整，减少低端和无效供给、扩大有效和中高端供给，有序

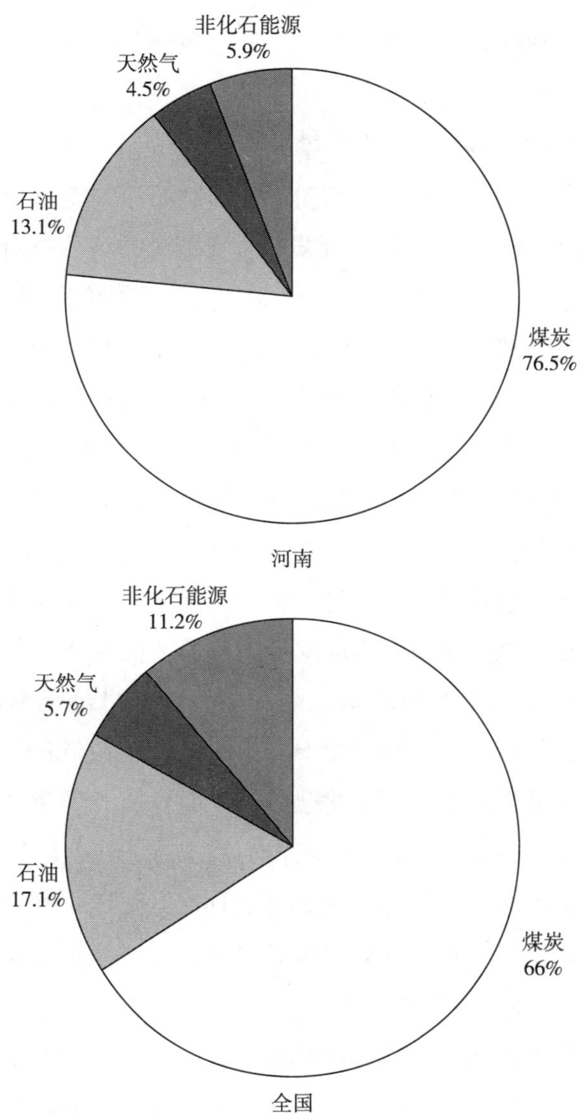

图 10　2015 年河南省与全国一次性能源消费结构对比

资料来源：《中国统计年鉴》《河南统计年鉴》。

推进能源供给侧的结构性改革，仍将是煤炭行业的主旋律。根据河南《推进供给侧结构性改革去产能专项行动方案（2016～2018 年）》，2017 年全省将在2016年压减煤炭产能2388万吨的基础上，进一步压减煤炭产能2424万吨，其中，压减省属骨干煤炭企业产能2229万吨，压减地方煤炭企业产能195万吨。

（2）能源价格上涨缺乏需求支撑

从世界能源格局看，供需关系和定价机制的深刻变革导致能源价格持续低迷。21世纪前十年，石油、煤炭等主要能源品种伴随着全球性的经济泡沫，也经历了一场爆发式的涨价浪潮：国际原油价格飙升至150美元/桶，国内煤炭价格也一度达到1000元/吨。近期，布伦特原油价格跌至约50美元/桶，国内动力煤价格也持续低位徘徊。能源价格如坐过山车般动态变化的背后，隐含着全球能源供需关系和定价机制正在发生的深刻变革。供给端，以美国为代表的页岩油气、油砂、重油等新技术的大规模应用，使得其非常规油气产地大有替代俄罗斯、中东等传统油气产地之势，世界能源格局逐步呈现“供给西进”态势。需求端，美欧发达国家的工业化进程逐步走出依靠能源消耗换取发展的阶段，能源新增需求在极大程度上被能源使用效率的提升所覆盖，能源消费增势已经显著趋缓。与此同时，中国、印度等新兴市场国家对于能源的渴求正在与日俱增，世界能源格局中“需求东移”态势明显。根据《BP世界能源展望2016》，新增能源基本被新兴经济体消费。新兴市场作为需求方，在全球能源市场正在扮演着越来越重要的角色。从定价机制看，OPEC和IEA国际能源署历经数十年建立起的定价主导权，在数年内即被页岩油气等新技术带来的大量增产所瓦解。“去产能、去库存”只能寄希望于“冻产”等非常规手段。然而事与愿违，各生产国之间的禀赋差异使得“冻产”的愿望反而变成新一轮产能竞赛的导火索。当今的原油库存较前几年已有大幅提高。在全球能源需求温和放大的背景下，预计国际能源价格很可能将长期保持底部宽幅震荡的走势。从国内能源供需情况来看，在经济新常态下，产业结构调整、经济增长动力的逐步转换以及大气污染防治等因素共同作用，使得能源需求增速将逐步放缓，清洁能源占比偏低、能源供给整体过剩的矛盾仍然存在。从省内看，河南省人均GDP处于全国中等偏下水平，经济发展质量和产业结构层次总体不高，对能源价格的承受能力较低，在能源供应整体较为宽松的格局下，近期煤炭价格上涨缺乏长期有效支撑。预计未来能源价格仍将维持在较低水平。

（二）河南能源转型发展面临难得的历史机遇

1. 能源革命加快推进

国家提出推进能源消费革命、供给革命、技术革命、体制革命，全方位加强国际合作的“四个革命、一个合作”的能源发展总体要求，明确了“节约、清洁、安全”的方针和“节能优先、立足国内、绿色低碳、创新驱动”的能源发展战略。当前全国能源供需总体较为宽松、石油天然气价格处于较低水平，能源供给侧结构性改革持续推进，加快推动化石能源的清洁利用和可再生能源的清洁替代已经成为社会共识，这些为能源革命的快速推进创造有利条件。从省内看，全省大气污染防治攻坚战、煤炭去产能持续推进，电能替代和天然气替代等专项工作方案相继出台，燃煤机组超低排放等传统能源清洁利用技术取得突破。河南转变能源发展方式，推动能源发展绿色、低碳转型面临难得的历史机遇和良好的政策环境。

2. 能源发展空间广阔

当前河南正处于决胜全面建成小康社会、让中原在实现中华民族伟大复兴中国梦的进程中更加出彩的关键时期，河南粮食生产核心区、中原经济区、郑州航空港经济综合实验区、中原城市群、促进中部地区崛起“十三五”规划等国家战略规划以及郑洛新国家自主创新示范区、中国（郑州）跨境电子商务综合试验区、中国（河南）自由贸易试验区、国家大数据综合试验区、郑州国家中心城市等国家战略平台纷纷落地，全省综合实力大幅提升、战略支撑更加坚实，经济社会发展处于新的历史起点之上，面临难得机遇。从经济发展态势看，2016 年河南经济增长速度保持在 8% 左右，工业结构持续优化，战略性新兴产业、高技术产业快速增长，增速分别高于规模以上工业 2.9 个和 6 个百分点左右；服务业持续向好，新业态、新模式不断涌现，对经济增长的贡献率持续提高。总体上看，河南经济长期向好的基本面没有变，在全国相对地位日益提高的前进态势没有变，战略和政策叠加效应更加突出，交通区位、市场规模、人力资源等综合竞争优势更加彰显，支撑经济稳定增长的基础条件更加坚实。随着经济社会快速发展和增长动力逐步转换，在国家进一步加强能源领域基础建设投资的带动下，河南补强能源发展短板，实现能源绿色低碳转型空间广阔、大有可为。

3. 新兴能源快速发展

我国的资源禀赋和能源生产结构决定了在较长一段时期内，以煤炭为主的化石能源仍将是我国的主体能源，但在大气污染防治和减排承诺的双重约束下，大力推动新兴能源发展，扩大非化石能源利用规模，发展清洁低碳能源成为能源结构调整的主攻方向。国家出台了一系列支持、引导政策，鼓励新兴能源发展，当前风电、光伏等新兴能源技术和装备水平不断提升，能源利用成本不断下降，展现出良好的发展势头。河南太阳能、风能、地热能等新能源储量较为丰富，具备较大的发展空间，同时省内页岩气等非常规油气资源勘察进展顺利，南阳核电厂址作为保护厂址、信阳核电厂址作为重点论证厂址已列入国家核电中长期发展规划，新兴能源开发价值逐步显现。新兴清洁能源的快速发展，为河南能源发展转型奠定了坚实基础。

4. 技术创新步伐加快

科技创新是能源变革的巨大推动力。近年来，世界能源科技创新步伐明显加快，能源互联网、物联网、云计算、大数据等新一代信息技术的兴起为能源持续健康发展提供了新的动力。能源生产消费模式不断创新，电动汽车分时共享、分布式能源站、智能微网、大规模储能、高性能电池等前沿技术正孕育突破，为河南能源新模式、新业态、新技术蓬勃发展创造了条件。特高压交直流输电技术的飞速发展，为河南继续引入省外清洁能源奠定了坚实基础。以页岩油气为代表的非常规油气利用逐步成熟，煤炭、石油加工转换和利用的清洁化、高效化程度进一步提高，有利于河南加快推进能源清洁、高效、多元、低碳发展。

三 2017年河南能源发展展望

（一）2017年河南能源发展总体判断

2017 年是全面实施“十三五”规划的重要一年，是供给侧结构性改革的深化之年，也是推进能源供给侧结构性改革的关键之年。

能源供需方面，随着供给侧结构性改革和大气污染防治攻坚战的持续推进，河南高载能行业的产能规模和能源消费强度都将呈下降态势，全省经济结构、能源消费结构逐步转变。总体判断，河南能源需求低速增长、供需总体宽松的态势还将持续。

能源投资方面，电网投资在国家加大投资力度以及新一轮农网改造升级工程的带动下，将保持增长的态势；煤炭、电源受行业整体供大于求和国家去产能、严控新增产能“三个一批”等政策影响，投资将有所下滑；新能源行业在全省近年投资持续快速增长，但随着国家下调上网标杆电价、收紧光伏发展规模指标，投资增长存在一定的不确定因素。总体判断，2017 年全省能源领域投资维持 2016 年水平难度较大，预计整体投资规模将会略有下降。

初步预计，2017 年河南能源消费总量将达到 2.45 亿吨标准煤，同比增长 2.9%；考虑煤炭行业在压减过剩产能、有序释放产能、大用户直购电规模进一步扩大和煤电互保等综合政策措施推动下，企业经营状况会有所好转，煤炭产量小幅上涨，预计 2017 年河南能源生产总量将达到 1.1 亿吨标准煤，同比增长 6.7%。

（二）2017年河南能源行业发展趋势研判

1. 煤炭产量小幅增长，供需总体基本平衡

2017 年，从全国层面看，国家明确提出把发展清洁低碳能源作为主攻方向，着力降低煤炭占一次能源消费比重，同时随着国家供给侧结构性改革、化解过剩产能等政策的持续推进以及大气污染防治力度不断加大，预计全国煤炭市场供大于求的基本面短期内难以改变，淘汰落后产能，化解过剩产能，调整产业结构仍将是煤炭行业的发展主线。从省内看，需求方面，一是全省能源消费总量增速逐步放缓，二是随着全省可再生能源的快速发展和“电能替代”、“天然气替代煤”等实施方案的全面落实，煤炭市场需求难以出现大幅增长；供应方面，在有序释放产能和“增减挂钩”等政策的引导下，河南煤炭产能将保持平稳，产量随着商品煤价格的逐步回升将略有上涨，此外，区外煤炭将保持充足供应。总体判断，2017 年河南煤炭供需将保持总体平衡、较为宽松的局面，全年煤炭需求与上年基本持平或略有减少，煤炭产能能够保证充足供应。初步预计，2017 年全省煤炭产量将达 1.2 亿吨左右，较上年略有增加；煤炭消费量达到 2.4 亿吨左右，其中在电能替代和大用户直购电规模扩大等因素的带动下，预计全省发电用煤相应增加 400 万吨左右。

2. 油气消费稳步增长，产量延续下降趋势

2017 年，随着汽车保有量的快速增长、居民用气量的上升以及“以气代煤”、气化河南工程的深入实施，油气行业的消费量将保持稳步增长的态势。从生产看，由于两大生产基地河南油田、中原油田可开采资源进一步减少，全省原油、天然气产量将延续近几年逐步下降的趋势。综合考虑河南油气输运官网及储备设施建设工程的配套建设，总体上看，全省油气供需将实现基本平衡。初步预计，2017 年河南原油产量将达到 300 万吨左右，较上年略有下降；全省成品油销量达到 1900 万吨，同比增长 5% 左右。2017 年河南天然气产量达到 2.8 亿立方米，较上年略有下降；天然气需求量达到 85 亿立方米，同比增长 13% 左右。

3. 电力供需总体宽松，体制改革进程提速

2016 年河南已经全面完成电力行业的超低排放改造，电力行业节能减排能力处于全省各行业领先水平，提高电煤在煤炭消费和电能在终端能源消费中的占比，成为河南能源转型、低碳绿色发展的重要途径和社会共识。新一轮农网改造升级、电能替代也有利于进一步释放电能需求，从 2016 年电力业扩报装情况看，全省净增报装容量 1200 万千伏安，其中，大工业用户新增报装容量 370 万千伏安，用户新增报装容量明显大于减容和销户容量，预计 2017 年河南电力消费将保持稳步增长的态势。供应方面，当前全省发电设备平均利用小时数，尤其是火电装机平均利用小时数处于历史较低水平，电力供应能力充足。总体判断，2017 年河南电力供需形势较为宽松。初步预计，2017 年全省全社会用电量将达到 3100 亿千瓦时左右，同比增长 3.7%；发电量达到 2700 亿千瓦时左右，同比增长 4%；全省发电设备利用小时数进一步下降至 3600 小时左右；火电发电利用小时进一步下降至 3800 小时左右；全口径最大负荷将达到 5650 万千瓦左右，同比增长 3.7%。

电力体制改革方面，2017 年国家要求全面推进输配电价改革，河南作为电力体制改革综合试点，已经启动输配电价成本监审工作，为实施输配电价改革奠定了基础。电力直接交易方面，河南提出在 2016 年的基础上进一步扩大直接交易规模，全面放开年用电量 1000 万千瓦时及以上用户参与电力直接交易。售电侧放开方面，河南将在国家批复的 6 个增量配电业务放开试点基础上，探索社会资本投资配电业务的有效途径，积极培育多元化的市场主体。此外，河南电力交易中心的股份制改造和有序放开发用电计划相关工作也在进行当中。2017 年，预计河南省电力体制改革工作进程将进一步提速，进入全面深化实施的崭新阶段。

4. 新兴能源快速增长，提质增效成为发展主题

2016 年河南新能源呈现出井喷式增长的态势，2017 年，国家将大力推进分布式光伏发电、领跑者计划和光伏扶贫工程，光伏行业仍将持续快速发展。风力发电随着低风速发电技术取得突破，技术可开发区域明显扩大，国家风电发展重心转向中东部低风速地区，河南作为风资源 IV 类地区迎来了快速发展的机遇。但是，随着新能源的快速发展，河南也出现了光伏、风电发展与规划脱节，开发空间和时间集中，建设项目无序等问题，省内已出现建成光伏并网项目暂无法列入国家指导规模的现象。2017 年预计国家安排河南省规模较 2016 年不会有大幅提高，已建、在建项目须通过竞争性比选方式列入年度指导规模。随着国家进一步下调新能源上网标杆电价，新能源企业将面临竞争加剧、利润下滑的不利局面，合理投资、提质增效是企业未来发展的主题。新能源行业发展将逐步由规模扩张向规模、质量、效益并重转变。总体上看，2017 年新能源领域装机、发电量仍将保持快速增长，但行业井喷式发展的势头将有所减缓。初步预计，2017 年全省可再生能源利用量 1520 万吨标准煤，同比增长 6.3%，占能源消费总量的 6.3% 左右（见表 1）。其中，非水可再生能源发电量达到 80 亿千瓦时，同比增长 43.9%；水电发电量按正常年份来水量估算约 100 亿千瓦时；燃料乙醇产量约 70 万吨；地热、太阳能光热、生物制气及固体（液体）燃料等其他可再生能源利用形式利用量约 930 万吨标准煤，同比增长 6%。全年预计新增新能源装机 200 万千瓦。

表 1　2017 年河南省能源发展预测

项目	能源生产总量（亿吨标准煤）	能源消费总量（亿吨标准煤）	煤炭（亿吨）		石油（万吨）		天然气（亿立方米）		非化石能源（万吨标准煤）
			生产	消费	生产	销量	生产	消费	利用量
2016 年总量	1.03	2.38	1.19	2.4	315.7	1800	3.2	75	1430
2016 年增速（%）	-8.3	2.8	-12.1	1.2	-23.4	5.8	-24	15.4	6.0
2017 年总量	1.1	2.45	1.2	2.4	300	1900	2.8	85	1520
2017 年增速（%）	6.7	2.9	0.8	0.0	-5.0	5.5	-13	13.3	6.3

四　促进河南能源发展转型的对策建议

能源是经济发展的基础保障，也是决定经济发展质量的重要因素。促进河南能源转型发展，应坚持以新发展理念为引领，以服务经济强省建设为重点，以推进能源供给侧结构性改革为主线，突出民生导向，积极转变能源发展方式，着力化解和防范过剩产能，着力培育创新发展动力，着力补齐能源发展短板，提高能源发展的质量和效益，加快建设清洁低碳、安全高效的现代能源支持系统，促进资源、环境与经济协调发展，为决胜全面小康社会、让中原在实现中国梦的进程中更加出彩提供坚强能源保障。

（一）河南能源发展转型的实施路径

1. 转变能源开发利用方式

受资源禀赋制约，河南以化石能源为主的能源结构短期内难以改变，推进化石能源的清洁开发和利用，提高能源发展的质量和效益，是促进能源低碳转型的主要途径。近期河南以化石能源的清洁利用和可再生能源的规模化发展为主，推进煤炭安全绿色开发和清洁高效利用，实施油品炼能提升、“气化河南”工程；以冬季采暖、生产制造、交通运输等领域为重点，全力推进清洁能源替代，宜气则气、宜电则电，尽可能利用清洁能源，加快提升清洁能源在能源结构中的占比。中长期逐步形成以可再生能源为主体的能源供给体系，从根本上转变能源开发利用方式，化解能源资源和环境约束，实现能源发展转型。

2. 推动终端能源消费绿色低碳转型

坚持能源节约和绿色转型并重，一是实行能源消费强度和总量双控，结合河南能源生产、原材料加工业能源消费强度偏高的特点，重点加强对该类高载能和产能过剩行业的控制和引导；二是推进终端能源消费的绿色转型，以终端能源消费的清洁低碳化引导能源体系全面转型。在工业、建筑、交通、公共机构等重点领域，推广应用先进的节能低碳新技术、新工艺和新装备，推动工业生产清洁化，普及绿色节能建筑，推进清洁智能交通。倡导分布式能源系统建设，推行多能互补的绿色能源方案，全面推动能源消费方式转变，提高能源综合利用水平，建设美丽河南。

3. 以制度促进能源发展转型

探索建立健全河南用能权、用水权、排污权、碳排放权初始分配和有偿使用及交易制度，用制度促进全省能源生产、消费转型，用制度保护生态环境。构建统筹兼顾、层次清晰的能源战略规划和产业政策体系，完善评估调整机制，对能源规划、建设、生产、运营、消费等环节实施全过程监督，避免能源行业的无序和过度建设。建立可再生能源配额制考核体系，促进可再生能源的规模化、有序发展。

4. 发挥电力在能源转型中的引领作用

电力的引领作用体现在三个方面：一是电是应用最广泛的清洁终端能源；二是电是可再生能源开发利用的最主要方式；三是电是实现多能互补、智慧协同的重要途径。河南基本实现全省电力生产行业的超低排放，因此提高电煤在煤炭消费中的比重和电能在终端能源消费中的比重，能够有效控制煤炭消费总量、优化能源结构，对河南实现节能减排和能源发展转型具有重要的引领作用。一是积极推进特高压工程建设，引入省外清洁能源。二是加大电能替代力度，重点在工业生产、居民生活、农田灌溉、交通运输领域，推进锅炉、采暖“以电代煤”、机井“以电带油”和车辆的电动替代。三是加快发展可再生能源，同时推进坚强智能电网建设，提升省内电网接纳大规模可再生能源并网的能力。

（二）2017年河南能源发展转型的对策措施

1. 以煤炭、电力行业为重点，持续推进能源供给侧结构性改革

河南是煤炭产能、消费大省，电力也以煤电装机为主，坚定不移地推进煤炭行业去产能，高度重视防范煤电潜在过剩风险，规范有序推进新能源规模化发展，实现煤炭行业转型发展和电力行业结构优化调整，是推动能源供给侧改革的关键。一是持续推进化解过剩产能工作，有效控制煤炭总产能。积极淘汰落后产能，压减不安全、不经济、煤质差的矿井产能，停建或缓建已核准的煤矿项目，严禁新增煤炭产能。从财政补助、职工分流安置、政策帮扶等方面研究制定支持政策，助力压减、退出产能企业平稳过渡，逐步缓解煤炭市场供需失衡的整体格局，推动煤炭行业的规范有序发展。二是提升煤炭产品质量，推动煤炭清洁生产利用。提高煤炭洗选比例，细化产品分类，提高煤炭产品质量；加快发展高附加值新型化工材料和精细化工产品，促进现有煤化工产品精细化、高端化、终端化、差异化发展；推进煤炭分质分级梯级利用，鼓励煤、化、电、热一体化发展，提高能源转换效率和资源综合利用率。三是有序发展绿色煤电，大力推进电力结构调整。防范煤电过剩风险，调控好煤电建设节奏，分类推进绿色煤电建设。继续淘汰落后煤电机组，重点关停单机容量10万千瓦以下纯凝燃煤发电机组和供电煤耗、污染物排放不符合现行环保要求的煤电机组；推进新能源快速有序发展，针对2016年河南光伏建设过热的实际情况，建立完善光伏、风电风险预警机制，实时掌握全省新能源投资情况，定期发出预警，提醒投资者过度集中投资建设的风险，避免无序盲目投资，推动新能源健康、快速发展，提升全省电力生产中的清洁能源占比。

2. 积极扩大有效投资规模，提升能源服务民生水平

2017年，河南经济稳增长保态势困难不可低估，能源对外依存度受煤炭去产能影响预计将进一步上升。能源行业应围绕电力、油气、新能源和基础配套设施等方面，加大能源领域建设、投资力度，加快推动能源重大项目建设，在保障全省能源供应的同时，充分发挥能源投资带动作用，提升能源服务民生水平，促进经济社会发展。一是推进电网工程，尤其是城乡配电网建设。国家启动新一轮农网改造升级工程，加大基础建设投资，是河南改善城乡配电网薄弱局面的难得历史机遇。应积极争取国家农网改造升级中央预算内资金和城镇配电网建设改造专项资金支持，以农田机井通电、中心村（小城镇）电网改造升级和村村通动力工程为重点，统筹整合地方涉农资金，全面加快城乡配网和农村电网建设。二是加快油气管网项目和配套基础设施建设，提升油气供应保障能力。油气管网方面，全面开工建设一期项目及配套日照—濮阳—洛阳原油管道、洛阳—三门峡—运城成品油管道，加快推动西二线南阳—信阳天然气管道，禹州—许昌、商丘—柘城、博郑线—郑州西四环、唐河—伊川等输气管道建设；加快县域支线建设及管道间互连互通。油气基础设施方面，推进洛阳石化1800万吨/年炼油扩能改造及配套项目建设，推进中原油田文23储气库和一批LNG储气调峰设施建设。三是在防控风险的前提下，有序推进新能源项目建设。建立监测预警机制，改变光伏指标排序方案，出台光伏发电竞争性配置方案，通过竞争性比选确定2017年度全省指导规模配置。重点推进华润内黄40万千瓦、华能濮阳50万千瓦等低风速平原风电项目，为全省扩大风能资源利用规模提供示范。

3. 全面深化能源领域改革创新，促进能源行业持续健康发展

以电力体制改革、新能源机制变革和能源互联网试点示范建设为重点，加快推动能源领域改革创新。一是推进电力体制改革。加快推进电力市场建设，逐步组建相对独立的交易机构；建立由电网企业、发电企业和电力用户组成的电力市场管理委员会，明确市场交易规则，为电力市场交易提供公平、高效的服务。有序放开发用电计划，在 2016 年的基础上，进一步扩大电力直接交易规模，扩大市场化电量的占比，降低实体经济用电成本。加快售电侧改革，以国家批复的 6 个增量配电业务放开试点项目为核心，探索社会资本投资配电业务、参与市场化售电业务的途径和模式。二是创新新能源发展机制。当前国家新能源发电上网电价和政策补贴不断下降，河南需要创新新能源发展管理机制，探索促进新能源有序发展的管理模式，避免无序发展导致的恶性竞争，推动光伏、风电等可再生能源的发展基点转移到提质增效、创新驱动上来，实现新能源由规模扩展向质量效益型发展的转变。三是加快“互联网 +”智慧能源试点示范工程建设。河南“互联网 +”发展具备一定的基础，应充分发挥自身优势，加强能源互联网基础设施建设，因地制宜推进能源互联网新技术与新模式先行先试，在技术创新、运营模式、发展业态和体制机制等方面深入探索，抢占“互联网 +”智慧能源的发展先机，重点推进平顶山特大型能源化工基地“互联网 +”智慧能源示范项目、许继智慧化能源互联网综合试点示范园区等工程建设。

参考文献

国家统计局：《中国统计年鉴 2016》，中国统计出版社，2016。

国家统计局：《中国能源统计年鉴 2015》，中国统计出版社，2015。

河南省统计局：《河南统计年鉴 2016》，中国统计出版社，2016。

行业发展篇

Industry Development

B.2

2016 ~2017年河南省煤炭行业发展形势分析与展望

马任远 *

摘 要: 2016年以来，河南省积极落实煤炭供给侧结构性改革，着力推进煤炭去产能，加快产业结构优化调整。但由于受资源环境约束及市场供需影响，河南省煤炭行业发展面临市场需求不足、转型升级调整缓慢等诸多挑战，行业发展存在较多困难。本文在系统梳理河南省煤炭资源情况及发展特征、当前煤炭行业发展存在的问题的基础上，深入分析了2016年河南煤炭行业的发展情况，对2017年河南煤炭行业发展形势做出预判，提出河南省煤炭行业转型升级和创新发展的对策和建议。

关键词: 河南省 煤炭行业 分析展望 产业升级

* 马任远，国网河南省电力公司经济技术研究院经济师，经济学硕士，研究方向为能源电力经济。

一　河南省煤炭资源及行业发展总体特征

（一）煤炭资源基本情况

1. 煤炭资源储量丰富

截至2015年底，河南省2000米以浅已探明的煤炭资源储量[①]1130亿吨，占全国资源储量的2.0%。煤炭保有储量[②]为346亿吨，有近90%的资源赋存在1000米以深。河南煤炭基础储量[③]为86亿吨，占全国3.5%，低于山西、内蒙古、新疆、陕西和贵州，居全国第6位。河南省煤炭资源储量较为丰富，但人均储量水平较低。河南省人均基础储量为90.7吨，远低于全国平均水平177.5吨/人，是全国平均水平的51.1%，居全国第12位。全国各省煤炭基础储量及人均基础储量情况详见表1。

表1　2015年河南煤炭基础储量、煤炭人均基础储量与其他各省比较

单位：亿吨、吨/人

地区	煤炭基础储量	排序	地区	煤炭人均基础储量	排序
全　国	2440.1		全　国	177.5	
山　西	921.3	1	山　西	2514.8	1
内蒙古	492.8	2	内蒙古	1962.6	2
新　疆	158.7	3	新　疆	672.5	3
陕　西	126.6	4	宁　夏	543.6	4
贵　州	101.7	5	陕　西	333.8	5
河　南	86.0	6	贵　州	288.1	6
安　徽	84.0	7	青　海	212.6	7
山　东	77.6	8	黑龙江	161.6	8
黑龙江	61.6	9	安　徽	136.7	9
云　南	59.6	10	云　南	125.7	10

① 储量：是矿产储量的简称，泛指矿产的蕴藏量。

② 保有储量：一定时间内（截至报告日期）矿山所拥有的资源实际储量。

③ 矿产基础储量：基础储量是查明矿产资源的一部分。它能满足现行采矿和生产所需的指标要求，是控制的、探明的并通过可行性或预可行性研究认为属于经济的、边界经济的部分，用未扣除设计、采矿损失的数量表示。

续表

地区	煤炭基础储量	排序	地区	煤炭人均基础储量	排序
四　川	53.8	11	甘　肃	125.0	11
河　北	42.5	12	河　南	90.7	12
宁　夏	37.4	13	山　东	78.8	13
甘　肃	32.5	14	四　川	65.6	14
辽　宁	26.8	15	辽　宁	61.2	15
重　庆	17.6	16	重　庆	58.3	16
青　海	12.5	17	河　北	57.2	17
江　苏	10.5	18	吉　林	35.6	18
吉　林	9.8	19	天　津	19.4	19
湖　南	6.6	20	北　京	18.0	20
福　建	4.1	21	海　南	13.2	21
北　京	3.9	22	江　苏	13.2	22
江　西	3.4	23	福　建	10.7	23
湖　北	3.2	24	湖　南	9.7	24
天　津	3.0	25	江　西	7.5	25
海　南	1.2	26	湖　北	5.5	26
广　西	0.9	27	西　藏	3.1	27
浙　江	0.4	28	广　西	1.9	28
广　东	0.2	29	浙　江	0.7	29
西　藏	0.1	30	广　东	0.2	30

资料来源：《中国统计年鉴 2016》。

2. 煤炭资源分布广泛

根据资源分布和含煤地质特征，河南省煤炭布局划分为六大矿区，即安鹤矿区、焦作矿区、义马矿区、郑州矿区、平顶山矿区和永夏矿区。其中包括 19 个煤田和 5 个含煤区，19 个煤田分别是安阳、鹤壁、焦作、济源、陕渑、义马、新安、宜洛、汝州、偃龙、荥巩、登封、禹州、平顶山、永夏、新密、确山、南召和商固；5 个含煤区是濮阳、文留、台前、郸城和通许。

3. 煤炭资源种类齐全

河南省煤炭种类比较齐全，煤种主要为无烟煤、焦煤、肥煤、贫煤、瘦煤、长焰煤、气煤等，其中品质优良的无烟煤资源储量约占煤炭总量的 1/3。其中，无烟煤主要集中在焦作矿区、永夏矿区，贫瘦煤主要集中在义马矿区、郑州矿区，贫煤主要集中在安鹤矿区、焦作矿区，煤田及煤种分布情况详见表 2。

表2　河南六大矿区煤田及煤种分布情况

矿区名称	矿区煤田	煤种
安鹤矿区	安阳煤田、鹤壁煤田、台前煤田	贫煤、瘦煤
焦作矿区	焦作煤田、济源煤田	贫煤、无烟煤、瘦煤
义马矿区	义马煤田、新安煤田、宜洛煤田、陕渑煤田	贫瘦煤、长焰煤、焦煤、焦肥煤
郑州矿区	新密煤田、登封煤田、荥巩煤田、偃龙煤田	贫瘦煤、无烟煤
平顶山矿区	平顶山煤田、禹州煤田、汝州煤田	1/3 焦煤、肥煤、瘦煤、主焦煤
永夏矿区	永夏煤田	无烟煤、贫煤

（二）煤炭行业发展特征

1. 煤炭生产已过峰值

河南省煤炭生产量在2009年达到峰值，总产量达23018万吨，“十一五”期间年均增长2.7%。2010年以后，全省煤炭产量不断下降，2015年降至13548万吨，“十二五”时期年均下降8.7%。2005～2015年河南省原煤产量详见图1。

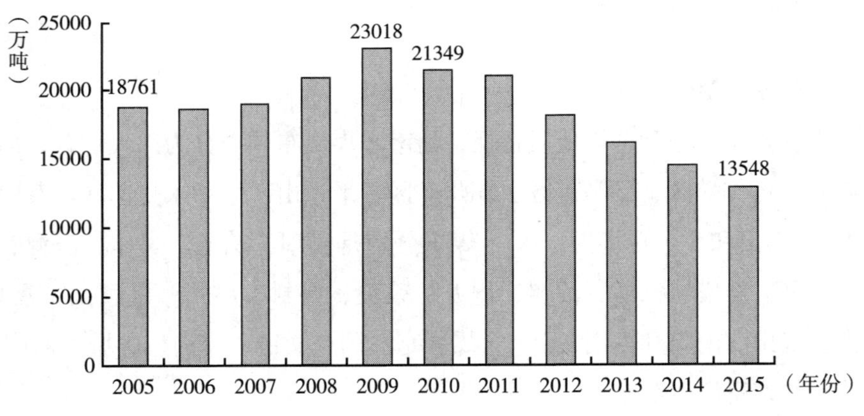

图1　2005～2015年河南省原煤产量

2. 煤炭消费持续回落

河南省煤炭消费量“十一五”期间年均增长7.1%，2011年达到峰值28374万吨，2012年以后煤炭消费量不断回落，2015年煤炭消费量降至

23720万吨，同比下降2.2%，“十二五”期间年均下降1.9%。2005～2015年河南省原煤消费量见图2。

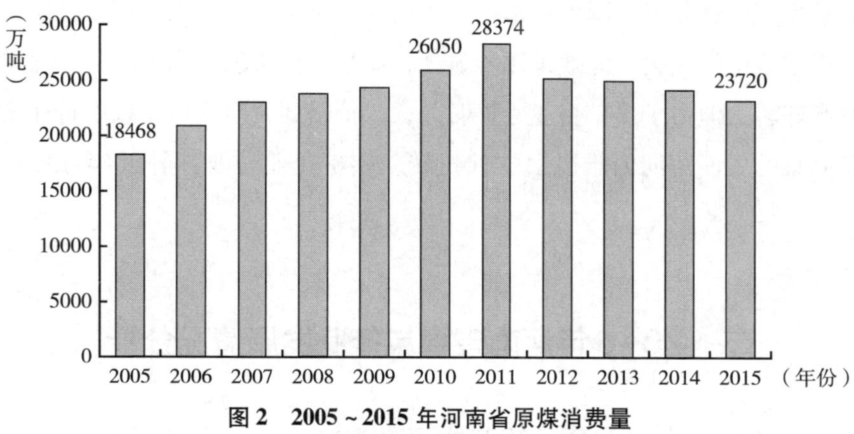

图2　2005～2015年河南省原煤消费量

3. **对外依存度逐年上升**

近几年，河南陆续退出一些资源枯竭、煤质差、开发成本高、历史负担重、长期亏损的煤矿产能，河南煤炭产量基本处于稳产或稍有下降的态势。自2005年起，河南省由煤炭输出大省转变为煤炭净调入省，除2009年煤炭因产量高缺口较小外，其他年份调入量呈逐年上升态势。2015年净调入10172万吨，煤炭对外依存度上升至43%（见图3）。煤炭供应缺口全部需要省外调入，铁路和公路的输送压力持续加大。

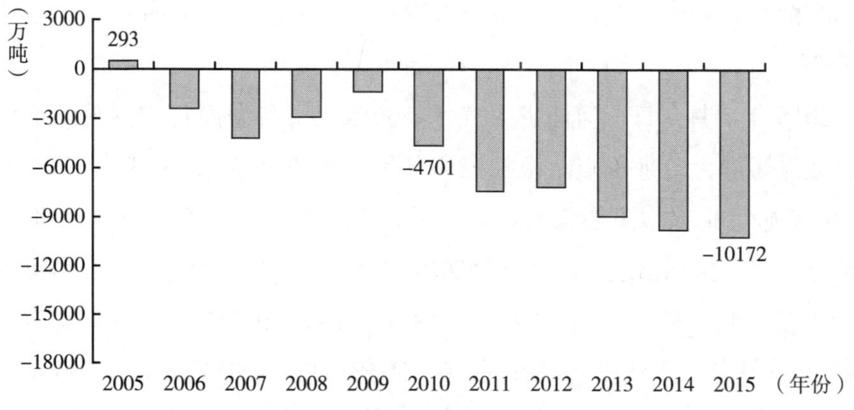

图3　2005～2015年河南省煤炭缺口

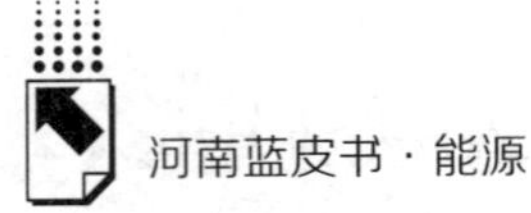

4. 企业经营困难延续

河南省煤炭资源埋藏较深，挖掘难度大、成本高，导致全省煤炭行业人均劳动生产率远低于全国平均水平，省内煤炭价格较省外价格高，竞争力较差。近期全国煤炭去产能效果逐步显现，煤炭价格阶段性回升，部分煤矿效益略有好转，但由于煤矿企业亏损时间长、价格回升时间短，煤炭行业整体经营困难的局面短期内难以根本性扭转，煤矿企业若要弥补近年亏损仍需时间。

二　2016年河南省煤炭行业发展情况分析

（一）煤炭行业供需呈现基本平稳态势

1. 煤炭消费需求不足

2016 年，河南省煤炭总体呈现需求不足的特征，初步统计，全年煤炭消费量 2.4 亿吨，同比增长 1.2%。受经济增长放缓、产业结构调整等因素影响，全年全省火电发电量 2474 亿千瓦时，同比增长 0.02%；利用小时数 3853 小时，同比下降 169 小时。全省钢材产量 4667.9 万吨，同比下降 1.5%；水泥产量 15604.2 万吨，同比下降 5.8%；农用氮磷钾肥（折纯）产量为 532.4 万吨，同比下降 5.2%。电力、钢铁、建材、化工产业增速放缓，导致直接拉动煤炭需求增长的动力减弱，河南省煤炭总体需求下降。

2016 年 7 月 4 日，河南省大气污染防治攻坚战全面打响，明确重化工业和燃煤污染为治理重点。根据工作部署，2016 年完成 1924 台 3734.3 蒸吨 10 蒸吨/小时及以下燃煤锅炉拆除或清洁能源改造，完成 2801 台 8216.4 蒸吨燃煤锅炉提标治理，加快推进实施“电代煤”“气代煤”工程和清洁煤替代散煤，组织 302 家钢铁、水泥、铸造企业实施错峰生产。受此影响，仅 7 月、8 月涉及大工业用户停限产 3000 余家，主要集中在化工、钢铁、水泥等行业，累计停限电量 8.1 亿千瓦时，直接减少煤炭消费约 35 万吨。

2. 煤炭产量持续下降

受煤炭供需形势及去产能影响，全年全省原煤产量1.19亿吨，同比下降12.1%，较全国平均增速低3.1个百分点。为化解过剩产能实行减量化生产，2016年全年关闭煤炭矿井100对，产能2388万吨。2016年5~10月月度原煤产量降幅均在10%以上；5月当月产量897.7万吨，同比下降18.2%；年底产量略有回升，12月当月产量1099.1万吨，同比下降4.2%（见图4）。

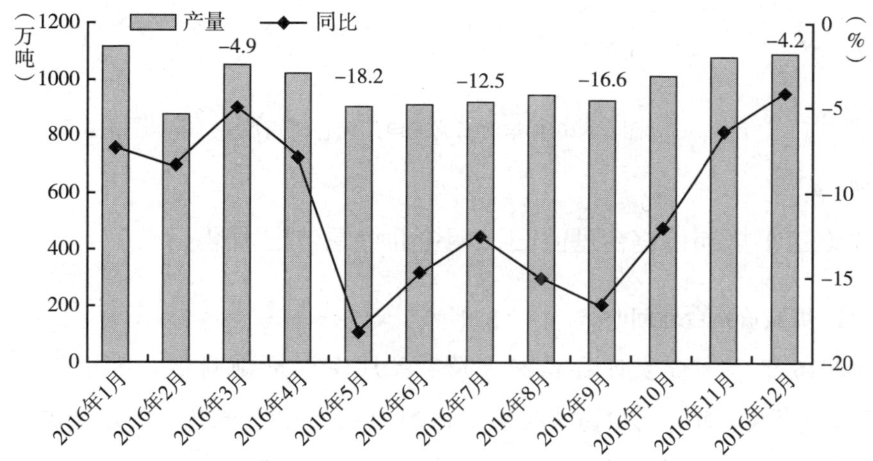

图4　2016年河南省原煤生产情况

3. 煤炭库存压力减轻

在国家加大治理违法违规建设和生产、提高商品煤质量标准以及去产能、限产等一系列政策作用下，河南部分开采条件不好、成本高的煤矿退出，全省煤炭产量持续降低。截至2016年9月底，河南省煤炭企业库存226万吨，同比下降127万吨。同时，受煤电发电量增长影响，电煤消费明显增长。为保障电力供应安全可靠，河南省电煤全年保持充足供应状态，各月月末电煤库存均在较高位运行（见图5）。截至12月31日，河南省调度电厂存煤674.2万吨，约可用15天，为安全迎峰度冬创造了条件。

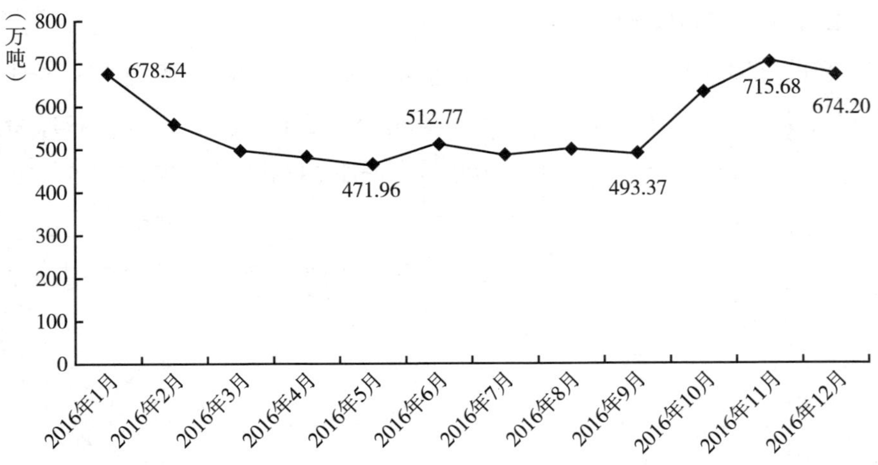

图 5　2016 年河南调度电厂库存煤情况

（二）煤炭价格合理回归，但企业经营依旧困难

1. 煤炭价格合理回归

2016 年全国煤炭库存持续下降，9 月库存量刷新低，比年初下降 17726.2 万吨，库存的快速消耗弥补了全国层面的供应缺口。由于全国范围的供需缺口不断扩大，自 5 月以来煤炭价格呈阶段性上升态势，自 11 月以来价格趋于稳定（见图 6）。

受河南省煤炭去产能库存减少和夏季持续高温电煤消耗增长等因素叠加影响，省内煤炭价格自 2016 年 5 月以来持续上涨，河南省属骨干煤炭企业商品煤平均综合售价累计上涨 120 元左右，尤其 6 月以后上涨幅度较大，其中，9 月省属骨干煤炭企业商品煤综合售价 428 元/吨，环比上升 11.9%。

近期电煤价格上升较快。根据发改委价格司发布的电煤价格，河南省 12 月电煤价格为 626.92 元/吨，比 2016 年 4 月的最低值 325.91 元/吨上升了 301 元/吨。全国 12 月电煤价格为 534.92 元/吨，比 2016 年 5 月的最低值 315 元/吨上升了 219.9 元/吨（见图 7）。

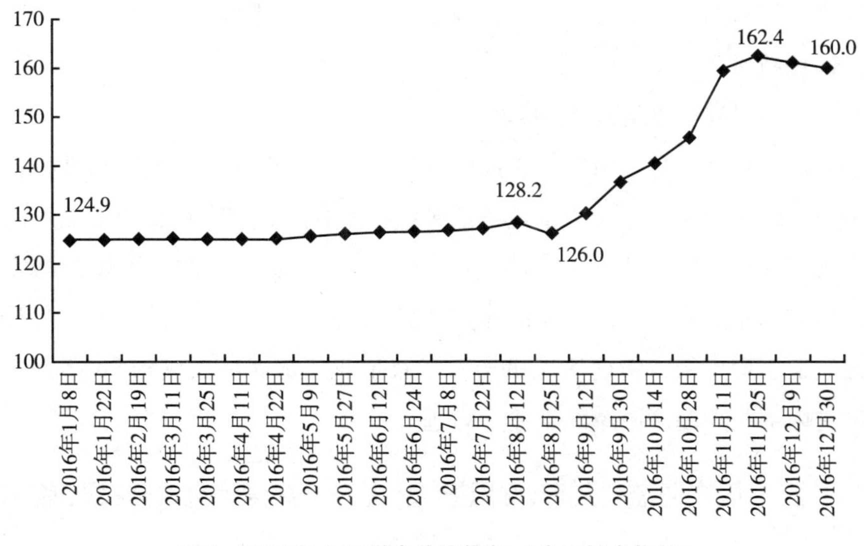

图 6　2016 年中国煤炭价格指数（全国综合指数）

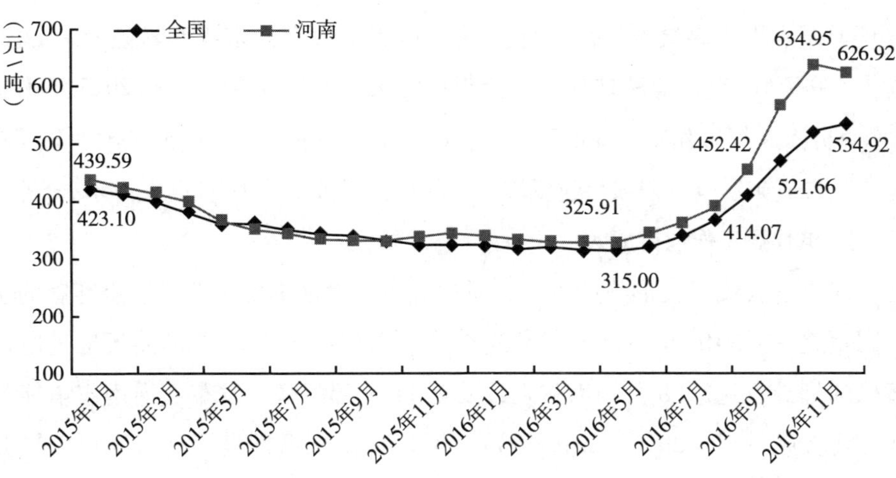

图 7　2015～2016 年河南省与全国电煤价格变化情况

2. 煤炭企业持续亏损

受煤炭价格低位徘徊影响煤炭企业经营困难。2016 年 5 月以来，河南省煤炭价格虽有所回升，但回升时间较短，平均煤价与 2015 年同期水平基本持平，企业资金链紧张的状况没有得到根本性好转。2016 年 9 月，省属三大骨干煤企净亏4.2亿元，环比减亏25%；前三季度累计亏损总额61亿元，同比减亏2.4亿元。

3.国有煤炭企业改革深入推进

煤炭企业深入贯彻落实全省深化国有工业企业改革工作会议精神，全面打响深化改革攻坚战，全力推进解危脱困。混合所有制改革加快推进，河南能源集团完成2家企业混改，郑煤集团完成24家企业混改，平煤神马集团混合所有制企业占二三级公司的比重达到70%。法人治理结构进一步完善，通过压缩管理层级，精简法人机构，三家企业共精简法人机构80多家。加快推进内部三项制度改革，企业活力进一步增强。

（三）煤炭清洁化生产水平进一步提升，燃煤污染攻坚战取得成效

1.煤炭清洁化生产水平进一步提升

严格执行《河南省商品煤质量管理暂行办法》，强化商品煤全过程质量管理，重点推进煤炭洗选厂升级改造，建成平顶山天宏煤炭洗选厂（洗选能力500万吨/年）等洗选项目，全年全省入洗率达到67%，比2015年增长1个百分点。煤矿瓦斯治理示范工程项目建设加快推进，平煤十二矿、郑煤超化矿、告成矿示范工程项目建成竣工，新投瓦斯抽采能力8000立方米/分钟。

2.电代煤工作取得成效

河南省大气污染形势严重，大量散烧煤、燃油消费是造成严重雾霾的主要因素之一。2016年5月国家发改委等8部门联合下发了《关于推进电能替代的指导意见》，8月河南省发改委等11个部门联合发布《河南省电能替代工作实施方案（2016～2020年）》，明确提出积极推进河南省重点区域和重点领域实施“以电代煤”“以电代油”，最大限度地减少散烧煤和燃油使用量，加快提升河南省电气化水平。随着节能减排行动计划和大气污染防治攻坚战的深入推进，全省电能替代工作有序开展，全省空气质量有所改善。2016年，全省累计推动实施电能替代项目1279个，替代电量共计80.85亿千瓦时，相当于在消费终端减少烧煤390万吨，减排二氧化碳690万吨，减排二氧化硫、氮氧化物、烟尘等11.7万吨。

（四）煤炭行业发展面临的问题

2016 年以来国家积极推进供给侧结构性改革，煤炭行业去产能、去库存持续推进，正逐步实现脱困发展。但资源环境约束日益凸显，后续供应能力不足显现，清洁利用要求不断提高，全省煤炭行业发展仍存在诸多问题。

1. 能源转型发展任务艰巨

“十三五”时期是经济社会发展方式加快转变的重要战略机遇期，也是建设生态文明、能源转型和低碳发展的关键时期。国家提出到 2030 年左右，二氧化碳排放达到峰值，非化石能源比重提高到 20% 左右；同时，降低煤炭在一次能源消费中的比重，提高电煤在煤炭消费中的比重。受资源禀赋约束，2015 年河南省一次能源消费中非化石能源占比 5. 9%，比全国平均水平低 6 个百分点；煤炭消费占河南省能源消费总量的 76. 5% 左右，高于全国平均水平 12. 5 个百分点（见图 8），与国家要求有较大差距，能源转型发展任务十分艰巨。

2. 煤炭后续供应能力不足

河南以煤为主的能源资源利用形式短时期内难以改变，而发电是煤炭最为清洁的利用途径之一，受 2016 年关停退出 100 家煤矿影响，河南省煤炭基础产能下降 2388 万吨，煤炭后续供应能力不足，煤炭对外依存度将继续上升。

为了满足省内经济发展和煤炭供应，煤炭供应缺口量需从区外调入。由于目前区外煤炭调入的铁路和公路输运通道能力有限，提升铁路、公路煤炭运力，加快区外输电通道建设，发展新能源和推进电能替代、清洁替代工作，成为当务之急。

3. 煤炭清洁利用技术要求不断提高

煤炭发挥了支撑经济发展、保障能源安全的基础性作用，但同时也带来了比较严重的环境污染和碳减排问题。随着 2016 年河南省火电机组陆续完成超低排放改造，火电机组二氧化硫和氮氧化物排放标准已达到燃气电厂的排放标准，环境污染问题得到大幅改善，但碳减排问题依然存在。

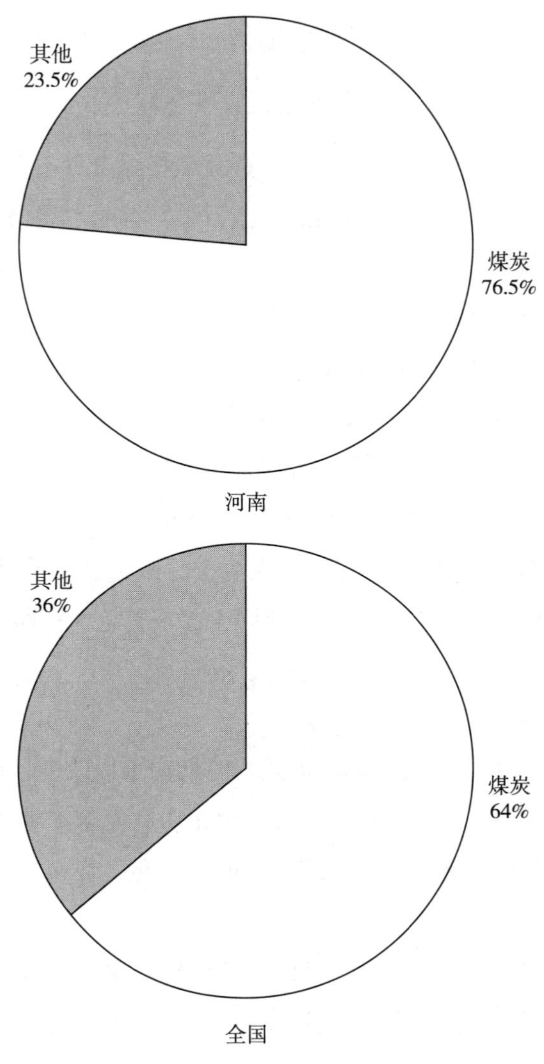

图 8　2015 年河南与全国能源消费结构对比

目前煤炭清洁利用的 IGCC + CCS① 将使发电总成本增加 40% ~60%，不但降低了经济性，还不具有商业推广价值。煤制天然气、煤制二甲醚、煤制烯烃等煤化工项目的转换效率较低，其中，煤制气效率仅为 29%。此外，

① IGCC + CCS：整体煤气化联合循环发电系统 + 碳捕捉及储存技术。

煤制油耗水量巨大，目前煤炭间接液化1吨成品油需要耗水8～12吨，煤炭清洁利用技术的经济性难题有待进一步破解。未来，河南省煤炭清洁利用仍将面临诸多瓶颈，发展任重道远。

三 2017年河南省煤炭行业发展形势展望

随着我国经济发展进入新常态，河南省以煤炭为主的资源禀赋决定了煤炭在其能源构成中的地位，未来一段时间内，煤炭仍将是河南省能源消费的主体。电力需求增长放缓，电力增速远低于预期，煤电利用小时数逐年下降，煤电过剩风险开始显现，煤电企业经营面临着巨大的压力。煤电作为煤炭的二次能源亟待在能源转型升级中快速转变，找准定位，发挥优势，弥补不足，实现能源领域的多元互补，推进传统能源、新能源和谐发展，互利共赢。

（一）2017年煤炭行业供需持续宽松

2017年，随着河南省各国家战略规划和国家战略平台的深入实施，河南经济将保持平稳较快增长。受产业结构、能源结构以及煤炭去产能调整影响，初步判断2017年全省煤炭供需总体仍将保持基本平衡。

生产供应方面，虽然2016年煤炭去产能持续推进，但产能严重过剩的局面未发生根本性改变。国家《煤炭“十三五”规划》提出降低河南大型煤炭基地生产规模要求，2020年河南煤炭基地产能控制在1.35亿吨。因此，未来几年，淘汰落后产能、化解过剩产能、调整产业结构仍将是煤炭行业的发展主线。2017年综合考虑河南省去产能和中长期电煤购销合同等因素的影响，预计全省煤矿产量维持在1.2亿吨左右，同比增长0.8%。

需求方面，随着大气污染防治力度不断加大，煤炭需求不会出现大幅增长。可再生能源的快速发展和“气代煤”、“电代煤”方案的全面落实，使煤炭占一次能源消费比重将持续下降，电煤占煤炭消耗比重将有所上升。同时电力、钢铁、化工、建材等主要行业耗煤同比仍在下降，初步预测河南省

2017 年全年煤炭消费量与 2016 年基本持平，维持在 2.4 亿吨左右。

供需平衡方面，2017 年全省煤炭缺口约 1.2 亿吨，通过发挥省内铁路、公路的煤炭运力，以及充分利用已有区外输电通道输电，基本可解决煤炭供需平衡问题。

（二）煤炭行业去产能持续推进

2017 年河南以落实煤炭行业去产能任务为重点，积极化解煤炭过剩产能，优化煤炭供给结构，推动煤炭资源高效清洁利用，加快煤炭行业转型发展。国家发改委、能源局、煤矿安全监察局联合下发《关于实施减量置换严控煤炭新增产能有关事项的通知》，河南省人民政府相继下发《河南省煤炭行业化解过剩产能实现脱困发展总体方案》《河南省推进供给侧结构性改革去产能专项行动方案（2016～2018）》等文件，要求有效化解产能过剩矛盾，明确自 2016 年起 3 年内，河南禁止批准新建煤矿项目，因结构调整、转型升级等原因确需在规划布局内新建煤矿，按照关小上大、减量置换的原则，确保不新增煤炭产能。2017 年河南引导关闭退出矿井产能 2000 万吨以上。2018 年计划关闭退出矿井 256 对，化解过剩产能 6254 万吨。通过不断调整全省煤炭行业结构和化解过剩产能，全省煤炭脱贫转型升级工作取得新进展，河南省煤炭产能将逐步压减至 1.6 亿吨。

（三）煤炭清洁利用水平持续提升

严格执行《河南省商品煤质量管理暂行办法》，强化商品煤全过程质量管理，提高煤炭生产过程的清洁化水平。重点推进煤炭洗选厂升级改造，提高煤炭洗选比例，提升洗选工艺水平，加大入洗能力建设，细化产品种类，提高煤炭产品质量，具备洗选条件的企业应依托当地大型洗选煤厂进行原煤洗选加工，或建设独立群矿洗选煤厂。推进煤炭分质分级梯级利用，鼓励煤、化、电、热一体化发展，提高能源转换效率和资源综合利用率。

（四）散煤燃烧治理工作加快推进

河南省受经济发展水平、居民分布密度等因素影响，部分城市周边、农村等地区尚不能实现集中供暖，依然采用散燃煤的方式取暖，污染物排放总量大，成为影响北方地区冬季大气环境质量的重要因素。因此，推动以电替煤、以气代煤是解决散烧煤污染的根本途径。习近平总书记在中央财经领导小组第十四次会议上强调，推进解决北方地区冬季清洁取暖问题是关系广大群众生活的重大民生工程、民心工程，要按照企业为主、政府推动、居民可承受的方针，宜气则气、宜电则电，尽可能利用清洁能源，加快提高清洁供暖比重。全省力争2017年形成年电能替代散烧煤、燃油消费总量100万吨标准煤的能力，再推广电采暖、热泵居民采暖100万平方米以上，20万户农村居民永久性实现厨炊电气化。

四　2017年河南省煤炭行业发展对策建议

综合考虑煤炭行业发展形势和面临的问题，河南省需坚持加快煤炭结构优化升级，严格控制新增产能、化解过剩产能，健全煤炭安全生产长效机制、提升安全保障能力，推进煤炭企业兼并重组，深化国有制改革，加强煤炭行业科技创新技术提升，坚持煤炭绿色开发与清洁利用，努力构建与生态环境相和谐的集约、安全、高效、绿色的煤炭发展体系。

（一）稳步推进煤炭去产能

确保“三去一降一补”取得实质性进展，严格控制煤炭新增产能，化解产能过剩矛盾，补齐行业短板，着力优化煤炭产业结构，增强煤炭企业发展动力，提升发展质量和效益。合理引导煤炭企业生产经营，指导企业科学规划产能，减少盲目投资，抑制煤炭产能过快增长。原则上停止审批新建煤矿项目，对符合国家规划和产业政策的煤炭深加工等项目，按有所区别的产能减量置换原则，有序安排配套煤矿建设；依法关闭退出落后小煤矿；综合利用安全、质量、环保等政策，引导安全无保障、能耗不达标及非机械化开采的煤矿有序退出，引导长期亏损、资不抵债、资源枯竭的煤矿有序退出。降低河南大型煤炭基地生产规模，合理划定煤炭禁采、限采、缓采区范围。提高煤炭行业产业集中度，实现集约高效生产。

（二）严格落实煤炭安全生产

坚持以人为本、生命至上的发展理念，加大安全投入力度，推进安全基础设施建设，建立健全安全监管监察机制，落实安全生产责任制，保障煤矿安全生产。严格执行国家安全生产设防标准，提高基础设施抗灾能力。持续推进煤矿安全改造，加大煤矿瓦斯治理和综合利用力度。严格安全生产市场准入，把安全生产贯穿到规划布局、设计建设、生产管理经营活动的全过程中，从源头防范，构建风险分级管控和隐患排查治理工作机制。坚持预防为主、安全第一、综合治理的方针，实行国家监察、地方监管、企业负责的安全生产工作体系，进一步落实安全责任制，严格安全生产执法，严肃责任追究制度。

（三）着力构建绿色发展体系

坚持创新、协调、绿色、开放、共享发展理念，加快推进煤炭领域供给侧结构性改革，加快发展新技术、新产品、新业态，着力在优化结构、增强动力、化解矛盾、补齐短板上取得突破，提升煤炭行业竞争力，提高发展的质量和效益。推进煤炭清洁高效、安全集约生产，加快煤炭产业转型升级。推进矿区洗选能力建设，细化产品种类，提高煤炭产品质量。推进煤矿安全绿色开发和清洁高效利用先进技术和装备。完善煤炭清洁储运体系，优化调配省内外资源，推动煤炭精细化加工配送。推动优强企业引领行业发展，提高产品集中度。加快煤层气产业发展，有效利用煤层气资源。严格限制高硫、高灰劣质煤生产使用，加快劣质煤炭产能有序退出。强化转型升级，引导煤炭产业向清洁化利用和可再生能源转型发展，要鼓励利用废弃的煤矿工业广场及其周边地区，发展风电、光伏发电和现代农业。

（四）积极深化国有企业改革

坚持以市场为导向，推动煤炭与电力、钢铁、建材、化工等行业企业兼并重组，提升产业集中度，延伸产业价值链，推进煤炭上下游产业链融合和集群发展，建成一批煤、化、工一体化项目，建设具有竞争力的优势产业园区。推动大型骨干企业跨区域、跨所有制兼并重组，提高企业竞争力，增强市场控制力和抗风险能力。鼓励优质资本参与国有煤炭企业混合所有制发展，推动合资合作向合作研发、联合设计、市场营销、品牌培育等高端环节延伸。提高跨区跨省煤炭集约整合度，加强与新疆、内蒙古等省区合作，推动煤炭生产要素优化配置，推动资源勘查、矿井建设、精深加工、煤运通道、储配基地等方面联动发展，打造煤电、煤运、煤化相结合的产业链，发挥协同作用，实现互利互惠。推动骨干煤炭企业开展国际产能合作，积极融入国家“一带一路”全方位开放格局。

参考文献

中国能源研究会：《中国能源发展报告（2016）》，浙江人民出版社，2016。

国网河南省电力公司经济技术研究院：《2016 河南能源经济与电力发展研究报告》，中国电力出版社，2016。

中国能源研究会：《中国能源发展报告（2015）》，浙江人民出版社，2015。

国网河南省电力公司经济技术研究院：《基于大气污染防治下的河南省煤电装机规模研究》，2016 年 8 月。

B.3
2016 ~2017年河南省石油行业发展形势分析与展望

苏东　李宗*

摘　要：　受全球经济复杂形势影响，河南省石油行业下行压力较大。全省石油资源相对匮乏，人均石油基础储量远低于国内平均水平，加工能力总体不足，对外依存度较高，产品品种相对单一。本文在总结河南省石油行业总体特征的基础上，深入分析了全省2016年石油行业的发展情况，对2017年石油行业发展形势进行了预判，并进一步提出河南省石油行业的健康有序发展、转型升级的对策建议。

关键词：　河南省　石油行业　分析展望　转型升级

一　河南省石油资源及行业发展总体特征

（一）石油资源储量较为贫乏

河南省石油资源贫乏，储量较低，主要分布在南阳的河南油田、濮阳的

* 苏东，河南省石油和化学工业协会常务副会长兼秘书长，高级工程师，研究方向为石油化工行业发展；李宗，国网河南省电力公司经济技术研究院经济师，会计学硕士，研究方向为能源电力经济。

中原油田。河南省石油基础储量[①]及人均储量相对较低，在全国居于中等水平。2015 年河南省石油基础储量为4631.1 万吨，在全国排第11 位。人均石油基础储量为0.49 吨，全国位居第13，远低于全国平均水平（2.50 吨/人），是全国平均水平的19.6%（见表1）。

表1　2015 年河南省石油基础储量及人均基础储量与全国及其他省份比较

地区	石油基础储量(万吨)	排序	地区	石油人均基础储量(吨)	排序
全　国	349610.7	—	全　国	2.50	—
海　域	60533.1	—	—	—	—
新　疆	60112.7	1	新　疆	25.47	1
黑龙江	44048.7	2	青　海	13.53	2
陕　西	38445.3	3	黑龙江	11.56	3
山　东	31123.5	4	陕　西	10.14	4
河　北	26422.2	5	甘　肃	9.27	5
甘　肃	24109.8	6	吉　林	6.47	6
吉　林	17798.7	7	河　北	3.56	7
辽　宁	15052.8	8	宁　夏	3.45	8
内蒙古	8208.5	9	辽　宁	3.44	9
青　海	7955.8	10	内蒙古	3.27	10
河　南	4631.1	11	山　东	3.16	11
天　津	3005.6	12	天　津	1.94	12
江　苏	2906.9	13	河　南	0.49	13
宁　夏	2307.6	14	江　苏	0.36	14
湖　北	1241.6	15	海　南	0.36	15
四　川	648.4	16	湖　北	0.21	16
海　南	326.6	17	重　庆	0.09	17
重　庆	267.1	18	四　川	0.08	18
安　徽	247.0	19	安　徽	0.04	19
广　西	128.9	20	广　西	0.03	20
广　东	13.7	21	云　南	0.00026	21
云　南	12.2	22	广　东	0.00011	22

资料来源：《中国统计年鉴（2016)》。

① 基础储量：指地质勘探程度较高，可供近期或中期开采的资源量。

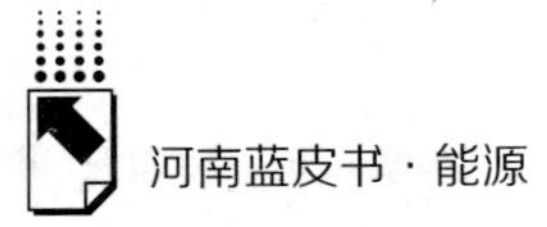

（二）原油产量持续下降

河南油田、中原油田经过多年的勘探开发，已进入资源枯竭期，原油产量呈逐年下降趋势。这两个油田主要的开发方式为注水开发（近几年，陆续采用了液体 CO_2驱油方式，占总采量的10%左右），由于油田矿场中存在极端耗水带，在该层带开采等量石油所需的水量将呈指数级增长。很多老油井都面临着含水量高、开发效益差的问题，部分油井的平均含水率高达97%以上，已接近水驱开发油井的含水极限。

2015 年河南省原油产量 412 万吨，同比下降 12.4%。2000～2015 年年均下降 2.1%，其中，“十一五”期间年均下降 0.37%，“十二五”期间年均下降 3.7%（见图 1）。由于目前省内尚未有新的、具有开采价值的油田发现，全省可开采量不断下降，原油产量持续下滑，品质逐年下降，开采成本迅速上升。

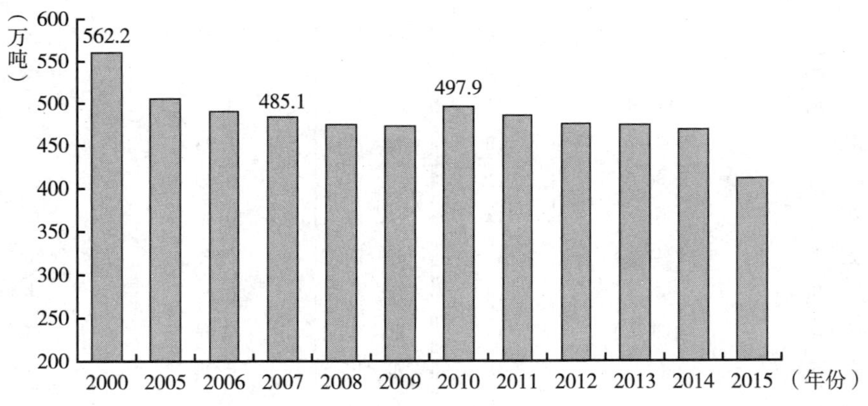

图 1　2000～2015 年河南省原油产量变化情况

（三）石油开采加工能力薄弱

由于河南省油气资源相对匮乏，资源品质较差，近年来开采成本持续上升，河南省石油和天然气开采业的产量和效益都出现了较为明显的下滑。河南省油气加工业在国内规模较小，原油加工能力不足1500万吨/年，在国内排名第22位。省内最大的原油加工企业为中石化洛阳分公司，原油加工能力为850万吨/年，另外3家企业原油总加工能力仅600万吨/年，与国内特别是沿海地区单系列千万吨级的装置相比，其炼化能力存在较大提升空间。

（四）区外原油调入困难

河南省地处中原，为典型的内陆省份，不具备大型海运、水运条件，原油无法通过廉价的水路运输供应。而途经河南的输油管线，无论是管线数量还是给予河南省的配额都十分有限。目前，河南省炼化企业所需原油基本上依赖铁路和公路运输方式，成本较高。

从河南省区外调入的原油，其来源非常复杂，国内来源地包括新疆、甘肃、陕西、湖北、山东等地，国外来源地包括中亚、西亚、东南亚、南美洲、非洲中部及南部等地。调入的原油品质不高，重组分含量高、硫及蜡等含量高，炼油生产过程中一次性加工效率低，产成品成本高。

（五）成品油消费增速放缓

2015年河南省成品油销量1690万吨，同比下降1.4%。据估算，河南省汽油年平均表观消费量[①] 450万～500万吨，柴油年平均表观消费量750万～780万吨。河南省各种新能源不断涌现，应用成熟性持续提高，对省内成品油消耗有较大影响。目前河南省加气站有500多座，电动汽车充换电站42座，专用充电桩1369个。

（六）炼化技术较为成熟

河南省石油炼化技术在全国处于先进水平。长期以来，因本地原油品质差，河南省内炼化企业为保证产品质量、降低生产成本，不断进行技术改

① 表观消费量：指当年产量加上净进口量。

造，在处理品质较差原油方面探索出了许多先进的技术，中石化洛阳公司成功开发拥有自主知识产权的新一代超低压连续重整成套技术，有效保障了石油炼化技术战略安全。这些先进技术不仅在一定程度上控制了生产成本，而且产品质量优良，确保了企业在激烈市场竞争中生存和发展。

二　2016年河南省石油行业发展情况分析

（一）石油供需整体平稳

2016年，河南省全面加强与中石油、中石化衔接协调，增加全省油气资源供应量，优化资源有序配置，力促总量平衡和供需衔接。总体上看，全年河南原油供应平稳，成品油供需基本平衡。

同时，受中原油田、河南油田两大油田可开采资源减少影响，河南省原油产量持续下降。2016年全省原油产量315.7万吨，同比下降23.4%。省内炼油企业所需原油仍需从省外调入。河南省原油加工量在经历连续3年下降之后，逐渐企稳，主要品种产量升降不一。2016年，全省原油加工量673.8万吨，同比增长14.2%，生产成品油410.2万吨，同比增长16.6%，其中，生产汽油203.6万吨，同比增长24.2%；煤油62.8万吨，同比增长26.9%；柴油143.8万吨，同比增长3.9%。

2016年，河南省成品油销售量1800万吨，同比增长5.8%。成品油缺口依然存在，对外依存度将进一步提高。

（二）河南石油行业发展面临的问题

1. 原油供应能力薄弱

河南省石油资源有限，人均储量远低于全国平均水平，省内资源供应远远不能满足省内需求。省内两座油田开发已进入后期，新的接替区难以在短时间内形成生产能力，在现有基础上，原油产量持续减少。同时，在原油调入方面，由于河南省不具备水运条件，原油管线运输量远远不能满足需求，原油的输入主要依靠铁路和公路运输，存在效率低、成本高、线路紧张等实际困难。因此，原油供应偏紧的状况短期内难以有根本性的改善。

2. 加工业规模偏小

由于原油供应不足，河南省内建设的炼化装置存在数量少、规模小的问题。目前仅有中石化和丰利石化等 4 家炼化企业，全年总综合加工能力不足 1500 万吨，成品油自给能力存在较大缺口，需要由省外调入来补充。

3. 产业链延伸能力不足

一方面，河南省石油加工行业普遍存在深加工能力较弱，多元化、高端化、差异化产品缺乏，产品附加值较低等问题；另一方面，河南省的煤化工、盐化工等传统优势产业基础较好，但受体制机制等多种因素影响，石油化工产业未能与其形成紧密、有机的融合，河南省化工行业的综合优势没有得到充分发挥。

三　2017 年河南省石油行业形势展望

2017 年，河南省的能源发展战略将全面推进非化石能源规模化发展、化石能源清洁高效利用，持续提升石油在全省能源、原材料结构中的比重。石油行业面临着新的发展机遇，但同时也面临着复杂严峻的形势。预计 2017 年河南省原油仍将维持供应偏紧的态势，无论是原油还是成品油，河南对省外的依存度仍将进一步提高，供需矛盾难以在短时间内得到根本缓解。

（一）原油产量继续下降

河南省由于中原、河南两大油田可开采资源进一步减少，全省原油产量将延续逐步下降的趋势。如果河南采用先进的钻采技术，进一步强化内部管理和挖潜，尽最大可能挖掘现有油田的资源储量，将在一定的程度上缓解原油供应紧张的局面。但由于缺乏新增可接续石油开采资源，全省原油供应紧张局面短期难以扭转。目前，丰利石化作为河南省唯一一家地方炼化企业，正在积极争取进口原油使用权。如果这一问题得到解决，在石油加工企业原油来源方面，河南省有望取得一定的突破。原油供应配额的增加和品质的提升，将有助于促进河南省石油加工业的健康发展。预计2017年河南省原油产量300万吨，同比下降7.7%，原油仍将维持供应偏紧的态势。

（二）成品油消费稳步增长

2017年预计全国成品油表观消费量3.2亿吨，同比增长2.1%，成品油产量比2016年增长2.9%，达到3.5亿吨。成品油供需盈余继续扩大，成品油出口（尤其是柴油出口）将呈现常态化和规模化的特点。

受经济逐步回暖、汽车保有量持续增加等因素的推动，河南省内成品油销量总体仍将呈稳定增长态势。随着河南省一系列国家战略的实施，河南省内成品油的需求将进一步增加。预计2017年，全省成品油销售量1900万吨，同比增长5%。其中，汽油销量预计增长10%，柴油销量与上年持平。从成品油的供应渠道看，省内炼油厂可供应约600万吨，其余通过中石油兰郑长成品油管道、中石化齐鲁石化、延长石化及山东地方炼油厂调入，可基本满足需求。

（三）油气消费结构持续调整

交通运输业是能源消耗的主要部门，目前我国交通运输燃料（不含轨道交通）以石油产品为主，占比超过90%，电动汽车、液体生物燃料、天然气汽车和混合动力汽车作为交通能源实现多元、绿色、低排放的路径，正在快速发展。

2017年河南省纯电动汽车将继续在政策的强力支持下快速发展；燃料乙醇、生物柴油和其他醇醚替代燃料由于具有良好的环境效益，有望在现有基础上进一步扩大应用；天然气汽车由于与其他燃料比价优势不明显，且缺乏明朗的政策支持，增速将放缓；而混合动力汽车性能稳定、经济性好，将会被越来越多的消费者选择。未来河南省油气消费结构将产生较大变化。

（四）石油价格小幅上涨

受 OPEC① 减产、美联储加息落地等因素影响，预计世界原油供应减少、国际市场原油价格上涨，国内成品油价格也于 2016 年 12 月 28 日 24 时迎来年内第十次上调，结束了年初以来的“低油价”时代。根据 OPEC 的限产协议，2017 年预计世界石油总供给下降 100 万 ~ 190 万桶/日，而需求预计增加 120 万桶/日，2017 年世界石油市场将由供给过剩趋于平衡。因此，2017 年油价呈回升态势基本成为共识。但需要注意的是，受主要 OECD② 国家石油商业储备连续数年上涨以及美国页岩油开发成本下降影响，油价缺乏大幅上涨的支撑因素。综合判断，2017 年国际油价将延续 2016 年底小幅上涨态势，区间价为 50 ~ 60 美元/桶。长期看，国际油价需要回到能够支撑石油产业发展的基准，为 60 ~ 90 美元/桶。

（五）炼油结构性矛盾持续存在

2017 年随着国家进口原油使用权范围继续扩大，炼油能力将小幅增长，国内原油加工量将继续增加，预计达到 5.6 亿吨，产能利用率将提高到 69%。预计生产柴汽比下降到 1.31，消费柴汽比从 2016 年的 1.36 下降到 1.3。随着省内汽油需求的增长和柴油需求增速放缓，未来省内炼油行业结构性矛盾仍将延续。

（六）行业发展环境趋于改善

国家已经明确在 2017 年启动全国碳排放交易体系，炼油被纳入第一批试点范围，实施碳排放权交易制度后，外部政策内化为企业运行成本，将对促进油气行业绿色发展产生深远影响。在中央一系列政策措施推动下，行业准入、扩大开放、深化改革都将更加深入，产业政策更加明确，法规和市场

---

① OPEC：石油输出国组织。

② OECD：经济合作与发展组织。

体系建设加快，政府监管逐步加强，石油行业发展市场环境将趋于更加公平、开放。

四 2017年河南省石油行业发展对策建议

（一）提升现有资源的开采能力

在无新增地质储量的前提下，河南省原油基础储量持续下降的现状难以改善。要结合河南省两大油田的特点，对现有地质储量进行深入挖掘，尽可能提升资源利用率。

河南省两大油田存在的共同问题在于资源开发进入后期，绝大多数油井被迫采用注水法进行开采。但由于矿场中存在极端耗水带，驱油效果极差，很多老油井存在含水量高、开发效益差的问题。河南应将研究目标从剩余油富集区转向极端耗水层带，把废弃极端耗水层带、堵调高耗水层带、强化低耗水层带作为提高注水利用率、实现高含水老油田降本增效的关键任务。具体来讲，就是将工作重心从寻找剩余油、打新井，转变为识别耗水层带、进行封堵治理；从关停无效益老井，转变为关停无效耗水层带；从投资、做增量，转变为利用存量、净资产进行增效。通过识别油藏中存在的极端耗水层带，并对高耗水层带进行治理，使高含水老油井也能实现效益开发。

同时，对于石油开采企业，也要进一步强化工程项目管理。在工程建设中，通过对同类场站、装置和设施开展标准化设计，大幅缩短设计周期和建设工期，有效提高规模化采购率、预制化率，大幅降低地面工程投资。在油田管理中，结合油田开发建设实际和顶层设计，对老油井遵循“适当投入，逐步改造”的原则，积极稳步推进油田的信息化建设和改造工作。在生产过程中，加强原油稳定系统、伴生气处理系统的建设和维护，减少油气蒸发损耗。在能耗控制方面，以节电和节气为主线，加强技术改造，淘汰高耗能技术、设备，促进生产系统优化升级。从而进一步降低采油企业的生产和运行成本，提高企业效益。

（二）加快配套基础设施建设

加快推进洛阳石化1800万吨/年炼油扩能改造及配套项目建设，在条件成熟时，尽早全面开工建设一期项目。同时配套建设日照—濮阳—洛阳原油管道、洛阳—三门峡—运城成品油管道，积极推进洛阳—新郑航空煤油管线项目前期工作。积极推进丰利石化取得进口原油使用权的工作，鼓励企业尽早建设相关配套装置，并形成生产能力，加快河南省石油加工业规模的发展与产品品质的提升。加强与中石油、中石化等沟通衔接，积极争取兰郑长、锦郑成品油管线在河南省的成品油配额。

（三）继续提升石油加工水平

瞄准国内外石油加工产业的发展方向，完善以企业为主体、市场为导向、产学研用相结合的产业技术创新体系，加强产学研用纵向合作，强化工艺技术、专用装备和信息化技术的横向协同，大力推进集成创新，构建一批有影响力的产业联盟。配合国家油品升级的步伐，做好成品油提质工作。考虑建设加氢裂化、连续重整、异构化和烷基化等清洁油品装置，及时升级油品质量。加快炼油和乙烯装置技术改造，适时调整柴汽比，优化原料结构。推进洛阳、濮阳等石化产业基础较好的地区建设石化产业基地，推动重大项目建设，增强烯烃、芳烃等基础产品保障能力，提高炼化一体化水平。在产业链、产品设计上要有适度的超前意识，以多元化、差异化、高端化、绿色化的产品发展原则，开拓在高端润滑油、溶剂油和化工新材料领域的市场，延长、补齐石化产业链，占领市场制高点，增强企业市场竞争力。

（四）积极发展石油替代产业

河南省及周边地区煤炭资源相对丰富，甲醇等基础化工原料供应充足。应结合河南省实际，适度发展现代煤化工，以煤炭部分替代石油来生产化工产品，开展甲醇等基础化工原料的深加工，并将其作为石油类原料的补充。深入研究煤基醇醚类清洁燃料的生产与应用推广，降低对石油的依赖程度，缓解河南省石油资源匮乏与需求不断增长之间的矛盾。充分发挥河南省的交通区位优势，以及利用河南省和周边地区的产业基础，考虑建立甲醇等替代能源及原材料的战略储备、配送、物流基地，为河南省及周边地区提供充足的能源及化工原材料保障，降低物流、原料和生产成本。

（五）促进石油行业产业融合

按照《河南省石化产业“十三五”规划》要求，围绕产业主线，积极谋划石油化工产业发展，充分发挥河南省煤、盐的资源优势和煤化工、盐化工的产业优势，打破产业间企业间的壁垒，实现石油化工与煤化工、盐化工的融合，形成一批新的产业和产品，打造较为科学、完整的产业链。洛阳、濮阳、南阳具备石化产业优势，其中，洛阳充分发挥中石化洛阳分公司的产业优势、洛阳石化工程院的技术人才优势，围绕1800万吨/年炼化一体化，构建国内有影响力的现代石化基地；南阳结合油田原油含蜡量高的特点，开发石油蜡深加工产品，其中的高端食用蜡等均已占有较高的市场份额。创新发展思路，改变“千万吨炼油、百万吨乙烯”模式的炼化一体发展老路子，让炼油生产以优质产品为目的，依托原油炼制－清洁油品、有机原料—合成材料、特种石蜡等三大产业链，加强烯烃、烷烃、芳烃等下游产品深度开发，积极发展国内缺口较大、具有市场竞争力的基础有机化工原料和高端有机化工产品，提高石化产业竞争力。

（六）发展“互联网＋”新模式

建立石油开采及加工业的智能车间、智能工厂标准应用体系，加快推进试点示范。推动工业互联网、电子商务和智慧物流应用，实现石油开采和加工业研发设计、物流采购、生产控制、经营管理、市场营销等全链条的智能化，大力推动企业向服务型和智能型转变。积极引入“数字化油田”的概念和管理模式，对在产油气井实施数字化改造，在线监测其生产参数和工艺指标，提高油气井的生产能力。采用视频技术对油气井实施监控，确保生产装置的安全运行。在油气管道输送方面，对油气输送管线采用计算机监控和管理系统。通过计算机实现管道流量、压力及泵、炉、阀等设备的自动控制，以确定既能满足供气需求，又能使单位输气成本最低的运行操作方案。培育石油工业与互联网融合发展新模式。构建面向石化生产全过程、全业务链的智能协同体系，重点推进原油调和、石油加工、仓储物流、销售服务供应链的协同优化。

参考文献

河南统计局：《河南统计年鉴2016》，中国统计出版社，2016。

河南省人民政府办公厅：《河南省2016年度蓝天工程实施方案》（豫政办〔2016〕27号），2015年3月9日。

国家发展改革委能源研究所：《中国能源数据分析手册2016》，2016。

河南省石油和化学工业协会：《2015年河南省石油和化学行业经济运行分析及展望》，《中国石油和化工经济分析》2016年第8期。

黄金秋等：《当代中国石油经济发展的分析与思考》，《现代经济信息》2016年第24期。

任妮等：《炼油行业发展趋势与中国石油的对策》，《化工管理》2016年第23期。

B.4

2016～2017年河南省天然气行业发展形势分析与展望

刘立新　李 宗*

摘　要：河南正处于能源转型发展的关键时期，而天然气作为化石能源向非化石能源转变的过渡能源，其消费量将呈快速增长态势。本文深入分析了全省2016年天然气行业的发展特征，对2017年天然气行业发展环境进行分析，并做出形势预判，同时提出全省天然气行业健康快速发展的对策建议。

关键词：河南省　天然气行业　分析展望

一　河南省天然气资源及行业发展总体特征

（一）天然气资源相对贫乏

受地质条件和生成环境影响，河南省天然气资源非常有限，天然气基础储量①及人均储量在全国居于中等偏下水平。截至2015年底，河南省天然气基础储量72.2亿立方米，居全国第17位。人均基础储量76.2立方米，

* 刘立新，河南省石油和化学工业协会产业发展部主任，高级工程师，研究方向为石油化工行业发展；李宗，国网河南省电力公司经济技术研究院经济师，会计学硕士，研究方向为能源电力经济。

① 基础储量：指地质勘探程度较高，可供近期或中期开采的资源量。

居全国第17位，远低于全国平均水平（3778.5立方米/人），仅为全国平均水平的2.0%（见表1）。

表1　2015年河南省天然气基础储量及人均基础储量与全国及其他省份比较

地区	天然气基础储量（亿立方米）	排序	地区	人均基础储量（立方米/人）	排序
全　国	51939.5		全　国	3778.5	
四　川	12654.5	1	新　疆	43228.8	1
新　疆	10202	2	内蒙古	32453.6	2
内蒙古	8149.1	3	青　海	23756.8	3
陕　西	7587.1	4	陕　西	20002.9	4
重　庆	2641.8	5	四　川	15424.8	5
青　海	1396.9	6	重　庆	8756.4	6
黑龙江	1317.9	7	宁　夏	4085.3	7
吉　林	685	8	黑龙江	3457.2	8
山　西	491.1	9	吉　林	2488.2	9
山　东	342.4	10	天　津	1773.1	10
河　北	317	11	山　西	1340.3	11
天　津	274.3	12	甘　肃	1046.1	12
宁　夏	272.9	13	河　北	426.9	13
甘　肃	272	14	山　东	347.7	14
辽　宁	149.9	15	辽　宁	342.1	15
河　南	72.2	16	湖　北	81.0	16
湖　北	47.4	17	河　南	76.2	17
江　苏	23.2	18	海　南	34.0	18
贵　州	6.1	19	江　苏	29.1	19
海　南	3.1	20	贵　州	17.3	20
广　西	1.4	21	广　西	2.9	21
广　东	0.5	22	云　南	1.1	22
云　南	0.5	23	安　徽	0.5	23
安　徽	0.3	24	广　东	0.5	24

资料来源：《中国统计年鉴2016》。

（二）天然气产量持续下降

近年来河南省天然气可开采资源逐步枯竭，产量持续下降。2015 年河南省天然气产量 4.2 亿立方米，同比下降 14.1%；2000 ~ 2015 年全省天然气产量年均下降 8.1%，其中，“十一五”期间年均下降 19.6%，“十二五”期间年均下降 9.0%，近十年全省天然气产量呈逐年下降的态势（见图 1）。

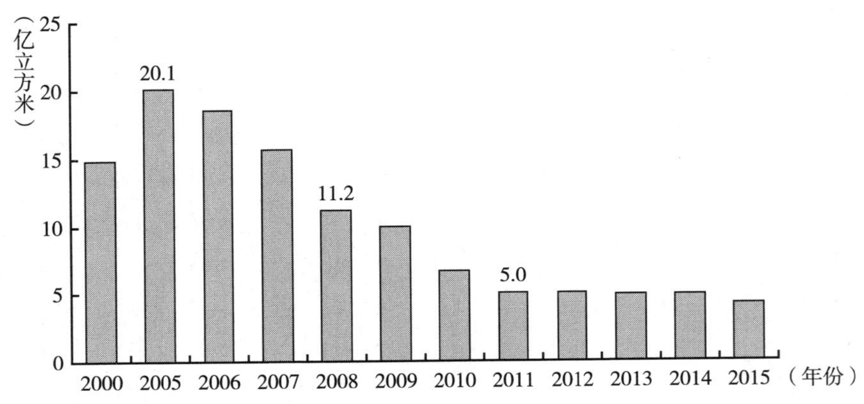

图 1　2000 ~ 2015 年河南省天然气产量变化

（三）天然气对外依存度较高

2015 年河南省天然气消费量为 67 亿立方米，全省天然气供应缺口达 62.7 亿立方米，对外依存度高达 93.6%。全省天然气主要依靠省外调入，正在利用的主力气源是西气东输一线、二线，中原油田和中石化华北分公司的天然气，补充气源为义马煤制气、省内煤层气及沼气等，页岩气尚未进入市场。

（四）天然气价格改革继续深化

2015 年 11 月，跟随国家对各省天然气门站价格调整的步伐，河南省各地市大幅下调了天然气终端价格。由于河南省管道经营业主多元化，终端市场距离国家长输管道远近不同，向各地区供应的管输成本不一致，各地市物价局根据用户的用气特点及目的不同制定了相应的“结构气价”，其中非居民平均气价由3.5元/立方米降至2.83元/立方米，居民气价维持不变，一档（50立方米以下/月）平均价2.24元/立方米，二档（50立方米以上/月）平均价2.94元/立方米。直供用户、化肥用气、储气设施价格均已放开，拉动了工商业企业用气量逐步回升，有利于维持和拓展天然气消费市场。

（五）非常规天然气勘探取得进展

煤层气开发利用力度加大。近年来，河南省高度重视煤层气的治理与开采利用，通过专项财政资金支持，全省在煤层气综合利用方面取得了较大的进展。目前，河南省已探明的煤层气可开采量约1万亿立方米，2015年全年抽采量已达6.1亿立方米。随着煤层气和废弃矿井残余煤层气抽采技术的进步，煤层气可抽采量和年产量有望进一步增加。国家能源局在《煤层气（煤矿瓦斯）开发利用“十三五”规划》中提出，要在河南省等高瓦斯矿区，鼓励探采结合，开展煤层气井组抽采试验；重点建设平顶山2亿立方米级煤矿瓦斯抽采规模化矿区、安阳—鹤壁1亿立方米级煤矿瓦斯抽采规模化矿区；建设瓦斯年抽采量1000万立方米以上的煤矿区瓦斯利用示范工程，重点示范低浓度瓦斯发电、分布式瓦斯利用等技术装备。上述《规划》的出台实施，将对煤层气的科学开采和利用起到积极的推动作用。

页岩气勘探取得重要突破。近年来，河南发现大量页岩气资源，并已完成钻探、压裂测试。经初步估算，河南境内中牟区块地下3500米以浅页岩气总储量约为2124.9亿立方米，技术可采储量为127.5亿立方米；位于开封祥符西姜寨乡的有利勘查区块，埋深3500米以浅的页岩气总地质储量为545.1亿立方米。荥阳、温县等地也陆续有页岩气资源发现，其储量及开采价值尚在评估之中。这些页岩气的发现及其开采远景，有望在一定程度上缓解全省常规天然气资源的匮乏局面。

二　2016年河南省天然气行业发展情况分析

（一）天然气供需情况分析

2016 年天然气供需形势整体平稳。2016 年河南省天然气产量 3.2 亿立方米，管道天然气供应量 75 亿立方米，同比增长 15.3%，有力保障了天然气迎峰度冬。2016 年前三季度全省天然气产量 2.37 亿立方米，同比下降 30%，占全国总产量的 0.24%；天然气供应量 48.2 亿立方米，同比增长 6.6%。省内天然气产量仅相当于用量的 4.9%，缺量全部由区外调入，对外依存度高达 95.1%。随着全省“以气代煤”方案有效实施，以及大气污染防治攻坚战的深入开展，在冬季采暖用气的带动下，第四季度河南天然气消费量保持较快增长。

从消费结构看，2016 年前三季度河南省城市燃气 19.5 亿立方米，同比增长 2.4%，占比为 40.4%；工业燃料 21.5 亿立方米，同比增长 2.1%，占比为 44.6%；天然气化工 1.5 亿立方米，占比为 3.2%，与 2015 年同期基本持平；天然气发电 5.7 亿立方米，同比增长 46%，占比为 11.8%。

全省天然气主要依靠省外调入，2016 年河南省加快推进禹州—许昌输气管道、平泰支线元木—苌庄输气管道、洛阳原油商业储备基地工程、濮阳文 23 储气库、鲁山—宝丰产业聚集区输气管道、灵宝市大王镇—陕县观音堂输气管道等项目建设，全年新增天然气长输管道 300 公里，总里程达到 5600 公里，中石油、中石化、山西煤层气等资源供应充足。

（二）行业发展面临问题分析

当前，河南省天然气行业发展面临着常规天然气资源匮乏、天然气开采业亏损严重、非常规气源供应能力尚未形成有效规模、终端价格没有反映用户承受水平等主要问题。

1. 常规天然气资源依然匮乏

受资源禀赋制约，河南省天然气基础储量、消费量均低于全国平均水平，2015 年河南天然气基础储量 72.2 亿立方米，人均基础储量 76.16 立方米，在全国排第 17 位。河南省内目前除中原、河南两大油田外，尚未新发现具有开采价值的常规天然气资源，而中原、河南两个油田的天然气基础储量不足，历经多年的开采，资源已接近枯竭，远远无法满足省内天然气需求。

2. 天然气开采业亏损严重

由于可开采地质储量的持续下降，河南省内天然气开采业总体形势堪忧。具体表现在天然气开采成本持续上升；企业收入连年下降，效益深度下滑，省内天然气开采企业连续多年处于亏损状态。据统计，2016 年 1 ~ 9 月，河南省天然气开采业每百元收入主营成本已达 89.24 元，同比上升 12.5%，考虑到其他各项费用，天然气开采成本与价格之间已形成剪刀差，天然气开采全行业处于亏损状态。

3. 非常规气源供应能力尚未形成有效规模

河南省煤层气、页岩气等非常规气源具有一定应用前景，但要形成一定规模、实现部分替代常规天然气，还需要经历一定的时间。煤层气方面，河南省煤层气开发虽已形成一定规模，并作为常规天然气的补充气源开始进入燃气应用。但在全省已探明的煤层气资源中，煤层气资源赋存条件复杂，开发技术要求高，区域适配性差，已开发区域仍存在工程成功率低、开发成本高、单井产量低等问题。而且，其中高应力、构造煤、低渗透性煤层气资源占比较高，在基础理论研究和抽采实践过程中的技术工艺方面尚未取得根本性突破，如果简单复制常规油气技术及国外技术，均难以实现高效开发。同时，低浓度瓦斯经济利用和采动区地面抽采等技术还有待进一步提高，松软低透气性煤层瓦斯高效抽采关键技术装备亟待突破。页岩气方面，河南省页岩气的资源勘探尚处于起步阶段，已探明的可开采资源量有限，且页岩气开采还受到地质条件、开采技术等因素的影响，难以在短时间内形成规模。原因一是页岩气地质条件复杂，具有多层系分布、多成因类型、后期改造复杂等特点；在地表条件方面，地形复杂，施工难度大。二是上述困难造成页岩气开发单井投资成本过高。三是对于井深超过3500米的钻井和压裂技术仍有待突破。四是面临实现低阶煤和构造煤地区煤层气低成本高效率开发的难题。

4. "以气代煤" 推广困难

尽管我国包括河南省近年来天然气消费持续增长，但其占一次能源的比重仍然很低，全国仅为6%、全省仅2%，远低于世界平均水平的24%。天然气替代煤炭在发电和工业燃料应用中的环境效益非常显著，等热值的天然气燃烧 CO_2 排放量比煤少1/2、氮氧化物排放量比煤少2/3，而二氧化硫和固体废弃物排放几乎为零。天然气替代煤炭的主要领域是发电和工业燃料，但我国国产和进口天然气的高成本造成天然气发电和工业应用处于盈亏边缘，限制了天然气的应用推广，"煤改气"难题有待进一步破解。

5. 天然气终端价格存在交叉补贴问题

根据用户的价格承受能力制定终端用户用气价格，是推动天然气市场健康发展的前提。发达国家天然气终端价格由高到低的结构顺序基本为居民、商业、工业、发电，而河南省天然气终端价格结构的特点是非居民用气价格高于居民用气价格，气价结构总体不够合理。同时，天然气的终端价格地区差异较大，如郑州、洛阳等地市终端居民用气价格低于信阳，终端用气价格没有反映用户的价格承受水平。气价结构不合理和地区差异影响了河南省天然气市场的发展。

三 2017年河南省天然气行业环境分析及形势展望

（一）2017年河南天然气行业发展环境分析

1. 天然气发展前景广阔

随着《巴黎协定》正式生效，全球能源清洁化发展趋势不可逆转。天然气作为化石能源中的低碳清洁能源，优势凸显，发展潜力较大。我国天然气产业将贯彻国家能源发展战略，大力推进能源消费、供给、技术和体制革命，积极推进供给侧结构性改革，积极引导消费结构优化升级，加大国内油气资源的勘探开发，加快油气管道基础设施建设，增加天然气有效供给。

为进一步调整能源结构，实现能源消费的清洁化，河南省将进一步加快“气化河南”建设，全面推进城镇燃气、交通燃料、工业燃料等领域天然气规模化利用。油气在全省能源结构中占比将进一步提高，战略地位和作用将进一步凸显。

2. 天然气行业政策环境趋于宽松

国家清洁能源政策和天然气产业政策、价格政策力度在相当程度上决定天然气的发展前景，是天然气发展的重要杠杆。国家能源发展战略规划提出大力发展分布式能源，在天然气“十三五”规划中把分布式能源作为重要领域加以推动，同时，随着天然气价格下调、天然气和成品油比价关系进一步关联以及省内环保政策的大力推动，天然气行业将进入全新发展阶段。

碳排放权交易制度加速促进天然气行业发展。实施碳排放权交易制度后，外部政策内化为企业运行成本，将对行业发展产生深远影响，“碳市场”建设的启动给天然气替代发展带来积极影响。不仅有利于通过市场机制加快包括天然气在内的清洁能源替代应用，促进油气行业绿色发展，也有利于推动天然气行业开采技术、工艺技术、装备技术和信息技术创新，如碳的捕集利用技术、高性能合成材料等。

3. 天然气对外依存度进一步提高

省内产量继续下降，对外依存度上升。供给方面，由于现有资源严重不足，新的接替储量尚未发现，河南省的天然气供给仍将维持从省外大量调入的格局。由于煤层气在河南省能源生产中所占比重仍较低，页岩气的规模化开采及其他补充能源的推广应用尚需时日，省内的天然气开采能力将延续下降趋势。

4. 天然气消费稳步增长

河南省天然气行业发展情况在市场需求结构方面，总体上与全国大致相同。根据国家能源局、国务院发展研究中心和国土资源部油气资源战略研究中心联合编写的《2016 中国天然气发展报告》，“十三五”期末中国天然气在一次能源消费结构中的占比将达到 10%，需求增量主要来自城镇燃气、工业燃料、交通运输和天然气发电四大领域。

城镇居民和商业用燃气稳步上升。目前河南省气化居民人口 1990 万人，“十二五”时期气化人口年均增长约 200 万人，按 2015 年河南省城镇总人口测算，全省气化率达到 45%，自 2004 年西气东输投产以来，该指标处于较快增长水平。随着居民生活水平的提高、城镇基础设施的完善，以及全省治理大气污染工作的深入，“十三五”期间河南省气化人口将继续不断增加，用气量也将保持稳步增长的态势。城镇居民和商业燃料对天然气的需求量持续上升，将成为拉动天然气消费增长的重要力量之一。

工业燃料领域将实现较快增长。近年来，河南省工业用能结构中天然气占比约 2%，煤炭占比达到 90% 以上。“蓝天工程”要求建成区的燃煤锅炉，“油改气”改造目标要求大量依赖煤炭的燃煤锅炉、工业窑炉等都需要使用天然气进行燃料替代，由此形成的市场规模相当可观。

交通运输行业燃气需求继续增长。郑州、洛阳等城市已在多年前率先在出租车燃气方面开展持续的“油改气”推广工作，并取得了较好的效果。近年来，以城市内公交车、出租车为代表的公共交通车辆越来越多地采用天然气作为驱动能源，一些常年在城市建成区行驶的社会车辆也逐渐开始进行燃气化改造，车辆用天然气的需求将继续增长。

天然气发电发展潜能较大。河南省目前发电用气规模较小，省内 2 座 70 万千瓦燃气电站，年用气量约 10 亿立方米。由于天然气发电对电源结构优化起着积极作用，可以灵活参与电网调峰运行；而且天然气发电项目的热电联产、分布式能源利用，既能供电也能供热甚至还可制冷，能源利用效率相对较高，可大力削减和替代煤炭用量，符合河南省环保政策的要求。因此，河南省天然气发电具备较大发展潜力。

（二）2017年河南省天然气供需形势预测

需求方面，未来河南省天然气市场发展主要受到经济增长情况、天然气与替代能源的比价关系、政策的落实程度等方面的影响，预计2017年，在“煤改气”和天然气价格市场化改革的双重推动下，全省天然气消费仍将维持稳定增长态势。预计2017年，河南省天然气需求量约85亿立方米。其中，城市燃气34亿立方米，工业燃料38亿立方米，天然气化工3亿立方米，天然气发电10亿立方米，同比增长13%。新增需求量主要集中在城市燃气、工业燃料、天然气发电等领域。

供应方面，预计2017年河南省天然气产量2.8亿立方米，同比下降13%。随着全国天然气消费量增速放缓、国内产量的增加和进口能力的增长，中石油、中石化等上游气源商可掌控资源量逐渐宽松或略有节余，省内天然气管线供应能力逐步提高，河南省天然气供求总体上将进入宽平衡状态，2017年省内天然气供应能够满足85亿立方米的需求总量，有较为稳妥的保障。

四　河南省天然气行业发展的对策建议

（一）全力保障天然气有效供应

一是加快濮阳文23储气库和一批LNG[①]储气调峰设施建设，推动西二线南阳—信阳天然气管道、禹州－许昌、商丘－柘城、博郑线－郑州西四环等输气管道建设，加强县域支线建设及管道间互连互通；二是加强与中石油、中石化等沟通衔接，努力争取西气东输一线、二线，榆济线，山西煤层气管线等增加河南省资源供应量，鼓励企业积极引进省外LNG、CNG[②]资源；三是统筹省内煤层气、页岩气等非常规天然气资源勘探开发和省内煤矿瓦斯气、焦炉煤气的开发利用；四是根据《河南省天然气供应应急预案》，加强天然气市场应急管理，强化天然气资源有序配置，加大“三夏”

① LNG：液化天然气。

② CNG：压缩天然气。

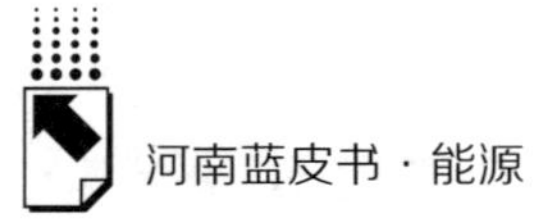

“三秋”季节油品调配和冬、春季节天然气调配力度，确保全省安全可靠供应。

（二）健全完善终端价格形成机制

国家发改委在密集出台天然气价格改革方案后，2016 年底又公布了《天然气管道运输价格管理办法（试行）》和《天然气管道运输定价成本监审办法（试行）》，进一步对天然气价格改革工作进行了规范。河南省应坚决贯彻好、落实好、完善好相关价格政策措施，应进一步完善天然气价格形成机制，提高其合理性，增强其可操作性。一是根据终端用户价格承受能力制定价格标准，逐步解决交叉补贴问题；二是建立燃气电厂天然气供应价格和上网电价联动机制，上网电价是决定燃气电厂燃料价格承受能力的主要因素，建立合理化的气电比价关系，保障燃气电厂的经济性；三是采用量大优惠措施，对超过一定使用量的大型天然气用户给予价格优惠，提高用户利用天然气的积极性；四是在工业燃料领域，不同行业（冶金、玻璃、陶瓷、钢铁等）的燃料价格承受能力除了受可替代能源价格影响外，主要受到工业产品价格的影响，因此天然气作为工业燃料的价格应根据工业产品价格的波动在合理范围内进行调整；五是制定天然气供应的峰谷气价，保障调峰设施建设的经济性，提高全省天然气市场供应稳定性。

（三）加大非常规天然气勘探力度

河南省目前已探明煤层气可开采储量约 1 万亿立方米，中长期煤层气年产量有望稳定在 15 亿立方米以上；页岩气可开采储量约 3000 亿立方米，河南省煤层气、页岩气的开发前景广阔。作为常规天然气的有效补充，对煤层气、页岩气的勘探及开发应加大投入，缓解省内常规天然气的供需矛盾。按照《煤层气（煤矿瓦斯）开发利用“十三五”规划》，河南应安排专项财政资金支持煤层气抽采利用，鼓励探采结合，开展煤层气井组抽采试验，加强煤层气与煤炭资源综合勘察、评价。加大煤矿区煤层气资源回收利用力度，开展煤层气地面预抽，推进煤矿采动区、采空区瓦斯地面抽采。要重点建设平顶山2亿立方米、安阳—鹤壁1亿立方米级煤矿瓦斯抽采规模化矿区，建设瓦斯年抽采量1000万立方米以上的煤矿区瓦斯利用示范工程，重点示范低浓度瓦斯发电、分布式瓦斯利用等技术装备。

（四）推广应用新型非常规燃料

为满足河南日益增长的天然气需求，化工、焦化、农业等行业开始利用煤制合成气、焦炉煤气、农业有机质等生产出二甲醚、甲醇、沼气等类似于天然气的新型非常规燃料，并且在规范化应用领域取得了较大突破。以二甲醚为例，2016年底，河南二甲醚产能为220万吨，为全国第一，生产企业主要分布在鹤壁、驻马店、濮阳、信阳、三门峡、安阳、漯河、洛阳、新乡、许昌、商丘、平顶山、焦作等地市，产业涉及全省17个地市，二甲醚已经成为天然气、液化气等能源的重要补充。以鹤壁宝马能源化工为基础，二甲醚燃料在鹤壁市获得应用试点，已经开展十几年的有效工作。2016年，鹤壁宝马、河南能源、平煤神马三家企业在总结鹤壁二甲醚燃料应用的基础上，制定了液化二甲醚钢瓶（HNPCIA 01－2016）、液化二甲醚钢瓶包装运输规定（HNPCIA 02－2016）、液化二甲醚钢瓶定期检验与评定（HNPCIA 03－2016）、液化二甲醚储配站设计规范（HNPCIA04－2016）、液化二甲醚汽车槽车运输（HNPCIA 05－2016）等五项应用标准，为在全省推广二甲醚的应用打下了基础。

（五）深入落实大气污染防治政策

大气环境污染防治政策和“蓝天工程”的深入实施将提高河南省天然气市场需求，必须大力落实以确保成效。禁烧区的划定可提高天然气在工业燃料和采暖中的占比，需要对禁烧区燃煤用户强制改造，尤其在郑州、洛阳、平顶山、商丘等煤炭消耗的主要地市严格执行；“油改气”的实施将推动天然气汽车的快速发展，燃气热电联产项目的实施有助于推动燃气电厂的发展；天然气替代煤专项方案，将积极推进城市建成区、农村有条件地区的天然气替代煤，严禁煤炭进入城市建成区，加快天然气分布式能源、天然气

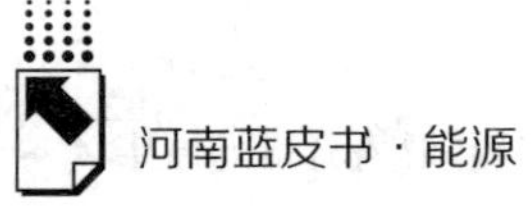

热电联产机组项目建设，确保 2017 年重点区域、重点领域天然气替代煤工作全面开展。

参考文献

河南统计局：《河南统计年鉴 2016》，中国统计出版社，2016。

河南省人民政府办公厅：《河南省 2016 年度蓝天工程实施方案》（豫政办〔2016〕27 号），2015 年 3 月 9 日。

河南省发展和改革委员会：《河南省天然气替代煤专项方案（2016 ~ 2020）》（豫发改能源〔2016〕1140 号），2016 年 9 月 7 日。

国家发展改革委：《天然气管道运输价格管理办法（试行）》和《天然气管道运输定价成本监审办法（试行）》（发改价格规〔2016〕1140 号），2016 年 9 月 7 日。

国家发展改革委能源研究所：《中国能源数据分析手册 2016》，2016。

尚谨、车晓波：《河南省天然气市场发展潜力及建议》，《国际石油经济》2016 年第 9 期。

王儒、谷静怡、庞敏：《非常规天然气管理与发展之路》，《商情》2016 年第 40 期。

焦洋等：《天然气事业面临的问题及对策》，《中小企业管理与科技》2016 年第 33 期。

B.5

2016 ~2017年河南省电力行业发展形势分析与展望

余晓鹏 *

摘　要： 电力行业是关系国计民生的基础性行业，当前河南省经济发展进入新常态，电力体制改革不断深入推进，电力行业正在发生深刻变革。本文在总结“十二五”期间河南省电力行业发展的基础上，深入分析了2016年河南省电力行业发展情况，并对2017年全省电力行业发展形势进行了展望，对河南省电力行业健康发展提出了对策和建议。

关键词： 河南省　电力行业　供需形势　对策建议

一　河南省电力行业发展总体情况

（一）率先跨入特高压交直流混联电网时代，保障能力显著增强

电力行业深入贯彻“内节外引”能源战略，积极引入省外清洁电力，积极打造外电入豫新通道，在全国率先跨入特高压交直流混联电网时代，电力联网枢纽地位更加凸显。2009年，世界首个1000千伏特高压交流工程——晋东南—南阳—荆门特高压交流试验示范工程建成，河南电网最高电

* 余晓鹏，国网河南省电力公司经济技术研究院副院长，教授级高级工程师，研究方向为能源电力经济、电网规划。

压等级由500千伏提高到1000千伏。随着2011年1000千伏南阳特高压交流扩建主变工程、2014年±800千伏天山—中州特高压直流工程相继投运，河南在全国率先建成省级特高压交直流混联电网并保持安全稳定运行，接纳外区电力能力由“十一五”期末的400万千瓦提高到“十二五”期末的1300万千瓦，全省电力保障能力显著增强。

有效投资屡创新高，电网进入全面提速发展新阶段。“十二五”期间，河南电网发展总投入超过1100亿元，较“十一五”实现翻番，2014年、2015年500千伏及以下电网年度投资规模先后突破200亿元、300亿元大关，其中农网投资分别达到85亿元、115亿元。110千伏及以上变电站座数、变电容量、线路长度分别较“十一五”末增长36%、55%、22%，电网整体供电能力达到6000万千瓦，基本保障了全社会最大负荷5350万千瓦、用电量2880亿千瓦时的电力供应需求，以及6744万千瓦发电装机并网需求。500千伏“两纵四横”梯形主网架进一步完善，220千伏变电站覆盖全省95%的县域，全部县域实现110千伏双电源供电，80%以上乡镇实现35千伏及以上变电站供电，90%以上乡镇实现两条以上10千伏线路供电，累计治理“低电压”用户408万户，大大缓解了农村用电快速增长造成的供电紧张局面。

（二）电源装机规模不断增大，供需形势趋向宽松

电源装机规模不断增大。全省电源分布呈相对集中特点，主要分布在京广线以西地区，煤电装机超过250万千瓦的供电区有10个，即焦作、新乡、鹤壁、洛阳、三门峡、郑州、商丘、平顶山、南阳、许昌，约占全省总装机容量的85%。“十二五”期间全省净增装机容量1687.6万千瓦，装机总容量年均增速5.93%，年均增加约338万千瓦，截至2015年底，全省电厂总装机容量6743.6万千瓦，居全国第十位。2010～2015年河南省电源装机情况详见图1。

全省电源发电利用小时数不断下降，电力供需形势趋向宽松。2010～2015年，全省电源发电利用小时数由4853小时降至3902小时，5年下降

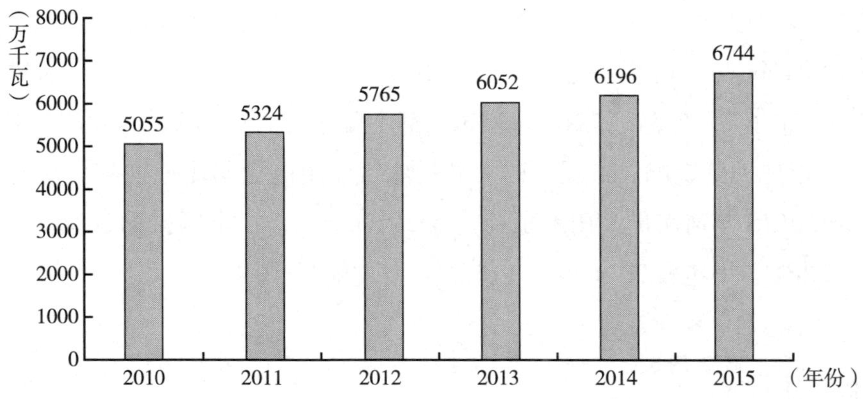

图 1　2010 ~2015 年河南省电源装机情况

951 小时，降幅达 19.6%；全省火电装机发电利用小时数由 5067 小时降至 4022 小时，5 年下降 1045 小时，降幅达 20.6%（见图 2）。

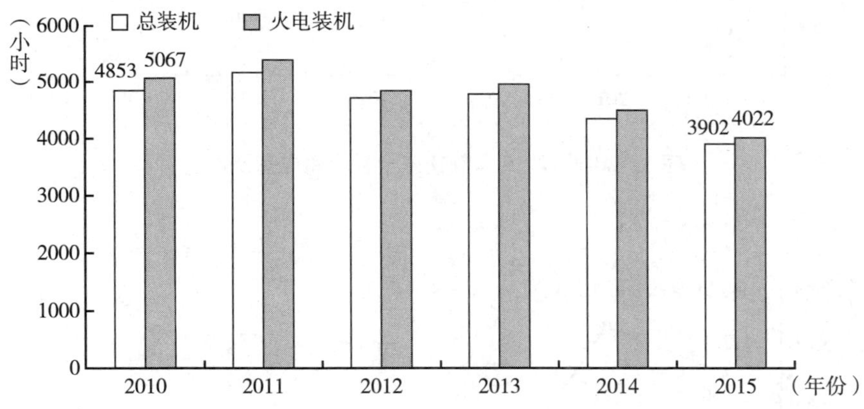

图 2　2010 ~2015 年河南省电源发电利用小时数

（三）电力需求增速总体放缓，用电结构持续优化

“十二五”期间，河南省电力需求增速总体呈放缓态势，受宏观经济形势及产业结构调整影响，全社会用电量、最大用电负荷年均增速分别为 4.1%、7.4%，其中 2012 年、2015 年年均增速分别为 2.0%、4.2%，2015

年进一步增速为－1.4%、2.8%。2015 年全省全社会用电量增速同比回落 2.1 个百分点，其中一、二、三、四季度同比增速分别为－3.9%、－2.8%、0.6%、0.5%。用电量增速回落主要是受工业尤其是四大高耗能行业用电增速回落影响，工业、四大高耗能行业用电量同比分别减少 0.8%、3.3%。2015 年河南最大用电负荷为 5350 万千瓦，在全国排第五位，同比增长 2.8%，增速较 2014 年进一步放缓（见图 3、图 4）。

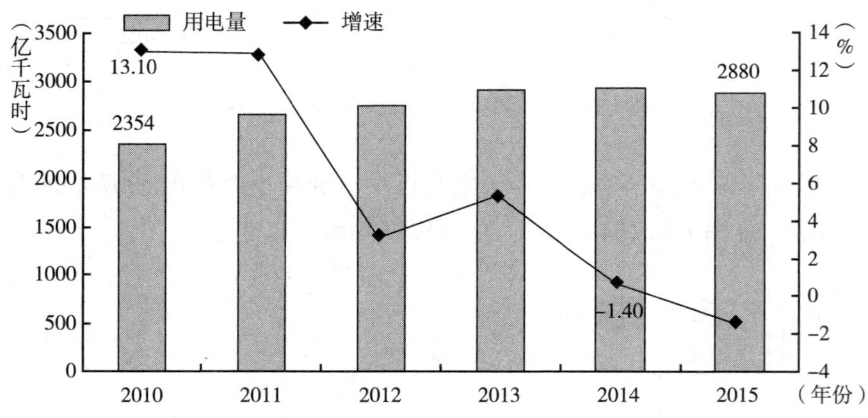

图 3　2010～2015 年河南省全社会用电量及增速

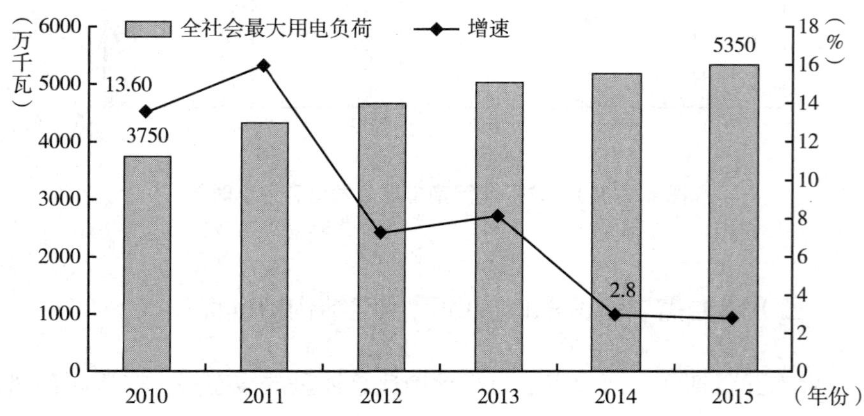

图 4　2010～2015 年河南省全社会最大用电负荷及增速

第二产业用电量占全社会用电量比重不断下降，用电结构持续优化。河南省实施产业结构升级、淘汰落后产能等政策，电解铝、钢铁、水泥、多晶硅等高耗能行业产能呈下滑趋势，用电量增速逐步放缓，推动电力增长的主力由高耗能行业逐步转为降温负荷、居民及工商业用电。第二产业用电量虽然仍占主导地位，但整体呈缓慢下降趋势。第二产业用电量比重由 2010 年的 77.7% 降至 2015 年的 75.7%，四大高耗能行业用电量占全社会用电量比重由 2010 年的 44.8% 降至 2015 年的 37.0%。同时，第三产业和居民生活用电量比重持续上升，由 2010 年的 19% 升至 2015 年的 22.4%（见图 5）。

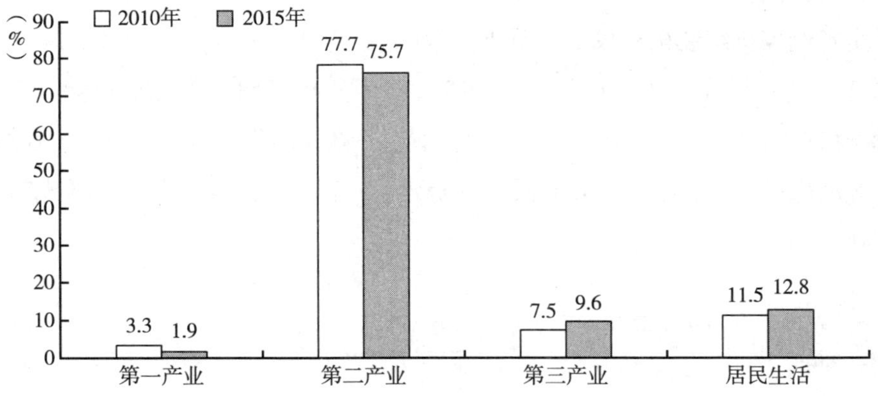

图 5　2010 年、2015 年河南省全社会用电量构成

（四）电力绿色发展速度加快，节能减排力度加大

新能源发电装机容量快速增长，结构调整取得新进展。截至 2015 年底，全省水电、新能源发电装机容量分别达到 398.5 万千瓦、132 万千瓦；“十二五”期间，全省水电、新能源发电装机分别增加 33.9 万千瓦、127.1 万千瓦，同比分别增加 9.3%、26 倍，合计占全部装机比重为 7.9%，同比提高 0.6 个百分点。区外清洁电力入豫比例大幅提高，外电入豫电量由 2010 年的 46.4 亿千瓦时增加到 2015 年的 333.1 亿千瓦时，2015 年水电、新能源发电量和外来电力占全省用电量比重达 16.7%，五

年提高 10.8 个百分点。节能调度深入实施，新能源发电充分消纳，实现零弃风、零弃光、零弃水。

节能减排取得新成效。“十二五”期间，全省二氧化硫、氮氧化物等主要大气污染物排放总量大幅度下降，期末分别降至 2010 年的 45.9% 和 35.7%，1543 万千瓦燃煤发电机组实现超低排放，占统调燃煤发电机组的 27.2%；全面推进电力行业脱硝工程建设，对未采用低氮燃烧技术或低氮燃烧效率低下的现役燃煤机组进行更新改造，单机容量 30 万千瓦以上燃煤机组全部加装脱硝设施，脱硝效率达到 70% 以上；新建燃煤机组配套建设高效脱硫脱硝设施，脱硫效率达到 95% 以上。全省机组煤耗不断降低，2015 年全省燃煤机组装机构成中，单机 30 万千瓦及以上机组占 81.3%，较“十二五”期初提高 5.9 个百分点；2015 年全省火电机组供电标准煤耗 311 克标准煤/千瓦时，较“十二五”期初下降 17 克标准煤/千瓦时，较全国 315 克标准煤/千瓦时的平均水平低 4 克标准煤/千瓦时，累计节约标准煤 290 万吨。

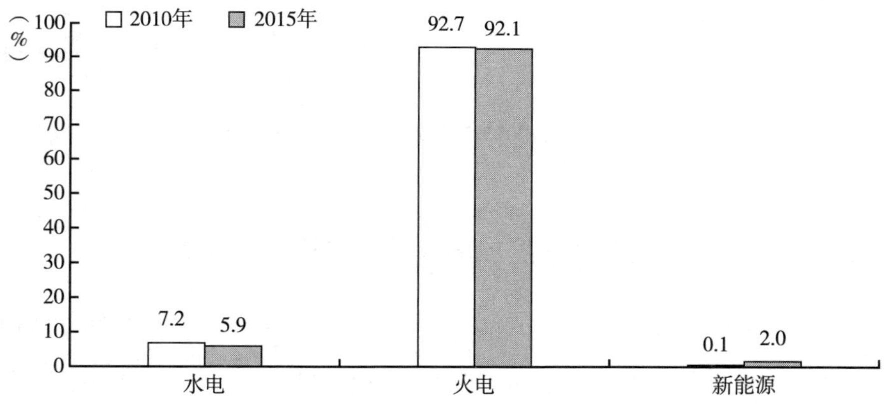

图 6　2010 年、2015 年河南省电源装机构成

（五）体制机制创新激发活力，农电管理水平大幅提升

体制机制创新激发新活力。一是简政放权深入推进，国家未明确保留

省级核准的电源项目全部下放市县，并实现了网上并联审批。二是电力应急保障和大气污染防治应急响应机制进一步完善，圆满完成上合组织政府首脑会议等重大活动和民生保电任务。三是创新市场化机制，“煤电互保”深入实施，大用户直供电全面推进，为深化电力体制改革奠定了坚实基础。

农电体制改革基本完成。全面落实国家和省委、省政府农电体制改革有关要求，按照“先规范、后划转”原则，圆满完成了106家代管县级供电企业国有资产无偿划转，基本结束了历时16年的河南农电代管体制，实现了全省城乡各类用电同网同价，农电管理体制基本理顺，农电管理水平大幅提升。

二 2016年河南省电力行业发展情况分析

（一）电力供应保障能力增强，电力供需总体宽松

1. 电力供应保障能力增强

绿色煤电建设有序推进。落实国家煤电建设“三个一批”有序发展政策，分类推进电源项目建设，洛阳万基（2×60万千瓦）、焦作赵固（2×35万千瓦）两个项目获得核准，全年开工规模190万千瓦；焦作丹河、周口隆达等9个总规模1172万千瓦续建项目进展顺利。全年新投产煤电装机规模160万千瓦。截至2016年底，全省装机容量7218.4万千瓦，较2015年增加474.8万千瓦，同比增长7.0%，增速高于全社会用电量增速3.2个百分点。

电网建设快速推进。省政府与国家电网公司签订“十三五”电网发展合作框架协议，五年计划投入1800亿元，其中农网投资700亿元。积极争取国家农网改造升级中央预算内资金3亿元，省财政安排农网建设贴息资金10亿元。2016年电网投资规模达到380亿元，其中农村电网投资214亿元，均创历史新高。全年新开工110千伏及以上输变电工程2161万千伏安、

2482 公里，投产 1629 万千伏安、2655 公里，全省电网薄弱环节明显加强，供电能力和质量显著提高。

跨区跨省交易电量继续加大。截至 2016 年底，河南累计完成跨区跨省交易电量 398.6 亿千瓦时，较 2015 年增加 46.6 亿千瓦时，其中，购入电量 394 亿千瓦时，较 2015 年增加 60.9 亿千瓦时，外送电量 4.5 亿千瓦时，较 2015 年减少 14.4 亿千瓦时，区外清洁电力输入量不断加大。

2. 电源结构优化成效明显

（1）新能源发电装机规模不断增大

截至 2016 年底，全省太阳能发电装机 284.3 万千瓦，较 2015 年增加 243.5 万千瓦，占比 3.9%，较 2015 年提高 3.3 个百分点；风电装机 104.1 万千瓦，较 2015 年增加 12.9 万千瓦，占比 1.4%；水电装机 399 万千瓦，占比 5.5%；火电装机 6431.1 万千瓦，占比 89.1%，较 2015 年下降 3 个百分点（见图 7）。

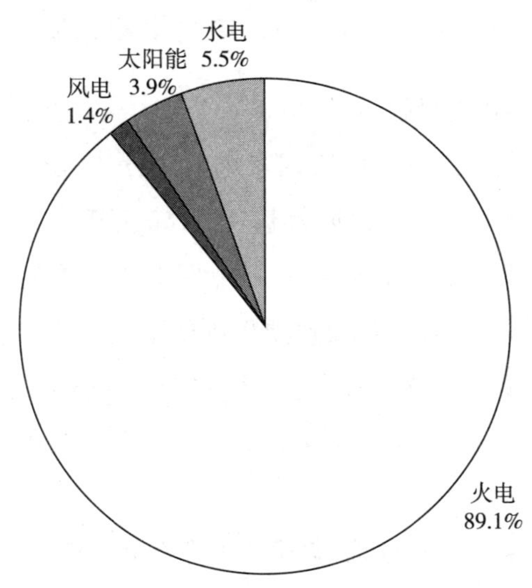

图 7　2016 年河南省电力装机结构

（2）风电、光伏发电量大幅增长

2016 年，风电、太阳能发电量分别为 18.4 亿千瓦时、11.5 亿千瓦时，同比分别增长51.4%、269.6%，风电机组利用小时数为1902小时，较2015年增加109小时，太阳能发电机组利用小时数为672小时，较2015年减少157小时；受黄河上游水库来水量减少影响，水电发电量减少14.8%，发电利用小时数为2322小时，较2015年减少408小时（见图8）。

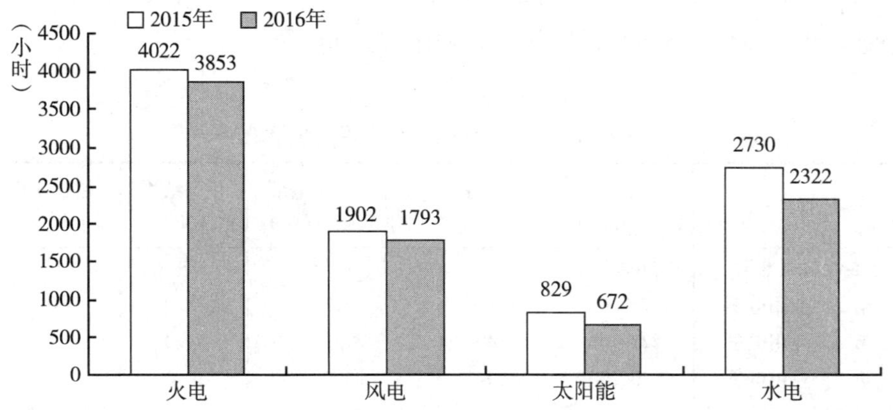

图8　2015年、2016年河南省不同类型机组发电利用小时数

3. 电力供需总体宽松

全省电力装机继续保持快速增长，发电利用小时数持续下降，电力供需总体宽松。2016年，全省装机容量7218.4万千瓦，全年新增装机474.8万千瓦，同比增加7.0%，增速较全社会最大负荷增速高5.1个百分点。煤电存在过剩风险，2016年全省电源发电利用小时数为3663小时，较2015年下降239小时，比全国水平低122小时。其中火电发电利用小时数为3853小时，跌破4000小时，较上年下降169小时，低于全国水平312小时，远低于火电机组的经济利用小时数。

（二）电力需求恢复性增长，用电结构继续优化

1. 电力需求恢复性增长

全省电力需求恢复性增长。受高温天气和电价调整等因素影响，2016年全社会用电量2989.2亿千瓦时，同比增长3.8%，较2015年回升5.2个

百分点，较全国平均增速低1.2个百分点（见表1）；全省最大负荷5450万千瓦，同比增长100万千瓦，增幅为1.9%。高温成为拉动电力需求快速增长的重要因素，2016年9月全省各地平均气温较常年同期偏高1~3℃，当月全社会用电量同比增长7.6%，为2014年3月以来单月最高增速。当月第三产业、城乡居民用电量同比分别增长17.8%、27.5%，合计拉动当月全社会用电量增长5.57个百分点（见图9）。

表1　2016年河南省全社会用电量情况

项目	用电量（亿千瓦时）	同比增速（%）	对全社会用电量增长贡献率(%)	用电结构（%）	占比变化（个百分点）
全社会用电量	2989.2	3.8	—	—	—
第一产业用电量	60.0	10.4	5.1	2.0	0.1
第二产业用电量	2220.0	1.9	37.1	74.3	-1.4
第三产业用电量	304.0	9.8	24.9	10.2	0.6
城乡居民用电量	405.1	9.8	32.9	13.6	0.7

图9　2015年9月、2016年9月河南省日均温度

2. 用电结构继续优化

第三产业和居民生活用电量占全社会用电量比重持续提高，用电结构不断优化。2016年，全省三次产业和城乡居民用电结构为2.0∶74.3∶10.2∶13.6，

其中第二产业用电量比重同比下降1.4个百分点，第三产业、居民生活用电量比重同比分别提高0.6个、0.7个百分点，第三产业和居民对全社会用电量增长贡献率合计达57.8%，成为电量增长的重要动力。

高成长性行业用电快速增长，工业结构优化调整速度加快。2016年，工业用电量2192.5亿千瓦时，同比增长1.7%，工业用电增速缓中趋稳。从工业用电结构来看，采矿业、四大高耗能行业用电量持续下降，同比分别下降8.6%、1.4%，占工业用电比重分别下降0.6个、1.5个百分点；其他工业用电增速6.8%，占工业用电量比重上升2.2个百分点（见表2）。其中，通用及专用设备制造业、交通运输电气电子设备制造业、食品饮料和烟草制造业、金属制品业等代表工业转型升级的高成长性行业用电增速较快，分别达7.2%、8.5%、10.6%、14.7%。

表2　2016年河南省工业用电量情况

项目	用电量（亿千瓦时）	增速（%）	占工业用电比重（%）	占比变化（个百分点）
工业合计	2192.5	1.7	—	—
采矿业	124.5	-8.6	5.7	-0.6
四大高耗能行业	1050.3	-1.4	47.9	-1.5
化工行业	250.4	-0.4	11.4	-0.2
非金属行业	183.0	0.1	8.3	-0.1
黑色金属行业	139.0	-4.0	6.3	-0.4
有色金属行业	478.0	-1.8	21.8	-0.8
其他工业	1017.7	6.8	46.4	2.2

（三）大气污染防治攻坚战全面推进，电力节能减排成效显现

1. 燃煤机组超低排放改造全面完成

为有效遏制和治理燃煤污染，持续改善全省环境空气质量，2016年燃煤污染治理攻坚战全面实施。2016年7月4日，河南省大气污染防治攻坚战正式打响，省委、省政府明确要求完成统调燃煤发电机组和所有地方燃煤发电机组的超低排放改造。截至2016年底，全省143台5619万千瓦统调燃

煤机组全部实现超低排放，全面完成统调燃煤机组超低排放改造工作，比国家要求提前两年，改造机组规模占全国超低排放机组的1/6。

2. 电能替代工程取得重要进展

河南省出台《电能替代工作实施方案（2016~2020年）》，明确电能替代工作总体要求、主要目标、重点工程及支持政策等，全省和各地市先后出台专项电能替代工作实施方案。省发改委组织召开河南省电能替代工作会议暨产业协作发展论坛第一届会议，政企联合全力推动电能替代。电能替代领域不断扩大，电能替代技术由最初传统的电锅炉、电窑炉、热泵、电蓄冷等4类发展到目前包括电烤烟、电制茶、机场桥载替代APU、皮带廊传输等14类替代技术。全年累计推广实施电能替代项目1279项，完成替代电量80.85亿千瓦时。开展电能替代攻坚专项行动，河南省9月份起对全省大气污染重点治理的10蒸吨及以下燃煤锅炉和工业炉窑全面摸排，落实客户改造意愿，理清替代潜力项目清单，制定具体替代方案。累计完成燃煤锅炉和工业炉窑改造项目206个。

（四）电改综合试点获批，改革工作平稳推进

1. 河南省电力体制改革综合试点方案获批

2016年8月30日，国家发改委国家能源局印发《关于同意河南省、新疆维吾尔自治区、山东省开展电力体制改革综合试点的复函》（发改经体〔2016〕1894号），同意河南省开展电力体制改革综合试点。主要包括：组建电力交易机构、输配电价改革、售电侧改革、电力市场建设、加强燃煤自备电厂监管等。在电力交易机构方面，河南电力交易中心完成组建，将在2017年完成股份制改造并成立电力市场管理委员会；在售电侧改革中，积极探索社会资本投资增量配电业务的有效途径，逐步形成多元化售电市场主体，在售电侧引入竞争，推动市场高效运行，实现资源的优化配置。

2. 输配电价改革加速推进

输配电价改革全面提速，2016年9月国家发改委启动包括河南在内的剩余14个省级电网（除西藏外）输配电价改革。河南省2016年9月正式启

动输配电价改革，10 月份启动现场成本监审，预计 2017 年初完成成本监审，2017 年上半年完成输配电价水平批复。2017 年 1 月 4 日，国家发改委发布《省级电网输配电价定价办法》。该《定价办法》从独立输配电价形成机制、计算方法、调整机制、激励约束机制四个方面做出了规定，该《定价办法》和《输配电价成本监审办法》（试行）一起，构成了完整输配电定价政策体系。河南省存在输配电价水平低、电网未来投资需求大、农网工程投入效益低等问题，《定价办法》将更有力地指导河南省输配电价改革。

3. 大用户直接交易规模不断扩大

2016 年河南电力直接交易取得较大进展，市场化改革不断深入，交易平台运作良好，交易规模持续扩大，参与主体得到扩增，用户拥有更多选择方式，用电成本进一步降低。全年交易电量 320 亿千瓦时，降低企业用电成本 28. 3 亿元，涉及冶金、有色、化工、煤炭等多个行业，除 110 千伏用户外，还有部分 35 千伏用户、10 千伏用户、6 千伏用户参加。

4. 首批增量配电业务放开试点确定

2016 年 11 月 27 日，国家发改委、能源局发布《关于规范开展增量配电业务改革试点的通知》，确定第一批 105 个试点项目。河南共 6 个增量配电业务试点项目获批，分别是：新乡市现代煤化工循环经济产业园区增量配电业务试点项目、郑州航空港经济综合实验区核心区增量配电业务试点项目、登封新区东区增量配电业务试点项目、洛阳市洛龙工业园区增量配电业务试点项目、濮阳县产业集聚区增量配电业务试点项目、南阳市中关村科技产业园增量配电业务试点项目。首批增量配网试点项目获批，这是电力体制改革又一个重要节点，标志着河南省售电侧改革进入新的阶段。

（五）积极发挥电价调控作用，助力“去降补”工作

积极发挥电价调控在电力改革、产业结构调整、节能减排中的重要作用，助力“去降补”工作，全年合计降低企业用电成本 125 亿元。一是切实降低实体企业电费支出，降低工商企业用电价格，从 2016 年 1 月 1 日起，对全省一般工商业及其他用电价格降低 5. 57 分/千瓦时。二是取消尖峰电价

政策，自2016年6月1日起，河南保留高峰、平段、谷段3个时段，取消尖峰电价政策。电价调整共涉及全省近5.7万客户，每月减轻企业负担约1.1亿元。三是取消化肥优惠电价，自2016年4月20日起，国家发改委全部取消化肥电价优惠，化肥生产用电执行相同用电类别的工商业用电价格，电价优惠取消或将导致化肥成本上涨约80元/吨，短期看将导致部分高成本企业继续承压，长期看将淘汰部分落后产能。四是水泥企业用电实行阶梯电价，发展改革委与工业和信息化部联合下发《关于水泥企业用电实行阶梯电价政策有关问题的通知》（发改价格〔2016〕75号），自2016年1月起，对淘汰类以外的通用硅酸盐水泥生产用电实行基于电耗的阶梯电价政策，旨在促进水泥行业技术进步和节能减排水平的提高。

三　2017年河南省电力行业发展形势展望

（一）2017年河南省电力行业发展形势

全省经济发展正处于动力转换、转型升级的关键阶段，电力行业也处于转型攻坚、提质发展的机遇期，同时也面临着资源环境约束加剧，电力系统优化和安全运行压力持续增大，煤电存在潜在过剩风险等问题。

1. 电力行业发展面临的机遇

（1）经济进入新常态，电力仍有较大发展空间

随着全省经济发展进入新常态，增长速度换挡、发展动力转换，高成长性制造业、战略性新兴产业和服务业逐步成为拉动电力增长的新引擎。目前，河南省城镇化率比全国平均水平低约10个百分点，人均GDP为全国平均水平的80%，人均用电量仅为全国平均水平的77%。随着粮食生产核心区、中原经济区、郑州航空港经济综合实验区、中原城市群等国家战略规划和战略平台的深入实施，以及工业化、城镇化水平的进一步提升，全省经济仍将保持中高速增长，电力需求仍有较大增长空间，河南需要继续加大电力投资和建设，支撑经济社会持续发展。

（2）资源环境约束加剧，电力将引领能源清洁、低碳发展

目前，全国及全省大气污染防治形势严峻，雾霾、水资源保护等问题引起全社会高度关注，电力作为清洁的二次能源，需充分发挥其引领作用，全面推动煤电清洁化发展，大力发展非化石能源发电，积极引入省外清洁电力，提高电煤在煤炭消费中的比重和电能在终端能源消费中的比重，从而有效控制煤炭消费总量、优化能源结构，实现河南能源发展转型。一是积极推进特高压交直流工程建设，引入省外清洁电力；二是加快发展新能源和加强智能电网建设，提升省内电网接纳大规模新能源并网的能力；三是加大电能替代力度，重点在工业生产、居民生活、农田灌溉、交通运输领域，推进锅炉、采暖“以电代煤”，机井“以电代油”和车辆的电动替代。

（3）电力体制改革全面提速，促进电力行业可持续发展

电力体制改革着重在提高资源利用效率、理顺价格关系、健全发展机制等关键领域和薄弱环节发力，促进电力工业的可持续发展，提升对经济社会发展的能源支撑保障能力和电力普遍服务水平。2016 年中央经济工作会议指出，要继续深化供给侧结构性改革，提高经济发展质量，电力作为供给侧结构性改革的重要领域，2017 年电改有望进入快速推进期。一是开放社会资本投资增量配电网，输配电网将出现一轮投资与创新的高潮；更坚强的电网，更智能的配网，将破除行业发展的壁垒，为调整电力结构和提高资源利用效率带来突破性的发展机遇。二是新能源迎来长期稳定利好的发展机遇，优先发电制度从法规层面解决了新能源的制度制约，开放社会资本带来电网投资与创新，将从资源利用水平上提高对新能源的电网消纳能力，新能源将迎来长期稳定利好的发展周期。三是分布式电源与微电网建设破冰起步，随着配电网、微电网的智能化发展，分布式电源将被提高到战略性发展高度。优先发电制度给予了分布式风电、太阳能发电用户足额收购的保障，分布式电源将快速发展。

2. 电力行业发展存在的问题

（1）电力系统优化和安全运行压力持续增大

作为全国首个交直流特高压混联省级电网，河南省电网安全稳定控制难

度加大；局部电网短路容量偏大，电网抵御自然灾害应急能力亟待加强；全省新能源发电装机大幅度增加、用电峰谷差不断扩大，电力消纳、运行控制等技术亟待加强；各级输电网匹配能力不足，同时配电网网架不强、农网薄弱，抽水蓄能电站投资和运行机制不畅，电力系统运行有待优化。

（2）煤电存在潜在过剩风险，亟须有序调控

2016年底全国煤电装机规模已达到9.5亿千瓦，加上一批在建项目即将投产，新增空间越来越小。为控制煤电过剩，国家出台一系列政策文件，要求电力冗余省份采取“取消一批、缓核一批、缓建一批”等措施，严控煤电项目建设，规范开工秩序。2016年国家发改委、国家能源局陆续下发《关于促进我国煤电有序发展的通知》《关于进一步做好煤电行业淘汰落后产能工作的通知》《关于建立煤电规划建设风险预警机制暨发布2019年煤电规划建设风险预警的通知》《关于进一步规范电力项目开工建设秩序的通知》《关于进一步调控煤电规划建设的通知》等文件，强调严控煤电建设，打出严控煤电行业产能“组合拳”。根据国家《电力发展“十三五”规划》，刨除从“十二五”期间接转的1.9亿千瓦煤电装机规模，2020年前新开工煤电仅1000万千瓦。根据目前全省在建机组建设情况，2017年、2018年河南将分别投运496万千瓦、568万千瓦煤电机组，在当前电力需求增速放缓的情景下，预计2017年、2018年煤电发电利用小时数仍将低于4000小时，低于煤电发电经济利用小时数，亟须有序调控煤电建设时序。

（二）2017年河南省电力行业发展展望

从供应看，预计2017年夏季用电高峰前全省发电总装机将达到7000万千瓦，扣除风电、光伏发电以及水电、火电受阻出力后，全省发电能力仍有6300万千瓦，加上新疆、西北、三峡送河南省电力700万千瓦，最大负荷5650万千瓦，备用1450万千瓦，全省电力供应总体宽松。

从需求看，考虑到河南省加快建设现代农业大省，平原地区“机井通电”稳步推进，预计2017年第一产业用电量同比增长9.6%左右；在节能减排和产业结构升级共同影响下，预计2017年四大高耗能行业用电量继续保持下降

趋势，高端装备制造业、食品加工业等有望保持快速增长，全年工业用电量将保持小幅增长；河南省大力推进高成长服务业强省、网络经济强省建设，产业结构不断优化升级，未来第三产业发展潜力巨大，预计2017年第三产业用电量同比增长10%左右；考虑到河南省城镇化水平和居民生活水平的不断提升，预计2017年城乡居民生活用电量同比增长10%左右。预计全年全省全社会用电量3080亿～3120亿千瓦时，同比增长3.0%～4.4%。

2017年电力供需继续保持宽松态势。预计全省电源装机发电量2700亿千瓦时左右，同比增长4.0%。全省发电机组平均利用小时数为3600小时左右，同比减少60小时左右，其中火电机组平均利用小时数为3800小时左右，同比减少50小时左右。

四 河南省电力行业发展对策建议

（一）有序控制煤电建设，力争煤电处于合理发电水平

应认真落实《电力发展“十三五”规划（2016～2020）》提出的2020年全国煤电装机控制在11亿千瓦以内的目标，结合全省电力供需形势和国家煤电规划建设风险预警，建议将已纳入国家规划的部分煤电项目推迟到“十四五”及以后，优先考虑在电网网架末端地区的煤电项目建设，严格控制电力盈余、大气防治重点区域煤电机组建设，进一步促进全省煤电有序发展，使煤电机组发电利用小时数回归到经济利用小时数。同时，要继续关停单机10万千瓦及以下纯凝燃煤发电机组，重点关停经升级改造后供电煤耗超出国家规定标准和污染物排放不符合现行环保要求且不计划改造的煤电机组，特别是运行满20年的纯凝机组和运行满25年的抽凝热电机组。

（二）加强电力统筹规划，加快电网建设

综合考虑资源禀赋、环境空间、电力需求等因素，统一协调电源与电网的发展目标、结构及布局，实现电源与电网之间、电源与电源之间的统筹规

划与建设。加快重要输电通道的建设，基于全省能源对外依存度不断升高的现状，加大区外电力输电通道的建设，提升全省能源保障能力。推动电网重大项目建设，加快推进电网网架优化完善工程，提升电网智能化水平，加快建设和完善县域信息通信网络、地县一体化智能调控系统，提高农网技术装备水平，实现配电网可观可控，满足新能源、分布式电源及电动汽车等多元化负荷发展需求。

（三）深入开展电力行业节能减排，服务经济社会发展

统筹规划和设计电力行业减碳、节能、节水、污染物控制目标和措施，注重整体效益的提高；加快建立电力排污许可管理制度，进一步规范煤电污染物管控方式；扎实开展大气污染防治工作，持续提高电力在终端消费中的比重，加快以电代煤、以电代油步伐，进一步降低散烧煤炭对环境的影响；配合煤电超低排放改造，加快完善超低排放监测、监管、技术标准体系等。

（四）统筹新能源电力消纳市场，完善市场机制

统筹新能源开发与消纳市场，优化电网运行方式，构建电力电量平衡、调峰资源共享和各类资源互补的新能源消纳平台；扩大新能源的消纳范围，提高新能源消纳比例；完善市场化机制，加快建立辅助服务市场，提高常规火电机组参与调峰的积极性，进一步完善新能源消纳配合制度。

（五）重视发电侧结构调整，加快调峰电厂建设

河南省新能源发电装机快速增长，对电网调峰能力提出越来越高的要求。煤电机组具备深度调峰能力，但要以增加煤耗和牺牲机组运行寿命为代价，抽水蓄能电站和燃气机组则可以灵活调峰，实现对新能源发电的有效补充。随着新能源发电比重持续上升，河南电网调峰压力将不断增大，为保障电力系统安全稳定运行，河南应加强全省电源结构调整，重视抽水蓄能和燃气电站等调峰机组建设，结合电网格局优化调峰电源布局，实现电网调峰运行更灵活、更经济、更环保。

参考文献

中共中央、国务院:《关于进一步深化电力体制改革的若干意见》,(中发〔2015〕9号),2015 年 3 月 25 日。

中共中央、国务院:《关于深化国有企业改革的指导意见》(中发〔2015〕22 号),2015 年 8 月 24 日。

中电联规划发展部:《中国电力行业年度发展报告 2016》,2016 年 9 月 7 日。

河南统计局:《河南统计年鉴 2016》,中国统计出版社,2016。

河南省人民政府办公厅:《河南省 2016 年度蓝天工程实施方案》(豫政办〔2016〕27 号),2016 年 3 月 9 日。

河南省人民政府:《河南省新型城镇化规划(2014 ~2020 年)》(豫政〔2014〕55号),2014 年 7 月 3 日。

河南省人民政府:《河南省治理工业大气污染攻坚战实施方案(2016 ~2017 年)》(豫政办〔2016〕117 号),2016 年 7 月 1 日。

河南省发改委:《河南省电能替代工作实施方案(2016 ~2020 年)》,2016 年 8 月15 日。

河南省电力公司:《2015 年河南省电力统计资料汇编》,2016 年 9 月。

B.6
2016~2017年河南省可再生能源发展形势分析与展望

李文峰　毛玉宾*

摘　要：　河南省长期以化石能源为主，当前非化石能源消费比重为6%、非水可再生能源发电量比重为2.2%，国家要求2020年河南省非化石能源消费比重达到7%以上、非水可再生能源电力消纳量占全社会用电量比重7%，加快发展可再生能源，促进能源发展绿色转型任务艰巨。本文在详细分析2016年河南省可再生能源发展情况的基础上，展望了2017年河南省可再生能源发展面临的形势，对2017年河南省可再生能源发展进行了预判，并提出相关对策建议。

关键词：　河南省　可再生能源　绿色转型　分析展望

一　河南省可再生能源资源总体特征

河南省的风能、太阳能、生物质能及水能等可再生能源资源量中，局部地区风能资源、太阳能资源较为丰富，全省生物质能资源丰富且发展潜力较大，水能资源量有限且基本开发完毕，未来将以抽水蓄能发电站开发为主。

---

* 李文峰，国网河南省电力公司经济技术研究院工程师，工学博士，研究方向为能源电力经济、电网规划；毛玉宾，国网河南省电力公司经济技术研究院高级工程师，工学硕士，研究方向为能源电力经济、电网规划。

（一）全省整体属于弱风区，局部地区风能资源较丰富

近年来风力发电技术迅速发展，尤其是低速风电技术[①]的发展，使河南省风能资源可利用量大幅增加。据全省风能资源初步分析和场址调查，河南省70米高度年平均风速在5米/秒以上风能资源潜在开发量可达1100万千瓦以上，在我国中部地区属于风电开发潜力较大的省份。根据国家《风电发展"十三五"规划》，2020年河南省风电累计并网容量不低于600万千瓦，居中部地区首位。就区域分布来看，全省有3个风能的高值区：一是在豫东平原的延津、封丘、长垣、新乡一带。年平均有效风能密度在100瓦/平方米，年平均有效风能时数在3500～4500小时之间。二是在紧靠郑州至宝丰一线的两侧，年平均有效风能密度在100瓦/平方米，最高可达130瓦/平方米，年平均有效风能时数在3000小时左右。三是方城、鲁山、叶县一带，年平均有效风能密度在100瓦/平方米左右，年平均有效风能时数在2000～3000小时之间。河南省各地市80米高度年平均风速和风功率密度统计详见表1。

表1　河南省各地市80米高度年平均风速和风功率密度统计

单位：米/秒，瓦/平方米

风电场所在区域	平均风速	平均风功率密度
郑州市	5.5～6.4	210～333
洛阳市	5.1～6.0	125～240
平顶山市	5.4～7.0	165～361
安阳市	5.3～6.4	189～287
鹤壁市	5.0～6.4	168～299
新乡市	5.0～6.1	130～240
焦作市	5.5～6.0	170～225
许昌市	5.6～6.4	174～270
三门峡市	5.2～6.4	164～290

① 低速风电技术是指风速在6～8米/秒，年利用小时数在2000小时以下的风电开发项目。

续表

风电场所在区域	平均风速	平均风功率密度
南 阳 市	5.6～6.7	180～383
信 阳 市	5.6～6.9	210～380
驻马店市	5.8～7.0	232～407
济 源 市	5.7～6.0	220～254

河南省风电场风电大出力主要集中在冬、春季节，风电小出力主要集中在夏季。春季、冬季易发大风，风力资源较好，通常冬季大出力集中时段为当日午夜至次日凌晨，冬季白天出力相对于夜晚较小。河南省某风电场典型日出力曲线详见图1、图2。

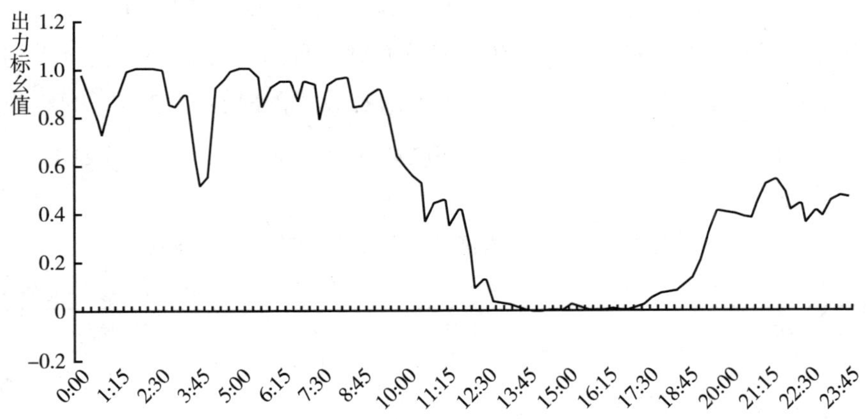

图1　某风电场冬季典型日出力负荷特性曲线

截至2015年底，全省共有风电场16家，总装机91.2万千瓦，发电量为12.2亿千瓦时，同比增长74.8%，发电设备年利用小时数为1793小时。

（二）全省太阳能资源较为丰富，豫北最为富集

河南省整体属于太阳能辐射三类地区，太阳能年辐射值在4680～5220兆焦/平方米，符合太阳能资源评估中大于3780兆焦/平方米的区域为资源“丰富区”的分类标准。日照时数和日照百分率在总体分布上呈现北多南少

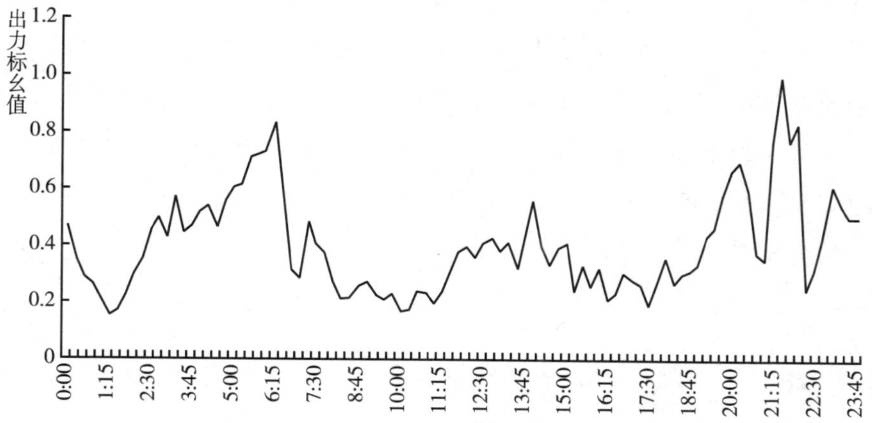

图2　某风电场夏季典型日出力负荷特性曲线

的特点，随纬度增高增加比较显著，经向差异不明显，平原多于山区。全省各地多年平均日照时数为1837～2373小时，大多数地区日照时数在2000小时以上，日照率为45%～55%。其中，豫西南、豫南大部及豫东南局部等市县的日照时数较少，在2000小时以下，尤其是豫西南的南召，豫东南的息县、商城日照时数更少，在1850小时以下，南召仅为1837小时；豫北、豫西北、豫东等地日照时数多在2200小时以上，南乐最多为2373小时（见表2）。

表2　河南省太阳能资源及分布

项目	日照小时数（小时）	单位面积辐射热量（兆焦/平方米）	折合标准煤（万吨）
合计	2000～2400	4600～5000	285
豫东北（安阳、南乐、清丰、濮阳）	2500以上	—	—
豫北（沁河盆地）	2400以上	—	—
豫东平原	2400以上	—	—
伏牛山和外方山区	2000以下	—	—
南阳盆地的西南部	2000以下	—	—
大别山区和桐柏山区	1900以下	—	—

日照时数、日照百分率季节变化较大。1981～2010 年全省平均月日照时数在 137～220 小时之间，其中 5 月、6 月是日照时数较大的月份，日照时数超过 200 小时，1 月、2 月、12 月相对较小，均在 150 小时以下（见图 3）。1981～2010 年全省平均月日照百分率在 40%～50%之间，其中 4 月、5 月是日照百分率较大的月份，日照百分率大于 50%，而 1 月、12 月相对较小，约为 34%。

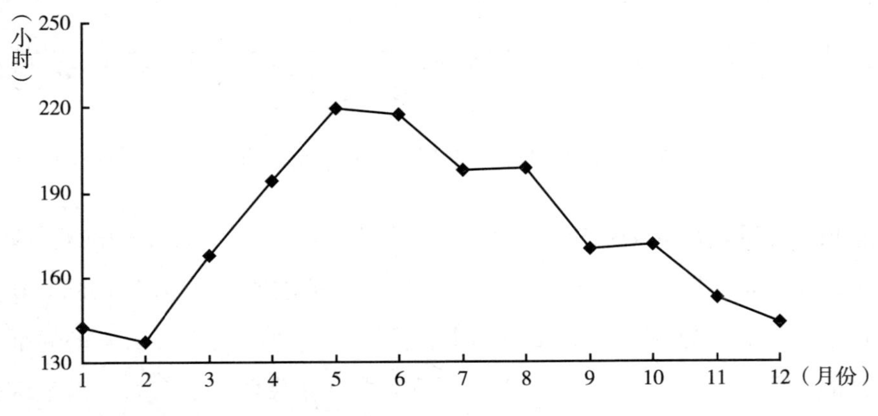

图 3　1981～2010 年河南省平均各月日照时数变化

总辐射量地域差异较小，季节变化较大。总辐射量呈冬季少夏季多的态势，通常最低月值出现在 12 月，全省大部分地区不到 251 兆焦/平方米；最高月值处在夏季（北部出现在 6 月，南部出现在 7 月），一般均在 544 兆焦/平方米以上。1981～2010 年全省平均月总辐射在 221～554 兆焦/平方米之间，其中 5 月、6 月是总辐射较大的月份，总辐射大于 500 兆焦/平方米，1 月、2 月、11 月、12 月相对较小，在 280 兆焦/平方米以下。1981～2010 年河南省平均各月总辐射变化详见图 4。

河南省光伏电站每日 9～16 时为主要出力时段，与全省用电负荷高峰出现时段大体一致，光伏发电特性在全年大多时间与当地用电高峰期趋势基本一致。河南省某光伏电站典型日出力曲线详见图 5。

截至 2015 年底，全省共有太阳能发电厂 30 家，总装机 40.8 万千瓦，

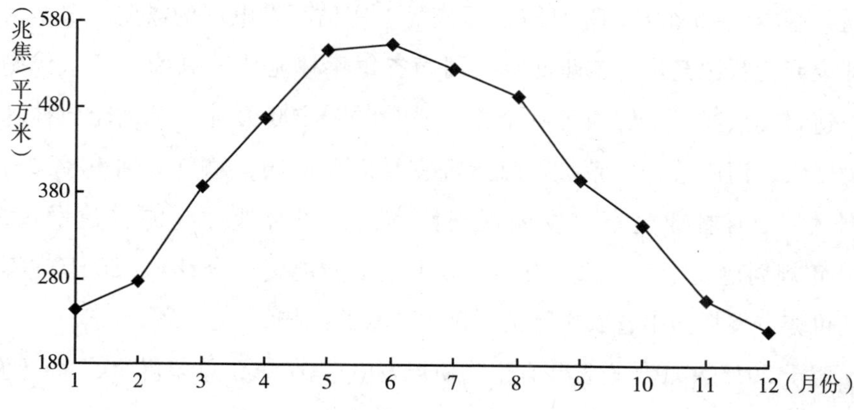

图4　1981～2010年河南省平均各月总辐射变化

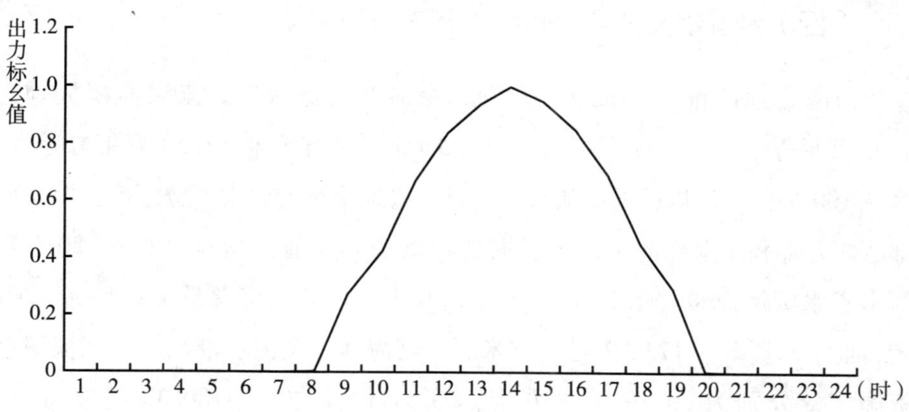

图5　河南省某光伏电站典型日出力特性曲线

发电量为3.1亿千瓦时，同比增长将近6倍，发电设备年利用小时数为829小时。

（三）全省生物质能资源丰富，发展潜力较大

河南省生物质能资源丰富。一是农作物秸秆资源丰富，河南省是农业大省，粮食产量多年居全国第一，每年秸秆总量约7000万吨，约占全国的1/10。根据《河南粮食生产核心区建设规划》，2020年河南粮食产量将达到1300亿斤，全省秸秆总量将达到9446万吨。从目前建成投产运行的电源情

况看，基本3～5个县的秸秆资源可满足1座秸秆发电厂的需要。二是河南林业废弃物资源充足，初步测算，河南省每年林业“三剩物”（采伐剩余物、造材剩余物、木材加工剩余物）总量约为300万吨。三是能源林基地潜力巨大，河南荒山、荒坡、滩涂等宜林面积广阔，总量达到1084万亩。根据《河南省林业生态省发展规划》和河南省林业厅能源林建设规划，2020年规划建设能源林780万亩。以上生物质能资源合计约380万吨标准煤，可充分发挥河南省农作物秸秆资源丰富的优势。

截至2015年底，全省共有生物质能发电厂37家，总装机50.3万千瓦，发电量为24.4亿千瓦时，发电设备年利用小时数为4889小时。

（四）全省水能资源量有限，基本开发完毕

河南省地跨淮河、长江、黄河、海河四大流域，其流域面积分别为8.61万平方千米、2.77万平方千米、3.60万平方千米、1.53万平方千米，全省100平方千米以上的河流有493条，受地形影响，大部分河流发源于西部、西北部和东南部的山区。根据《2015年河南省水资源公报》，2015年河南省水资源总量287.17亿立方米，其中，地表水资源量186.74亿立方米，地下水资源量173.07亿立方米。省辖海河、黄河、淮河、长江流域水资源总量分别为20.79亿立方米、46.51亿立方米、180.37亿立方米、39.50亿立方米。

河南省水能资源主要分布于西北部、西部及南部山区。黄河、长江、淮河、海河四大流域干支流的中上游，电力理论蕴藏量为517万千瓦。河南省境内大型水电已经开发完毕，小水电已开发746处，已开发量占全省技术可开发量的98.4%。河南省大型水电站三门峡、小浪底大型水利枢纽工程主要功能是防洪、排沙、灌溉和发电，两水电站运行受防洪、排沙、灌溉需求的限制，调峰能力较小；省内小水电由于库容小，基本无调蓄能力。未来河南省水电开发以抽水蓄能电站为主，根据国家《水电“十三五”规划》，“十三五”期间河南省将开工建设大鱼沟、花园沟、宝泉二期、五岳四个抽水蓄能电站，总装机容量为480万千瓦，占华中地区新开工抽水蓄能装机容

量的36.4%。

截至2015年底，全省共有水电站51家，总装机398.5万千瓦，其中，抽水蓄能电站2座，总装机132万千瓦，分别是南阳回龙抽水蓄能电站（12万千瓦）、宝泉抽水蓄能电厂（120万千瓦），全省装机最大的水电站是小浪底水电厂，总装机194万千瓦。2015年全省水力发电量为108.7亿千瓦时，同比增长13%，发电设备年利用小时数为2730小时，同比增加303小时。

二 2016年河南省可再生能源发展情况分析

2016年河南能源消费结构进一步优化，非化石能源消费比重达到6%，能源供给结构持续改善，非化石能源产量增长5.9%。风电、光伏发电是拉动可再生能源快速发展的主力，全省可再生能源总装机容量同比增长44.2%，新能源完成投资125亿元。同时，受水力发电量大幅减少影响，全省可再生能源发电量略有减少，不同类型可再生能源发电利用小时数有增有减。

（一）可再生能源发展迅速，投资及发电装机规模快速增长

1. 可再生能源发电装机快速增长

截至2016年底，河南省可再生能源装机容量837.7万千瓦，同比增长44.2%，占全部装机容量的11.6%，同比提高3个百分点，其中，非水可再生能源装机为438.7万千瓦，占全部装机的6.1%，风电、太阳能装机分别为104.1万千瓦、284.3万千瓦，同比分别增长14.2%、596.7%，对可再生能源装机增长贡献率达99.8%，是可再生能源装机快速增长的主要原因。生物质能开发利用加快推进，天冠醇－气－电生物质联产项目进展顺利，建成百川镇平、项城等8个垃圾填埋气发电项目，济源、濮阳等省辖市垃圾发电项目前期工作稳步推进，全年生物质能新增装机0.1万千瓦（见图6）。

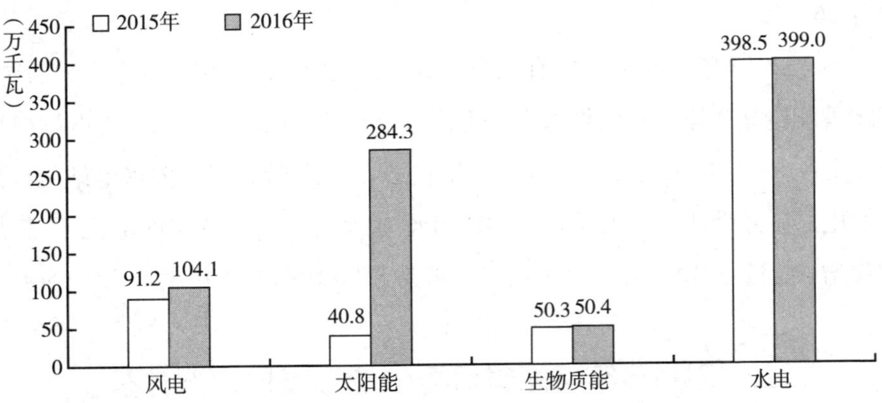

图6　2015年、2016年河南省可再生能源装机情况

2. 可再生能源投资大幅增长

2016年，全省新能源完成投资125亿元，创历史最高水平，促进了全省经济平稳增长。其中，1~9月，全省新能源项目累计完成投资110亿元，同比增长2.7倍，风电、太阳能、生物质能分别累计完成投资32亿元、75亿元、3.1亿元，分别占新能源项目投资总额的29.1%、68.2%、2.7%，光伏发电投资比重超过一半（见图7）。

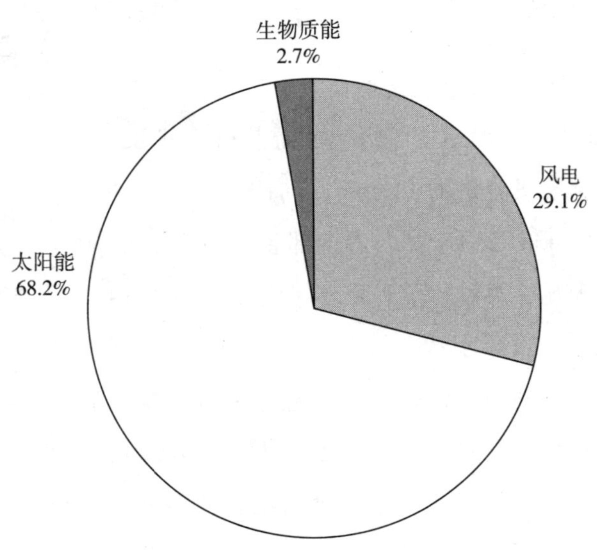

图7　2016年1~9月河南省可再生能源投资比例

（二）受水电来水影响，可再生能源发电量及利用小时数有所减少

1. 可再生能源发电量有所减少

2016年，河南省可再生能源发电量148.2亿千瓦时，同比略有减少，占全部发电量的5.7%，同比降低0.1个百分点。其中，非水可再生能源发电量55.6亿千瓦时，占全部发电量的2.1%，同比增长40.1%。风电、太阳能、生物质能发电量分别为18.4亿千瓦时、11.5亿千瓦时、25.7亿千瓦时，同比增长51.4%、269.6%、5.4%，风电、太阳能对可再生能源发电量增长贡献率达84.2%。受黄河上游水库来水量减少影响，水电发电量92.6亿千瓦时，同比减少14.8%，是可再生能源发电量下降的主要原因（见图8）。

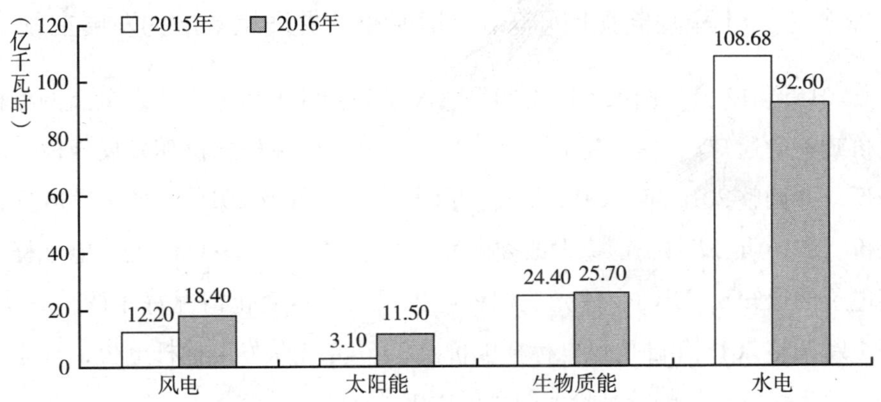

图8 2015年、2016年河南省可再生能源发电量情况

2. 可再生能源发电利用小时数有所降低

不同类型可再生能源发电利用小时数有增有减。受电力需求增长放缓、可再生能源装机快速增长等因素影响，截至2016年12月，河南风电、太阳能发电利用小时数分别为1902小时、672小时，同比分别增加109小时、减少148小时；受水库来水量较少影响，水力发电利用小时数为2322小时，同比减少408小时；生物质能发电利用小时数为5102小时，同比增加213小时（见图9）。

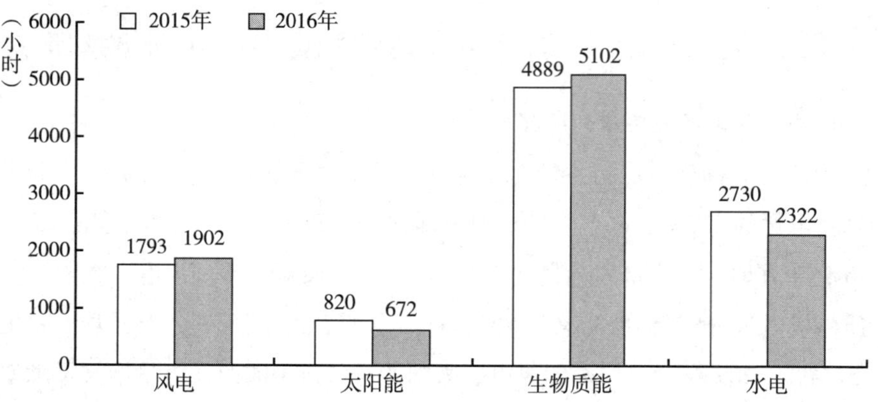

图 9　2015 年、2016 年河南省可再生能源发电利用小时数情况

（三）可再生能源上网电价持续调整，提质增效成为发展主题

2015 年 12 月，国家发改委印发《关于完善陆上风电光伏发电上网标杆电价政策的通知》，提出陆上风电、光伏发电上网标杆电价随发展规模逐步降低，并调整 2016 年、2018 年陆上风电标杆电价及 2016 年光伏发电标杆电价；2016 年 12 月，国家发改委印发《关于调整光伏发电陆上风电标杆上网电价的通知》，明确今后光伏标杆电价根据成本变化情况每年调整一次，并更新调整 2018 年陆上风电标杆电价及 2017 年光伏发电标杆电价，标志着风电、光伏发电又朝着平价上网目标迈出了一步。

1. 陆上风电上网电价继续下调

根据《关于完善陆上风电光伏发电上网标杆电价政策的通知》，2016 年第Ⅰ、Ⅱ、Ⅲ类资源区新核准建设陆上风电标杆上网电价均降低 0.02 元/千瓦时，第Ⅳ类资源区不做调整，调整后第Ⅰ～Ⅳ类资源区标杆上网电价分别为 0.47 元/千瓦时、0.5 元/千瓦时、0.54 元/千瓦时、0.6 元/千瓦时；根据《国家发展改革委关于调整光伏发电陆上风电标杆上网电价的通知》，2018 年第Ⅰ～Ⅳ类资源区新核准建设陆上风电标杆上网电价分别下调 0.07 元/千瓦时、0.05 元/千瓦时、0.05 元/千瓦时、0.03 元/千瓦时，调整后的标杆上网电价分别为 0.40 元/千瓦时、0.45 元/千瓦时、0.49 元/千瓦时、

0.57元/千瓦时。河南属于Ⅳ类资源区，调整后的2016年、2018年风电标杆上网价格分别为0.6元/千瓦时、0.57元/千瓦时。此次价格的下调，对作为Ⅳ类资源区的河南影响最小。

2. 光伏上网电价大幅下调

根据《关于完善陆上风电光伏发电上网标杆电价政策的通知》，2016年第Ⅰ、Ⅱ、Ⅲ类资源区光伏标杆上网价格分别降低0.1元/千瓦时、0.07元/千瓦时、0.02元/千瓦时，调整后的标杆上网电价分别为0.8元/千瓦时、0.88元/千瓦时、0.98元/千瓦时；根据《国家发展改革委关于调整光伏发电陆上风电标杆上网电价的通知》，2017第Ⅰ、Ⅱ、Ⅲ类资源区光伏标杆上网价格分别降低0.15元/千瓦时、0.13元/千瓦时、0.13元/千瓦时，调整后的标杆上网电价分别为0.65元/千瓦时、0.75元/千瓦时、0.85元/千瓦时，同时明确今后光伏标杆电价将根据成本变化情况每年调整一次。为继续鼓励分布式光伏发电，分布式光伏发电补贴标准不作调整，仍维持0.42元/千瓦时的补贴标准。河南属于Ⅲ类资源区，调整后的2016年光伏标杆上网价格为0.98元/千瓦时，降幅为2%，较Ⅰ、Ⅲ类资源区11%、7%的降幅明显较小，对全省光伏补贴影响十分有限。调整后的2017年光伏标杆上网价格为0.85元/千瓦时，降幅为13.3%。

3. 新建生物质发电等项目补贴标准不变

根据《国家发改委关于调整新能源标杆上网电价的通知（征求意见稿）》，生物质发电标杆电价在当地燃煤机组标杆上网电价（含脱硫、脱硝、除尘电价加1分钱/千瓦时的超低排放加价）以内的部分，由当地省级电网结算，高出部分通过省内销售电价予以疏导，不再通过全国征收的可再生能源电价附加解决。2017年1月1日以后并网的生物质发电项目标杆上网电价，继续执行国家制定的标杆电价或根据本地实际情况研究制定标杆上网电价。

4. 招标等市场化方式得到鼓励

国家鼓励各地通过招标等市场竞争方式确定陆上风电、海上风电、光伏发电等新能源项目业主和补贴标准，但通过市场竞争方式形成的价格不得高于国家规定的同类资源区陆上风电、海上风电、光伏发电标杆上网电价。

2016 年，“领跑者计划”招标过程中光伏上网电价不断被拉低，最终内蒙古乌海项目中标最低价 0.45 元/千瓦时，仅为该地区标杆上网电价的 56%。鹤壁市 60 万千瓦采煤沉陷区综合治理、禹州市 55 万千瓦药光互补两个光伏领跑者基地实施方案上报国家。

（四）光伏扶贫攻坚战全面推进

2016 年 3 月，国家发改委、国务院扶贫办和国家能源局等五部门联合发布《关于实施光伏发电扶贫工作的意见》，决定在全国具备光伏建设条件的贫困地区实施光伏扶贫工程。该《意见》同时公布了甘肃、山西、河南等 16 个省（市）作为光伏扶贫工程的重点实施范围。7 月 26 日，河南省出台《关于组织实施光伏发电扶贫工作指导意见》，保障贫困户 20 年以上，每户每年不低于 3000 元的光伏发电扶贫收益，率先提出省里对村级光伏小电站建设项目实行规模兜底政策。10 月，国家能源局等五部门联合发布《关于下达第一批光伏扶贫项目的通知》，明确了光伏扶贫实施地区的项目指标和细则，确定 18 个省、516 万千瓦规模的第一批光伏扶贫项目，河南省集中在台前县建设 10 万千瓦、覆盖 0.3 万贫困户的集中式电站项目和 0.15 万千瓦、覆盖 0.15 万贫困户的村级电站。

河南省电力精准扶贫扎实推进，台前县“全国光伏扶贫重点县”建设全面实施，第二批 29 个县光伏扶贫方案已经上报国家，第三批申报工作已经启动。台前县已编制《河南省台前县光伏发电扶贫实施方案》，已建成 510 户贫困户家庭分布式光伏发电项目，开工 7 个村级小型光伏电站，同时开展了第二批光伏扶贫实施方案初审工作。上蔡县人民政府印发《上蔡县光伏扶贫实施方案的通知》，集中式光伏扶贫电站上蔡县鑫光新能源 50 万千瓦光伏电站已于 6 月 30 日实现部分并网发电。

三 2017年河南省可再生能源发展形势展望

2017 年，能源变革正在凝聚新共识，能源发展正在形成新动力、进入新阶段。绿色低碳能源已经成为应对气候变化的可行解决方案并推动了《巴黎协定》的达成。能源变革的本质就是主体能源的更替和开发利用方式的根本性改变，将逐步形成可再生能源等清洁能源为主体的能源体系，从根本上化解能源资源和环境约束，实现能源资源的永续利用、保障能源安全，实现人人享有负担得起、可靠、可持续的清洁低碳能源。

（一）可再生能源发展有利因素分析

1. 可再生能源发展成为能源绿色转型的主要途径

河南省能源发展绿色转型任务艰巨。绿色发展已成为新时期经济社会发展的重要理念，低碳化、清洁化成为世界能源发展的主流，碳税、碳汇、碳交易实施将加大河南省经济运行成本，倒逼能源绿色转型。河南省能源发展仍处在高碳、高排放、高能耗的发展阶段，能源发展转型压力大。一是能源消费结构调整任务艰巨，河南省一次能源消费中，煤炭占比为76%，分别高于全国、OECD（经合组织）国家10个、58个百分点，差距巨大。二是节能降耗难度较大，河南省能源强度为10.2吨标准煤/万美元（按2005年可比价），是美国、日本的4.7倍、6.5倍，是江苏、浙江的2.1倍，河南能耗不仅远远高于发达国家，也明显高于东部地区。三是电源装机仍以化石能源为主，河南省火电装机比重为89.2%，分别高于美国、欧洲12个、44个百分点；可再生能源装机比重仅为10.8%，低于美国、欧洲12个、45个百分点。

随着对生态环境保护、能源安全保障、气候变化应对等可持续发展问题的日益重视，世界各国对加快可再生能源开发利用达成普遍共识。根据《国家能源局关于建立可再生能源开发利用目标引导制度的指导意见》，明确河南省2020年非水可再生能源电力消纳量占全社会用电量比重为7%，通过将“十三五”非水可再生能源消纳量占全社会用电量比重目标逐级分解，并同步考核，实现传统能源与可再生能源协调发展。根据《河南省“十三五”能源发展规划》，2020年非化石能源占能源消费总量的比重达到7%以上，坚持内节外引，推进能源绿色智慧转型，加快可再生能源开发利

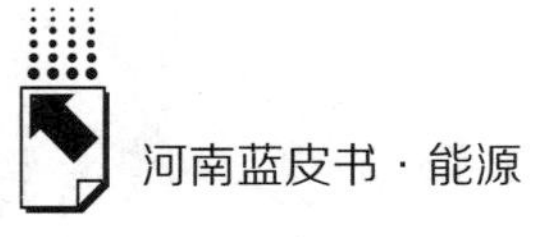

用，构建清洁低碳、安全高效的现代能源体系成为河南省能源发展转型升级的根本途径。

2. 电力体制改革为可再生能源发展提供政策保障

2015 年 3 月 20 日，国家发改委、国家能源局发布《关于改善电力运行调节促进清洁能源多发满发的指导意见》（发改运行〔2015〕518 号），2015 年 11 月，中发 9 号文配套文件《关于有序放开发用电计划的实施意见》，均提出应落实可再生能源发电全额保障性收购制度，在保障电网安全稳定的前提下，优先保障水电和规划内的风能、太阳能、生物质能等清洁能源发电上网，促进清洁能源多发满发。相关政策的制定，为可再生能源发展提供了保障。

3. 低速风电迎来快速发展的战略机遇期

低风速发电技术取得突破，技术可开发区域明显扩大，根据国家气候中心的资料初步估算，全国可增加技术可开发量 800 万～1000 万千瓦，主要分布于浅山丘陵地区和中东部平原地区。受弃风限电等因素影响，国家已将风电发展重点由“三北”地区调整至中部地区。中部地区省份将作为风电开发重点，每年新增装机 200 万～300 万千瓦，预计每年可拉动投资 200 亿元左右。河南省属于风资源四类地区，电价降价幅度较其他地区略小，是中部低风速风电开发重点省份，根据全国《风电发展“十三五”规划》，河南风电累计并网容量将达 600 万千瓦，与目前 104.1 万千瓦装机相比，还有 500 万千瓦的发展空间，全省风电迎来快速发展的战略机遇期。

4. “光伏＋”综合利用工程迎来重大机遇

国家能源局发布的《太阳能发展“十三五”规划》明确指出，到 2020 年底，太阳能发电装机达到 1.1 亿千瓦以上。其中，光伏发电装机达到 1.05 亿千瓦以上，光热发电目标为 500 万千瓦。光伏发电电价水平在 2015 年基础上下降 50% 以上，即达到 0.4～0.5 元/千瓦时，在用电侧实现平价上网目标。“十三五”期间将是太阳能产业发展的关键时期，主要在于推动产业升级、降低成本、扩大应用，实现不依赖补贴的市场化持续发展。随着政策向分布式光伏倾斜，分布式应用将快速放量，“光伏＋”综合利用工程将成为重要途径，分布式光伏将迎来良好发展时期。

5. 生物质能发展前景广阔

河南作为全国重要粮食生产核心区，根据国家《生物质能发展“十三五”规划》，2020年以河南省为重点的华中地区生物天然气发展规模将达到16亿立方米，生物质成型燃料利用量达到900万吨、替代煤炭消费量达到450万吨标准煤，农林生物质直燃发电装机规模达到140万千瓦，垃圾焚烧发电达到100万千瓦。

6. “光储一体化”发展模式大有可为

储能是分布式发电的关键环节，能够稳定电力输出、加强系统调控、保证电能质量，对电力资源的优化配置和微网负荷的平衡调节具有重要作用。“分布式光伏+储能”的商业模式作为未来能源建设的发力点，可以实现居民和商业用户侧电力自发自用、多余电力上网的经济运作，并有效解决局部地区大型集中光伏电站的消纳难题。在相对稳定和合理的政策补贴下，未来“光储一体化”的分布式发展模式大有可为，将促进分布式光伏发电的发展。

（二）新能源发展存在的问题

2014年以来，河南风电和光伏发展迅猛，整体上呈现出发展与规划脱节、开发空间和时间集中、项目建设无序等特点，加之风电、光伏出力具有间歇性、不稳定性等特点，对配套电网建设、提高电力系统调节能力、优化电网运行方式、提高电网新能源消纳能力提出了挑战。

1. 风电、光伏快速发展，实际进度与规划目标脱节

目前，在国家层面和全省层面均出台了五年规划，明确了新能源的"十三五"发展总目标。但从新能源项目建设发展现状来看，无论风电或是光伏均呈现高速增长态势，截至2016年，全省风电、光伏装机规模已占2020年总规模的40%。

根据国家《风电发展"十三五"规划》及《河南省"十三五"能源发展规划》，至2020年河南省规划并网风电600万千瓦。截至2016年底，已

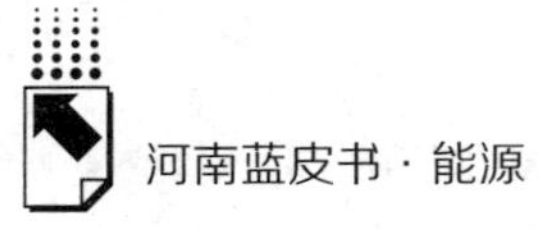

纳入国家“十二五”核准计划及全省2016年风电建设计划的风电项目共计1009万千瓦，是2020年国家和全省规划目标的1.7倍。

根据国家《太阳能发展"十三五"规划》，到2020年全国并网光伏10500万千瓦，其中河北等11个重点省份9900万千瓦，包括河南在内剩余的20个省仅600万千瓦；根据河南省《“十三五”能源发展规划》，到2020年全省将并网光伏350万千瓦。截至2016年底，国家实际下达河南省光伏发电项目指标297万千瓦；各县发改委已完成备案光伏发电项目约5879万千瓦，是2020年河南省规划目标的16.8倍。

2. 传统电源与电网利用效率降低，弃风弃光风险凸显

伴随着经济发展新常态，河南省电力需求增长速度趋缓，同时受新投运机组影响，近年来全省火电机组发电利用小时数持续降低，2016年降至3853小时，跌破了4000小时。考虑新投产风电、光伏规模后，火电利用小时数将继续下降，2018年全省火电机组发电利用小时数将降至3800小时左右，新能源发展将进一步压减了火电机组发电空间。由于新能源发电机组主要接入110千伏及以下电压等级，还将降低220千伏及以上电网利用效率。同时，由于风电、光伏的集中分布与投产，还将造成更加突出的弃风弃光问题。按照目前项目并网进度，考虑在建火电项目投产，未来两年春季和冬季小负荷期间，全省18个地市除漯河外均将出现不同程度的电力盈余。特别是三门峡、安阳、鹤壁、濮阳、平顶山、驻马店、南阳、许昌等地区，即使考虑公共供热机组65%出力、纯凝机组50%出力，新能源消纳压力较大，存在弃风弃光风险。

3. 风电、光伏项目不确定性强，配套电网规划建设难度增大

正常情况下，风电项目建设周期约18~24个月、光伏项目建设周期3~6个月。风电项目建设周期长，项目投产进度较慢；光伏项目因电价政策不明，各省建设规模远超国家指标规模，项目建成并网后“竞价方式”申请补贴，项目整体建设进度快慢不一，存在很大不确定性。新能源发电项目，尤其是光伏项目是否建设、投产时间的不确定性，给配套电网规划和建设带来较大困难。

4. 风电、光伏发电出力不稳定，影响电网安全稳定运行

河南省电源结构以火电为主，灵活调节电源较少，且供热机组较多，调峰手段不足。风电和光伏发电出力具有随机性、间歇性等特点，风电具有明显的反调峰特性（春秋季大发、夜间大发）、利用小时数约1800～2100小时，光伏发电利用小时数在1100小时左右、且在下午16∶00之后到晚高峰负荷到来时，出力迅速降低。随着风电、光伏装机占比的增加，风电、光伏出力相对电网负荷呈现逆向分布，省网的调峰难度将不断增大，需大容量火电机组辅助调峰，将影响电网运行安全与稳定，给科学安排开机方式带来困难。

对于受端电网，在接入大风电、光伏发电后，增加了地区电网电源支撑，一定程度上有效弥补了用电缺口。但受新能源出力特性影响，若出现受气象条件影响大量并网新能源出力短时间内急速变化，或因系统电压波动较大造成新能源机组大量脱网的情况，将引起地区电网潮流、电压大范围的波动，对于缺乏常规电源支撑的受端电网容易引起电压、频率稳定问题，为保证电网供电安全，受端电网仍需加强电网网架联系作为紧急事故支援。

5. 新能源与传统煤电布局重叠，送受端电网稳定运行压力增大

受土地、光照等资源影响，全省风电、光伏集中规划及建设区域主要在豫西、豫北、平顶山、南阳、驻马店等地，其中安阳、平顶山、三门峡、洛阳4个煤电富集区域以及南阳、驻马店，已核准及备案风电光伏容量达4230万千瓦，占全省总容量的60%，新能源与传统煤电空间布局重叠；与此同时，商丘、周口、信阳等区域分布较少。

对于送端电网，当接入大规模风电、光伏后，将加重输电通道外送压力。三门峡是典型的送端电网，2010年最大负荷为182万千瓦，2016年为167万千瓦，减少了15万千瓦，而机组相应增加了170万千瓦。2016年底装机容量533万千瓦，西北通过灵宝直流送入111万千瓦电力。该区域风电计划建设规模328万千瓦，已备案的光伏装机超过230万千瓦，该区域装机规模可达1000万千瓦。受经济结构调整的影响，近年来三门峡地区电力负荷水平一直在180万千瓦左右，需要外送大约500万千瓦电力，电网结构远远不能满足风电、光伏大规模投运后电力外送的需求，严重影响区内火电机组运行经济性。安鹤濮地区是典型受端电网，区内虽有火电机组但容量不足，需要接受区外电力送入。目前该区域正在进行前期工作的风电、光伏装机容量超过1000万千瓦，若均投产发电，则安鹤濮区域将从受端电网变为送端电网，并加大输电通道外送压力。

（三）河南能源发展将由“三高”向“一低、一高”转变

河南能源将由“高排放、高碳值、高煤耗”逐步向“绿色低能耗、清洁高效率”的方向发展。初步预计，2017年全省可再生能源利用量1520万吨标准煤，同比增长6.3%，占能源消费总量的6.3%左右。其中，非水可再生能源发电量达到80亿千瓦时，同比增长43.9%；水电发电量按正常年份来水量估算约100亿千瓦时；燃料乙醇产量约70万吨；地热、太阳能光热、生物制气及固体（液体）燃料等其他可再生能源利用形式利用量约930万吨，同比增长6%。全年新增可再生能源装机200万千瓦左右。

四　河南省可再生能源发展对策建议

（一）建立监测预警机制，促进新能源持续健康发展

建立全省监测预警机制，委托有资质的研究单位每年定期开展全省及各地市新能源消纳能力研究，明确全省及各地市后两年新能源可发展裕度，即风电、光伏最大投产规模，以及对火电利用小时数和生产运行的影响，向社会发布，引导投资者理性立项，并合理制定风电项目年度建设计划、核准计划和光伏备案规模，加快电力缺额区域的项目立项和限制电力消纳困难区域的项目立项，优化电源布局，促进新能源持续健康发展。

（二）落实发电保障制度，确保全额收购可再生能源发电

根据电力体制改革的总体部署，落实可再生能源全额保障性收购制度，

按照《可再生能源发电全额保障性收购管理办法》要求，严格执行国家明确的风电、光伏发电的年度保障小时数。加大改革创新力度，逐步建立新型电力运行机制和电价形成机制，建立煤电调频调峰补偿机制，建立辅助服务市场，激励市场各方提供辅助服务，建立灵活的电力市场机制，实现与常规能源系统的深度融合。

（三）树立系统最优理念，允许合理弃能率水平

由于风光发电的间歇性、随机性，大规模风光发电接入后，安全风险成本、新建输电线路成本、新建调峰电源成本、存量电源灵活性改造成本均将不同程度增加。在规划层面，若允许放弃一定的可再生能源电量，可以降低系统总体调峰需求，减少调峰电源建设，避免高昂的边际消纳成本。因此，应充分考虑系统整体安全性和经济性，引入合理弃能率的概念为电力规划提供理论支撑。美国、德国一些地区弃风比例维持在1%～5%，我国能源局“十三五”电力规划提出的合理弃能率为5%左右。国网能源研究院研究表明，对系统而言5%～10%是较为经济的合理弃能率。全省可再生能源正处于大发展阶段，有一定的弃能率是合理的。

（四）加强统筹规划，推进网源协调发展

结合“十三五”电网建设规划和区域电网消纳能力，统筹可再生能源发电项目规划布局与建设时序，优化电网接入方案，加强配套电网建设，做到发电项目与电网建设协调发展，依据风电、光伏并网运行的相关技术标准和管理，加强风电机组和光伏发电并网检测工作，优化风电、光伏发电并网调度运行，建立以风电功率预测预报为辅助手段的各类电源协调运行的调度机制。

（五）坚持协同推进，发挥可再生能源综合效益

将可再生能源利用纳入国家能源、环保、农业战略，注重协调、协同推进，充分发挥可再生能源综合效益，特别是在支持循环农业、促进县域生态

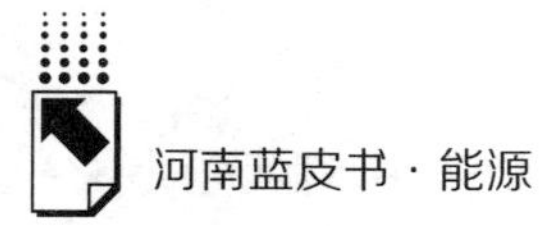

环保方面的作用，推进生物质能开发利用。结合新建建筑屋顶、已有建筑屋顶安装光伏发电；鼓励结合荒山荒地和沿海滩涂综合利用、采煤沉陷区等废弃土地治理、设施农业、渔业养殖等方式，因地制宜开展各类“光伏+”应用工程。

参考文献

中国能源研究会：《中国能源发展报告（2016）》，浙江人民出版社，2016。

国家可再生能源中心：《2016国际可再生能源发展报告》，中国环境出版社，2016。

国家能源局：《风电发展“十三五”规划》（国能新能〔2016〕314号），2016年11月29日。

河南省人民政府：《河南粮食生产核心区建设规划》（豫政办〔2010〕114号），2010年10月。

河南省人民政府：《河南省林业生态省发展规划》（豫政办〔2007〕81号），2007年11月23日。

河南省水利厅：《2015年河南省水资源公报》，2016年10月。

国家能源局：《水电“十三五”规划》，2016年11月29日。

国家发改委：《关于完善陆上风电光伏发电上网标杆电价政策的通知》（发改价格〔2015〕3044号），2015年12月22日。

国家发展改革委：《关于调整新能源标杆上网电价的通知（征求意见稿）》，2016年10月11日。

国家发改委、国务院扶贫办、国家能源局等：《关于实施光伏发电扶贫工作的意见》（发改能源〔2016〕621号），2016年3月23日。

国家发改委、国务院扶贫办：《关于下达第一批光伏扶贫项目的通知》（国能新能〔2016〕280号），2016年10月17日。

河南省发展和改革委员会、河南省扶贫开发办公室、河南省国土资源厅等：《关于组织实施光伏发电扶贫工作指导意见》，2016年7月26日。

台前县人民政府：《河南省台前县光伏发电扶贫实施方案》（台政文〔2016〕54号），2016年4月20日。

上蔡县人民政府：《上蔡县光伏扶贫实施方案的通知》（上政文〔2016〕82号），2016年5月20日。

国务院：《“十三五”控制温室气体排放工作方案》（国发〔2016〕61号），2016年10月27日。

国家能源局：《关于建立可再生能源开发利用目标引导制度的指导意见》（国能新能〔2016〕54号），2016年2月29日。

河南省发展和改革委员会：《河南省“十三五”能源发展规划》。

中共中央、国务院：《关于进一步深化电力体制改革的若干意见》（中发〔2015〕9号），2015年3月25日。

国网河南省电力公司：《河南省“十三五”主网架规划》，2016年1月。

河南省统计局：《河南统计年鉴2016》，2016年9月。

国网河南省电力公司：《2015年河南省电力统计资料汇编》，2015年9月。

国家发改委、国家能源局：《关于同意河南省、新疆维吾尔自治区、山东省开展电力体制改革综合试点的复函》（发改经体〔2016〕1894号），2016年8月30日。

B.7

2016年河南省能源十大热点事件

王元亮*

摘　要：　2016年是河南能源“十三五”发展的开局之年，也是能源领域开展供给侧结构性改革的关键一年。本文聚焦能源与环境，介绍了河南全年发生的十项重大事件，包括召开2016年全省能源工作会议、省政府与国家电网公司签署发展合作框架协议等重要事件及出台《关于全面深化矿产资源管理改革的若干意见》《河南省电能替代工作实施方案（2016～2020年）》《河南省化解过剩产能煤矿关闭退出实施方案》《河南省电力体制改革综合试点方案》等重要政策，对2016年全省能源发展重点热点事件进行梳理汇总。

关键词：　河南省　能源　热点事件

一　2016年河南省能源工作会议顺利召开

2016年2月19日，全省能源工作会议在郑州召开。会议的主要任务是，学习贯彻省委经济工作会议精神，落实全国能源工作会议和全省发展改革会议工作部署，总结2015年和“十二五”能源工作情况，明确“十三五”发展思路，安排2016年重点任务。

---

* 王元亮，河南省社会科学院助理研究员。

2016 年河南省能源工作会议总结了 2015 年以来，全省能源战线深入贯彻落实省委省政府决策部署，主动适应经济发展新常态，转变观念、务实创新、扎实工作，积极服务三大战略规划实施，坚持“内节外引”能源方针，强力推进能源重大项目建设，完善能源输配网络和储备设施，加强能源生产供应组织协调，深化能源开放合作，创新能源体制机制，各项工作取得了新的成绩，实现了“十二五”能源发展改革工作圆满收官，为全面开创“十三五”工作新局面奠定了坚实基础。

会议提出，“十三五”时期，河南省能源发展总体思路是：认真贯彻落实“四个革命、一个合作”的总体要求，遵循创新、协调、绿色、开放、共享发展理念，实施“内节外引”战略方针，优化“四基地、一枢纽、两中心”总体布局，坚持能源安全底线、生态环保红线、节能提效主线，以绿色清洁为主导，以改革创新为动力，强化能源节约和合理利用，科学发展省内能源，积极引入省外能源，加快建立安全、清洁、高效、经济、可持续的现代能源支撑系统。

会议部署了 2016 年全省能源重点工作，一是抓好“十三五”能源规划编制实施，抓紧编制实施能源规划，加强能源重大问题研究；二是科学有序推进绿色煤电、电网、煤炭基地、油气输配网、新能源等能源项目建设；三是加强能源清洁高效利用，推进煤炭清洁利用，积极推进天然气高效利用，开展新能源微电网示范；四是保障能源有效安全供应，加强电力生产供应组织协调，稳定煤炭市场，加强油气供应调配力度，做好油气管道保护；五是推动能源开放创新发展，加强能源对外开放合作力度，深化能源领域体制机制改革；六是加强能源战线自身建设，强化简政放权，坚持依法行政，抓好作风建设，加强廉洁自律。

二　河南省“十三五”新一轮农网改造升级工程全面启动

2016 年 3 月 25 日，国务院组织召开实施新一轮农村电网改造升级工程

电视电话会议，全面启动“十三五”全国新一轮农村电网改造升级工作。中共中央政治局常委、国务院总理李克强专门做出重要批示，中共中央政治局常委、国务院副总理张高丽出席会议并作重要讲话。随后张维宁副省长召开了全省农网改造电视电话会议，就贯彻落实国务院会议精神，加快实施河南省新一轮农村电网改造升级工程做了安排部署，重点做好以下几方面工作。

一是科学编制规划。紧扣全面建成小康社会要求，适应农村消费升级、电能替代和现代农业生产需求，按照统一规划、统一标准、安全可靠、坚固耐用的原则，科学编制“十三五”新一轮农网改造升级规划，建立完善三年滚动项目储备库。五年完成投资700亿元左右。

二是完善政策措施。建立健全省、市、县三级政府和各级电网企业统筹协调机制，将农网改造升级工程纳入省重点项目管理和市县政府年度考核范围，进一步理顺农电管理体制，规范和简化项目管理程序，建立绿色通道，创造良好环境，保障工程顺利实施。在加大力度争取中央预算内投资、专项建设基金和国家电网公司自筹资金的同时，河南每年安排10亿元以上省财政补贴资金，积极探索多元化融资渠道，建立农网改造升级的长效机制。

三是突出改造重点。着力抓好国家和省级53个扶贫开发重点县农网改造升级，加大投入力度，与省委、省政府提出的省定贫困县2018年以前实现脱贫、所有贫困县在2019年前实现脱贫的总体目标相衔接，优先安排投资和建设项目，确保贫困地区农网改造提升目标完成进度快于脱贫进度，为扶贫攻坚提供可靠电力保障。加快中心村电网和农业生产供电设施改造升级，2017年底前完成7310个中心村电网改造升级，解决6000个自然村不通动力电、4000个自然村动力电不足问题；整合农业、水利等相关资金，实现剩余50万眼机井全部通电，完成8万眼机井的配套电网改造。2018年完成小康电示范县农网建设，2020年完成全部新一轮农网改造升级工程建设等阶段性目标。同时，各县按照全面建成小康社会和建设社会主义新农村要求，围绕服务城镇化和农业现代化、提高农村供电能力和农村供电服务水平明确本地区“井井通电”工程、小城镇（中心村）电网改造升级、村村通动力电、光伏扶贫项目等建设任务。

四是确保工程质量。坚持因地制宜、远近结合、适度超前、共享均等原则，合理确定改造标准，整村、整线、高低压同步一次改造到位，满足五年以上负荷增长需要，避免短期内重复改造。确保每一项农网工程都建成精品、每一笔农网资金都发挥最大效益，真正把农村电网建成群众满意的德政工程，促进全省农村如期全面建成小康社会。

根据国家下发的《关于下达第一批光伏扶贫项目的通知》，河南省光伏扶贫项目规模为10.15万千瓦，覆盖0.45万贫困户。河南省发改委等部门联合发布的《关于组织实施光伏发电扶贫工作的指导意见》要求，电网企业负责为光伏发电扶贫项目提供电网线路建设和并网服务，确保配套送出工程与光伏发电项目同步建设，确保所有发电量全额上网并优先结算。

三　河南省人民政府出台《关于全面深化矿产资源管理改革的若干意见》

2016年5月13日，河南省人民政府出台《关于全面深化矿产资源管理改革的若干意见》（以下简称《意见》），以持续提高河南省的矿产资源保障能力，推进河南省生态文明建设。《意见》共有6个部分21条，分别从规划布局、市场配置、资源保障、环境保护、创新监管和简政放权等方面提出了矿产资源管理改革意见。

《意见》首次提出在矿产资源规划中划定矿山开采生态红线，突出强调生态文明建设，将对“三区两线”（重要自然保护区、景观区、居民集中生活区的周边和重要交通干线、河流湖泊直观可视范围）及特定生态保护区域内露天矿山实施关闭，以持续提高河南省的矿产资源保障能力，推进河南省生态文明建设。《意见》强调了市场配置资源的总体要求，明确提出除国家批准的重点项目外，新立矿业权不再以协议方式出让，全部通过网上交易平台，以市场竞争方式向社会公开出让；提出了国有矿业权转让全面实施网上公开交易的新要求，以防范暗箱操作、国有资产流失。《意见》明确要求持续引导矿山企业资源整合与兼并重组，推动矿产资源与高端技术产业对接，促进矿业经济转型升级。进一步推进国务院部署的找矿突破战略行动，提出了实现“发现一批新兴矿产、探明一批急缺矿产、储备一批战略矿产、开发一批优势矿产、建立一批境外勘查开发基地”的目标，为河南省提供可持续的资源保障。

《意见》特别提出，要以实施“互联网+”行动计划为契机，充分利用大数据和空间遥感等现代信息技术，提高地质找矿与公共服务水平，提升矿产资源开发利用水平和管理效能。

四　河南省人民政府与国家电网公司签署发展合作框架协议

2016年6月21日，省委书记、省人大常委会主任谢伏瞻，省委副书记、省长陈润儿与国家电网公司董事长、党组书记舒印彪在郑州会谈，共同签署《河南省人民政府与国家电网公司“十三五”电网发展合作框架协议》。

根据上述《协议》，双方将加快河南坚强智能电网建设，加快实施新一轮农网改造升级工程，深化电力体制改革，加强河南电网调峰能力建设，增强河南智能电气装备制造竞争力，加快推进河南电能替代工作。预计“十三五”期间，国家电网公司将安排河南发展总投入超过1800亿元。投资700亿元加快河南农网发展，全力支持许继集团、平高集团发展壮大。河南省人民政府承诺将支持河南电网提升发展能力、支持各电压等级电网建设、加快新一轮农网改造升级政策支持。

五　河南省全面打响大气污染防治攻坚战

2016年7月1日，河南省人民政府下发了7个实施方案，包括《河南省治理扬尘污染攻坚战实施方案（2016～2017年）》《河南省治理工业大气污染攻坚战实施方案（2016～2017年）》《河南省治理燃煤污染攻坚战实施方案（2016～2017年）》《河南省治理重点行业挥发性有机物污染攻坚战实施方案（2016～2017年）》《河南省淘汰黄标车和老旧车及治理机动车污染攻坚战实施方案（2016～2017年）》《河南省秸秆禁烧攻坚战实施方案（2016～2017年）》《河南省重污染天气应急应对攻坚战实施方案（2016～2017年）》。这一系列文件成为河南省大气污染防治的基础性制度，也是大气污染防治攻坚战的行动蓝本。

2016年7月4日，河南省召开全省大气污染防治攻坚战动员会议，全面打响大气污染防治攻坚战。会议提出，要提高认识，坚定目标，站在“大气环境就是投资环境、大气质量就是生活质量”的认识高度，坚决打赢大气污染防治攻坚战。此次会议对河南省大气污染防治攻坚战役进行全面部署，从即日起至12月31日，全省打响大气污染防治攻坚战，聚焦扬尘、工业大气污染、燃煤、挥发性有机物、黄标车和老旧车、秸秆焚烧等重点污染源治理和重污染大气应急应对的七大领域，开展大气污染防治攻坚战。

此次攻坚战的目标是到2016年底，全省可吸入颗粒物（PM10）年均浓度达到115微克以下/立方米，细颗粒物（PM2.5）年均浓度达到78微克以下/立方米，全年空气质量优良天数达到190天以上。到2017年底，全省PM10年均浓度达到108微克以下/立方米，PM2.5年均浓度达到74微克以下/立方米，优良天数达到200天以上，重污染天气大幅减少，确保完成国务院《大气污染防治行动计划》考核目标要求。京津冀大气污染传输通道上的郑州、新乡、焦作、鹤壁、安阳5市，除达到省定目标要求外，还要确保完成国家下达的空气质量改善任务。

2016年7月18日，省发展改革委会同省环保厅、省电力公司组织召开全省统调煤电机组超低排放改造推进工作会议，按照“一厂一策”研究企业关停或实施超低排放改造计划，确保按时完成地方燃煤发电机组超低排放改造任务，并编制完成了全省统调燃煤电厂在不同级别重污染天气情况下的限产减排清单。截至9月份，全省现有143台统调燃煤机组中，101台合计

4312.5万千瓦机组已完成超低排放改造，其余机组中除按计划关停已经停运机组外，均已停机实施改造。

六　河南省积极推进"互联网+"智慧能源试点示范工作

2016年7月26日，国家下发了《"互联网+"智慧能源试点示范项目实施方案》，该《方案》明确了建设试点示范工程项目的路线图和时间表。试点示范重点是要推动先进储能、智能电网等一批产品和技术加快实现突破，预计2016年将带来超过400亿元的投资。同时，国家发展改革委在能源互联网领域也安排了3亿~4亿元的专项建设资金，对首台套设备和重要的研发示范项目给予支持。在实施当中，国家将大力推动和利用社会资本进入这个领域，拓宽能源互联网的融资渠道。

河南及时研究制定了《河南省"互联网+"智慧能源行动2016年工作方案》。按照国家能源局通知要求，对河南省"互联网+"智慧能源示范项目和多能互补集成优化示范工程进行认真梳理、初审和统一申报，向国家能源局申报"互联网+"智慧能源示范项目共17项，多能互补集成优化示范工程11项。

七　《河南省电能替代工作实施方案（2016~2020年）》正式出台

2016年8月15日，省能源局会同省环保厅、财政厅、工信委等省直部门正式印发了《河南省电能替代工作实施方案（2016~2020年）》（以下简称《方案》），明确河南省电能替代工作总体要求、主要目标、重点工程及支持政策等，为全面推进电能替代提供了政策依据。

《方案》提出，2016年，完善电能替代配套政策体系，在重点区域、重点领域启动一批示范项目。2017年，重点区域、重点领域电能替代工作全面展开。2020 年，在能源终端消费环节形成年电能替代散烧煤、燃油消费总量 650 万吨标准煤的能力，带动电煤占煤炭消费比重提高约 2.6 个百分点、电能占终端能源消费比重提高 2 个百分点以上。

电能替代重点工程主要涵盖京津冀大气污染传输通道城市电能替代工程、“以电代油”工程、“以电代煤”工程、燃煤自备电厂高效替代工程。以电代油工程中，重点加快推进农田机井通电、加快推广应用电动汽车、积极实施机场港口电能替代。其中，加快推广应用电动汽车，到 2020 年建成各类集中式充换电站超过 1000 座、分散式充电桩超过 10 万个，满足全省超过 35 万辆电动汽车（标准车）充电需求，建成省域内国家和省级高速公路全覆盖的城际快充网络。“以电代煤”工程中，主要针对民用生活领域、农业领域、工业领域、商业和公共领域开展电能替代。

针对电能替代的开展，同时加大财政补贴力度和实施价格引导机制。重点对实施燃煤锅炉、燃煤窑炉电能替代企业，政府确定的农村“煤改电”试点用户，以及安装节能电采暖设施的城镇居民用户，开展设备一次性补助和运行补贴；对实施电能替代的工商业用户，以电能替代电量电费中征收的城市公用事业附加费为限给予支持。

《方案》的印发，表明了政府和企业对于推进电能替代的决心，在同时面临供给侧结构性改革和环保的双重消纳难题下，双方有了共同努力的方向。

八　河南省积极推进能源供给侧结构性改革

2016 年 8 月 26 日，省委、省政府印发了《河南省推进供给侧结构性改革总体方案（2016～2018 年）》。2016 年以来，为贯彻中央决策部署，扎实推进供给侧结构性改革，落实好去产能、去库存、去杠杆、降成本、补短板重点任务，河南陆续出台了《河南省推进供给侧结构性改革去产能专项行动方案（2016～2018 年）》《河南省推进供给侧结构性改革促进产业转型升级专项行动方案（2016～2018 年）》等一系列重要文件。

能源尤其是煤炭行业作为河南供给侧改革的关键领域，在国家发改委、国家能源局、国家煤监局联合下发《关于实施减量置换严控煤炭新增产能有关事项的通知》之后，河南省人民政府相继印发了《河南省煤炭行业化解过剩产能实现脱困发展总体方案》《河南省化解过剩产能煤矿关闭退出实施方案》，积极稳妥化解全省煤炭过剩产能，推动行业脱困升级和健康发展。上述文件明确了河南煤炭行业化解过剩产能的基本原则、工作目标和重点任务，提出自2016年起3年内，全省禁止批准新建煤矿项目，因结构调整、转型升级等确需在规划布局内新建煤矿的，按照关小上大、减量置换的原则，确保不新增煤炭产能；2016年关停退出矿井89对，化解过剩产能2215万吨；2016～2018年，关闭退出矿井256对，化解过剩产能6254万吨；到2018年，全省煤炭产能压减到1.6亿吨以内/年，煤炭行业过剩产能得到有效化解，产业结构得到优化，脱困转型升级取得实质性进展。

九 《河南省电力体制改革综合试点方案》获批

2016年8月30日，为贯彻落实《中共中央国务院关于进一步深化电力体制改革的若干意见》（中发〔2015〕9号）和《国家发展改革委国家能源局关于印发电力体制改革配套文件的通知》（发改经体〔2015〕2752号）等相关文件精神，深入推进电力体制改革，促进河南省电力行业又好又快发展和全省经济转型升级，国家发改委能源局批复了《河南省电力体制改革综合试点方案》。

上述《方案》提出近期目标（2016～2017年）和远期目标（2018年及以后）。其中，近期目标主要是：完成电力体制综合改革和专项改革方案制定和批复工作，不断完善电力直接交易规则。成立由电网企业、发电企业、售电企业、电力用户组成的电力市场管理委员会，按照省政府批准的章程和规则组建河南电力交易中心，开展电力市场交易服务。按照国家发展改革委部署，2017年开展输配电价改革，改革和规范电网企业运营模式。稳步推进售电侧改革试点工作，有序向社会资本放开售电业务和增量配电业务。有序放开发用电计划，建立完善实现合同调整及偏差电量处理的交易平衡机制，建设中长期电力交易市场。远期目标主要是：结合电力市场化进程，研究探索交易机构股权多元化，分类推进交叉补贴改革，全面实现竞争性环节电价由市场形成。适时启动现货市场模拟运行，逐步形成竞争充分、开放有序、健康发展的电力市场体系。并拟定了近期的六大重点任务：组建和规范运行相对独立的电力交易机构、推进输配电价改革、开展售电侧改革试点、推进电力市场建设、加强和规范燃煤自备电厂监督管理、加强电力统筹规划和科学监管。

2016 年 5 月 4 日，河南电力交易中心有限公司成立大会暨揭牌仪式在郑州举行，这是深入贯彻国家和省委、省政府电力体制改革工作部署，推动构建统一开放、竞争有序的电力市场体系的一项重大举措。

2016 年 9 月，输配电价改革将除西藏外其余各省份全部纳入输配电价核定范围，10 月份包含河南省的全国 14 家省级电网启动现场成本监审，2017 年 1 月 20 日前完成成本监审，2017 年上半年完成输配电价水平批复，输配电价改革将为电力市场化交易提供坚实基础。

2016 年 11 月 27 日，国家发展改革委、国家能源局印发《关于规范开展增量配电业务改革试点的通知》，确定了第一批 105 个增量配电业务改革试点项目，批复了河南省 6 个增量配电业务试点项目，分别为新乡市现代煤化工循环经济产业园区增量配电业务试点、郑州航空港经济综合实验区增量配电业务试点、登封新区东区增量配电业务试点、洛阳市洛龙工业园区增量配电业务试点、濮阳县产业集聚区增量配电业务试点、南阳中关村科技产业园增量配电业务试点。

2016 年河南电力直接交易取得较大进展，市场化改革不断深入，交易平台运作良好，交易规模持续扩大，参与主体得到扩增，用户拥有更多选择方式，用电成本进一步降低。电力直接交易涉及冶金、有色、化工、煤炭等多个行业，涵盖 110 千伏、35 千伏、10 千伏、6 千伏多电压等级用户，全年电力直接交易规模达 320 亿千瓦时。

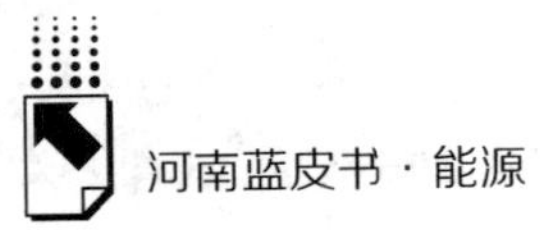

十 《河南省天然气替代煤专项方案（2016～2020年）》出台实施

2016年9月7日，为深入贯彻《国务院关于印发大气污染防治行动计划的通知》（国发〔2013〕37号）和河南省人民政府印发的《河南省蓝天工程行动计划》等相关文件精神，落实省委省政府关于打赢大气污染防治攻坚战的安排部署，加快推动河南省天然气替代煤工作，促进全省环境空气质量持续改善，河南省发改委制定了《河南省天然气替代煤专项方案（2016～2020年）》，以加快推进能源结构优化，积极采取措施增加天然气供应，不断扩大天然气代煤使用量，完善管理机制体制，配套相应政策，建立天然气替代煤推进长效机制。

《河南省天然气替代煤专项方案（2016～2020年）》通过重点工程实施：燃煤锅炉天然气替代工程、散煤替代工程、天然气热电联产（含天然气分布式能源）工程、天然气气源保障工程。到2016年完善天然气替代配套政策体系，各省辖市建成区和各县（市）集中供热供气范围内所有10吨及以下/时燃煤锅炉（除拆除或改为其他用能锅炉外）全部改为天然气锅炉。2017年重点区域、重点领域天然气替代煤工作全面展开，积极推进城市建成区、农村有条件地区天然气替代煤进展，加快天然气分布式能源、天然气热电联产机组项目建设。力争2020年，全省天然气使用量达到150亿立方米，其中天然气代煤使用量达到15亿立方米，可替代煤约279万吨，减少二氧化硫、粉尘等排放量约5.58万吨。

参考文献

河南省发改委：《河南省能源工作会议在郑州召开》，新浪财经，2016年2月29日。

河南省国土资源厅：《河南省人民政府关于全面深化矿产资源管理改革的若干意见》

(豫政〔2016〕27号), 2016年5月13日。

国家发改委、国家能源局:《关于同意河南省、新疆维吾尔自治区、山东省开展电力体制改革综合试点的复函》(发改经体〔2016〕1894号), 2016年8月30日。

国家电网公司、河南省人民政府:《"十三五"电网发展合作框架协议》, 2016年6月21日。

河南省人民政府办公厅:《陈润儿省长在全省大气污染防治攻坚战第一次推进工作电视电话会议上的讲话》,《河南政务通报》2016年第92期。

河南省人民政府办公厅:《关于印发河南省大气污染防治攻坚战7个实施方案的通知》(豫政办〔2016〕177号), 2016年7月6日。

河南省发改委:《河南省电能替代工作实施方案(2016~2020年)》, 2016年8月18日。

河南省发改委:《河南省天然气替代煤专项方案(2016~2020年)》, 2016年9月7日。

国家发改委:《关于实施减量置换严控煤炭新产能有关事项的通知》(发改能源〔2016〕1602号), 2016年7月23日。

河南省人民政府办公厅:《河南省人民政府关于印发河南省煤炭行业化解过剩产能实现脱困发展总体方案的通知》(豫政〔2016〕59号), 2016年8月29日。

河南省人民政府办公厅:《关于印发河南省推进供给侧结构性改革去产能专项行动方案(2016~2018年)的通知》(豫政办〔2016〕147号), 2016年8月26日。

预测评价篇

Prediction and Evaluation

B.8
河南省能源供需形势回顾与2017年供需形势预测

李虎军*

摘　要：　在经济发展新常态和能源供给侧结构性改革形势下，河南省能源供需形势呈现出新的阶段特征。本文在对河南省能源供需形势进行回顾的基础上，阐述河南省能源供给、能源需求和能源投资在不同时期的特征，采用灰色预测模型对2017年河南省能源供需总量和能源结构进行预测，预判2017年河南省能源供需总体宽松，但产需缺口将进一步扩大，能源对外依存度上升、能源生产和消费清洁化将成为

* 李虎军，国网河南省电力公司经济技术研究院工程师，工学硕士，研究方向为能源电力经济、电力系统规划。

发展趋势。

关键词： 河南省 能源供给 能源需求 灰色预测模型

一 河南省能源供需形势分析

（一）能源生产量近年来逐年下降

1. 能源生产量先升后降，近期降幅明显

“十五”以来，河南省能源生产总量呈现出“先升后降”态势，全省能源供给由能源输出省逐步向能源输入大省转变。“十五”和“十一五”期间，河南能源生产总量稳步增长，由2000年的6591万吨标准煤增长至2010年的17438万吨标准煤，年均增长10.2%。“十二五”以来，受全省经济发展转型、供给侧结构性改革持续推进、大气污染防治、煤炭市场不景气及油气资源枯竭生产量下降等因素影响，河南一次能源生产量总体呈下降趋势，“十二五”期间年均下降8.4%，2015年全省能源生产总量为11231万吨标准煤，仅为2010年总量的64.4%。

2. 煤炭在能源生产结构中一直保持较高水平

从能源生产结构看，河南煤炭生产占比较高。“十五”和“十一五”期间，全省煤炭产量由2010年的16112.7万吨标准煤，增长至2012年的2.3亿吨后，下降到2015年10029.3万吨标准煤，年均下降9.0%。煤炭在能源生产结构中的占比逐步升高，由2000年的83.7%上升至2010年的92.4%。“十二五”以来，全省煤炭生产占能源生产总量的比重呈下降趋势，2015年下降至89.3%，较2010年降低了3.1个百分点。

“十二五”期间，河南油气产量呈下降趋势，由2010年的802.1万吨标准煤下降至2015年的644.4万吨标准煤，年均下降4.3%。油气生产受可开发资源不足制约，在河南能源生产结构中的占比始终偏低，油气生产占能源生产的比例变动较小，2010 年占比 4.6%，至 2015 年占比 5.7%（见表 1）。

表 1　河南省能源生产结构

单位：%

年份	煤炭	油气	非化石能源
2010	92.4	4.6	3.0
2011	91.3	4.8	3.9
2012	90.2	6.1	3.7
2013	90.6	5.7	3.7
2014	89.8	6.3	3.9
2015	89.3	5.7	5.0

（二）能源消费随着经济发展快速增长

1. 能源消费增长速度较快，近期增速放缓

“十五”以来河南 GDP 年均增长 11.3%，伴随着经济的快速增长，特别是工业化的不断推进，河南能源消费快速增长，由 2000 年的 7919 万吨标准煤增长至 2015 年的 23161 万吨标准煤，年均增长 7.4%。

2000～2010 年河南省能源消费增速较高，2003 年和 2004 年增速分别达到 17.7% 和 23.4%，能源消费弹性系数均值为 0.87。2011 年以来，随着河南经济发展转型和大气污染防治、节能减排等政策措施的不断推进，全省能源消费增速明显放缓，2011～2015 年均仅增长 4.5%，能源消费弹性系数仅为 0.47（见图 1）。

2. 能源消费结构持续优化

河南省能源消费结构不断优化。“十五”以来，河南煤炭消费总量占比总体呈下降趋势，由 2000 年 87.6% 下降到 2015 年 76.5%；油气消费量稳步增长，由 2000 年的 895 万吨标准煤增长至 2015 年的 4087 万吨标准煤，年均增长 10.7%，占一次能源消费的比重也呈上升态势，从 11.3% 上升到 17.6%；非化石能源占比从 1.1% 上升到 5.9%。随着石油、天然气及非化

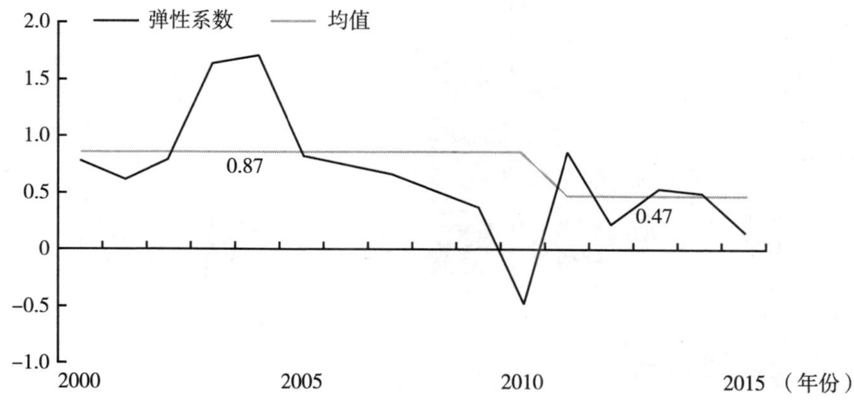

图1　2000～2015年河南省能源消费弹性系数

石能源在能源消费中的比重逐渐提高，煤炭在河南省一次能源消费结构中的占比有所下降，但仍保持较高水平（见表2）。

表2　2000～2015年河南省能源消费结构

单位：%

年份	煤炭	石油	天然气	非化石能源
2000	87.6	9.6	1.7	1.1
2005	87.2	8.7	2.2	1.9
2010	82.8	9.3	3.4	4.5
2015	76.5	13.1	4.5	5.9

2015年，河南省一次能源消费总量为23161万吨标准煤，占全国能源消费总量的5.4%。煤炭、石油、天然气和非化石能源占一次能源消费的比重分别为76.5%、13.1%、4.5%和5.9%。全省各种一次能源消费占比与全国平均水平相比：煤炭占比高于全国12.5个百分点，石油占比低于全国5个百分点，天然气占比低于全国1.4个百分点，非化石能源占比低于全国6.1个百分点。能源结构调整任务艰巨（见图2）。

分能源品种来看，2015年全省煤炭消费17711万吨标准煤，同比下降0.37%，占全国煤炭消费总量的6.44%；石油消费3040.2万吨标准煤，同

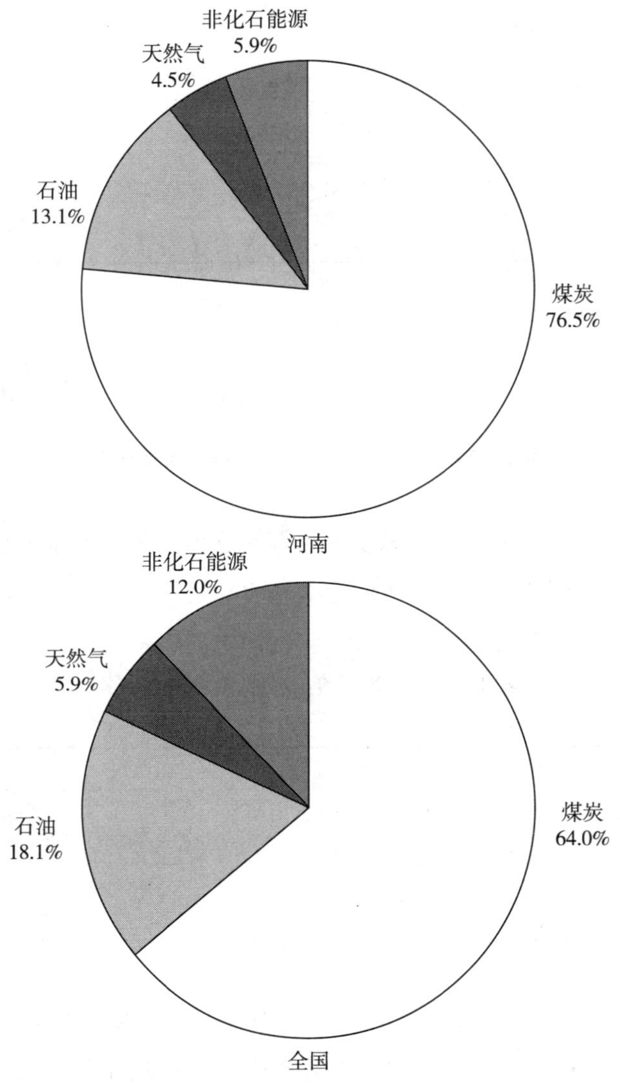

图2　2015年河南省与全国一次能源消费结构对比

比增长5.81%，占全国石油消费总量的3.91%；天然气消费1046.8万吨标准煤，同比增长2.42%，占全国天然气消费总量的4.13%；非化石能源消费1366.5万吨标准煤，同比增长12.6%，占全国非化石能源消费总量的2.65%。

（三）能源供需保持总体平衡

随着我国经济进入新常态，河南经济发展方式逐步转变，全省能源供需总体上保持较为宽松的局面。从历史发展来看，河南由能源输出省逐步转变为能源净输入省份，能源对外依存度不断上升。

“十二五”期间，2010 年河南一次能源供给缺口仅为 1156 万吨标准煤，2015 年扩大到 11969 万吨标准煤；从省外净调入能源不断增加，2010 年为 10899. 1 万吨标准煤，2015 年增加到 14836. 1 万吨标准煤（见表 3）。河南能源对外依存度不断上升，由 2010 年的 6. 2% 上升到 2015 年的 51. 5%。2016 年河南能源消费总量达 2. 38 亿吨标准煤，同比增长 2. 8%；全社会用电量达到 2980 亿千瓦时，同比增长 3. 8%。能源供需缺口 1. 28 亿吨标准煤，能源对外依存度为 53. 8%。

表 3　河南综合能源平衡表

单位：万吨标准煤

项目　年份	2010	2011	2012	2013	2014	2015
可供量	20144. 7	20462. 0	20994. 6	21909. 1	22841. 8	23201. 0
一次能源生产量	18671. 7	15786. 3	12223. 7	13132. 7	11795. 8	11231. 4
外省(区、市)调入量	10899. 1	8293. 1	12074. 0	12152. 3	12850. 4	14836. 1
进口量	522. 8	465. 7	659. 5	690. 0	537. 3	455. 2
本省(区、市)调出量	10243. 4	4164. 0	3910. 2	4128. 3	2971. 2	2708. 0

2010 年，河南省煤炭产量大于消费量，不存在供需缺口。2011 ~ 2015 年，全省煤炭对外依存度逐步上升，由 2011 年的 13. 7% 上升至 2015 年的 43. 4%。煤炭供需缺口占全省能源供需缺口比例在 49. 7% ~69. 4%。

由于油气消费不断增加，而产量在逐步下降，全省油气供需缺口不断扩大，油气对外依存度不断上升，由 2010 年的 66% 上升至 2015 年的 84. 2%。油气供需缺口占全省能源供需缺口的比例在 25% ~47. 5%。

表4 河南能源供需表

单位：万吨标准煤

年份		2010	2011	2012	2013	2014	2015
能源生产	总量	17438.0	15786.3	12223.7	13132.7	11795.8	11231.4
	煤炭	16112.7	14410.1	11029.9	11903.1	10593.4	10029.3
	油气	802.2	760.1	747.5	746.3	737.3	644.4
	非化石能源	523.1	616.2	446.3	485.9	460.0	557.7
能源消费	总量	18594.0	20462.4	20919.9	21909.1	22889.9	23161.2
	煤炭	15395.8	16705.7	16734.0	16907.2	17777.5	17711.1
	油气	2361.4	2851.0	3385.9	3871.5	3895.4	4087.1
	非化石能源	836.7	905.7	800.1	1130.3	1217.1	1363.0
供需缺口	总量	1156.0	4676.1	8696.3	8776.4	11094.2	11929.8
	煤炭	-716.9	2295.7	5704.1	5004.2	7184.1	7681.8
	油气	1559.3	2090.9	2638.4	3125.2	3158.1	3442.7
	非化石能源	313.6	289.5	353.8	644.4	757.0	805.3
供需平衡	一次能源自给率(%)	93.8	77.2	58.4	59.9	51.5	48.5
	原煤自给率(%)	104.7	86.3	65.9	70.4	59.6	56.6
	油气自给率(%)	34.0	26.7	22.1	19.3	18.9	15.8

二 2017年河南省能源供需形势预测

河南能源加快转型升级迎来重要的战略机遇，2017年，随着河南粮食生产核心区、中原经济区、郑州航空港经济综合实验区、中原城市群、促进中部地区崛起“十三五”规划等国家战略规划，以及郑洛新国家自主创新示范区、中国（郑州）跨境电子商务综合试验区、中国（河南）自由贸易试验区、国家大数据综合试验区、郑州国家中心城市等国家战略平台的深入实施，河南工业化和城镇化仍将快速发展，经济结构优化、增长动力转换将加速推进，能源需求继续保持增长的态势。从发展趋势看，河南省能源结构逐步向着清洁、绿色、低碳的方向转变，煤炭占比逐步下降，天然气和非化石能源等清洁能源的占比稳步提升。针对河南省能源发展特点，本文采用灰色预测模型，对2017年河南能源生产和需求总量进行预测。

（一）灰色预测模型构建

灰色预测模型（Grey Model）通过鉴别系统因素之间发展趋势的相异程度，并对原始数据进行生成处理，生成有较强规律性的数据序列，然后建立相应的微分方程模型来寻找系统变动的规律，进而建立相应的微分方程模型，预测未来发展趋势的状况。

其基本思路是用原始数据组成原始序列（0），经累加生成法生成序列（1），可以弱化原始数据的随机性，使其呈现出较为明显的特征规律。对生成变换后的序列（1）建立微分方程的模型即GM模型。GM（1，1）模型表示1阶的、1个变量的微分方程模型。设 X_0 为非负原始数据序列，X_1 为 X_0 的一次累加生成的序列，Z_1 为 X_1 的邻均值等权生成的序列。即：

$$X_0 = \{x_0(1), x_0(2), x_0(3) \cdots x_0(k)\}$$
$$X_1 = \{x_1(1), x_1(2), x_1(3) \cdots x_1(k)\}$$

其中，$X_1(n) = x_0(1) + x_0(2) + x_0(3) + \cdots + x_0(n)$

$$Z_1 = \{z_1(2), z_1(3) \cdots z_1(k)\}$$

其中，$Z_1(n) = [x1(n) + x(n-1)]/2$

GM模型群中，GM（1，1）为等间距灰序列的预测模型，是对未来1~2年形势预测较理想的模型。这是因为任何一个灰色系统在发展过程中，随着时间的推移，将会不断地有一些随即扰动和驱动因素进入系统，使系统的发展相继受其影响。用GM（1，1）模型进行预测，GM（1，1）模型的基本思想为越接近的数据，对未来的影响越大，精度较高的是原点数据（0）（n）以后的1~2个数据，因此，采用GM（1，1）模型预测2017年河南省能源生产和需求总量具有较高的精度。

（二）2017年河南能源需求总量预测

河南省经济发展方式正处于由粗放型向集约型转变的阶段，2009 年以前的能源需求主要受粗放型经济增长的影响，采用之前相关数据会导致预测偏差增大。笔者选择 2009～2015 年河南能源消费数据为原始序列 $X_k^{(0)}$，建立河南省能源需求预测的 GM（1，1）模型，模型如下所示：

$$x_{k+1}^{(1)} = (x_1^0 - \frac{b}{a})e^{-ak} + \frac{b}{a} \ (k = 1,2\cdots\cdots n)$$

$$x_{k+1}^{(0)} = x_{k+1}^{(1)} - x_k^{(1)}$$

其中 a、b 值可以通过计算得出，$x_{k+1}^{(1)}$ 为累加值，$x_{k+1}^{(0)}$ 为预测值。模型数据的原始序列如表 5 所示。

表 5　河南省能源需求总量 GM（1，1）模型预测

年份	实际值	预测值	绝对误差	相对误差
2009	19751	19751	0.00	0.00
2010	18594	17893	-701	-3.77
2011	20462	21035	573	2.80
2012	20920	21857	937	4.48
2013	21909	22761	-852	-3.89
2014	22890	22935	-45	-0.20
2015	23161	23111	50	0.21

利用该模型，笔者对 2009～2015 年河南省的历史数据进行校验，验证模型的正确性，并对模型相关参数进行调整，确保预测偏差在允许范围内。经验证，河南能源需求预测模型的平均精度为 97%，符合灰色系统理论评测模型精度的要求。

预计 2017 年河南省能源需求总量将达到 2.45 亿吨标准煤，同比增长 2.9%；河南省煤炭消费量将达到 2.4 亿吨，天然气消费量达到 85 亿立方米，非化石能源占一次能源消费的比重达到 6.3%。煤炭占一次能源消费的比重进一步降低，石油、天然气、非化石能源占比逐步提升。

（三）2017年河南能源生产总量预测

当前，河南煤炭受到后续可开发资源不足、行业去产能以及国内市场的多重影响，产量逐步下降；省内油气资源枯竭，中原和河南油田产量处于勉力维持阶段，近几年产量下降尤为明显。近期煤炭价格有所回升，省内煤炭企业经营形势有所好转。2017 年河南能源生产总量在煤炭市场回暖的带动下，将呈现小幅上涨的态势。预计 2017 年河南省能源生产总量将达到 1. 1 亿吨标准煤，其中煤炭、石油、天然气的产量将分别达到 1. 2 亿吨、300 万吨和 2. 8 亿立方米。结合能源需求总量预测结果，预计 2017 年河南能源供需缺口将达到 1. 35 亿吨标准煤，能源对外依存度 55. 1%（见表 6）。

表 6　2017 年河南省能源发展预测

项目	能源生产总量(亿吨标准煤)	能源消费总量(亿吨标准煤)	煤炭（亿吨）		石油（万吨）		天然气（亿立方米）		非化石能源（万吨标准煤）
			生产	消费	生产	销量	生产	消费	利用量
2017 年预计	1. 1	2. 45	1. 2	2. 4	300	1900	2. 8	85	1520
2017 年增速(%)	6. 7	2. 9	0. 8	0. 0	-5. 0	5. 5	-13	13. 3	6. 3

三　结论与建议

（一）主要结论

1. 能源消费增速放缓

2000 ~ 2010 年河南省能源消费增速较高，2003 年和 2004 年增速分别达到 17. 7% 和 23. 4%，能源消费弹性系数均值为 0. 87。2011 年以来，随着河南经济发展转型和大气污染防治、节能减排等政策措施的不断推进，全省能源消费增速明显放缓，年均仅增长 4. 5%，能源消费弹性系数仅为

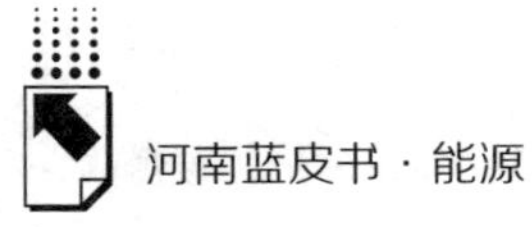

0.47。

2. 能源结构持续优化

通过加大省内新能源开发力度、积极引入省外清洁能源，河南能源结构持续优化。“十五”以来，河南煤炭消费总量和比例总体呈下降趋势，其中比例由2000年87.6%下降到2015年76.5%；油气占一次能源消费的比重也呈上升态势，从11.3%上升到17.6%，非化石能源占比从1.1%上升到5.9%。

3. 能源对外依存度不断上升

河南省已从能源净输出省转变为能源净调入省，且对外依存度持续上升。2016年河南能源消费总量和生产总量分别为2.38亿吨和1.1亿吨标准煤，供需缺口将达到1.28亿吨标准煤，能源对外依存度为53.8%。预计2017年河南能源消费总量和生产总量分别为2.45亿吨和1.1亿吨标准煤，供需缺口将达到1.35亿吨标准煤，能源对外依存度将上升至55.1%.

（二）主要建议

1. 积极优化能源结构，加快非化石能源发展

“十三五”期间，河南要把发展非化石能源作为新时期能源发展的主攻方向，鼓励优先开发和利用非化石能源，不断扩大利用规模，提高非化石能源在能源消费中的比重，促进非化石能源全方位、多元化、规模化和产业化发展。提升清洁能源供应和消纳比例，积极发展风电、光伏发电，推进生物质能源发电和天然气高效利用，引导天然气热电联供等，建立多能互补的能源供应体系。

2. 加大能源入豫输运通道建设，保障能源供给

抓住国家实施“一带一路”战略机遇，完善省际政府及企业间合作机制，充分发挥河南省区位、市场、产业基础等优势，持续深化与沿线资源丰富国家、能源富集地区的供需、产业合作，积极开拓省外能源供应和输运通道建设，构建集铁路、公路、管道、电网为一体的入豫输运体系，在能源对外依存度持续攀升的严峻形势下，切实保障河南能源安全。

3. 强化能源制度保障，实现能源行业可持续发展

探索建立健全河南用能权、用水权、排污权、碳排放权初始分配和有偿使用及交易制度，通过制度手段进一步完善全省能源供需体系。构建统筹兼顾、层次清晰的能源战略规划和产业政策体系，完善评估调整机制，对能源规划、建设、生产、运营、消费等环节实施全过程监督，避免能源行业的无序和过度建设，实现河南省能源行业的可持续发展。

参考文献

刘金朋：《基于资源与环境约束的中国能源供需格局发展研究》，华北电力大学，2013。

李霞：《我国能源综合利用效率评价指标体系及应用研究》，中国地质大学，2013。

张丽峰：《中国能源供求预测模型及发展对策研究》，首都经济贸易大学，2006。

李博、靳取：《三种能源需求预测方法的比较分析——以四川省为例》，《吉林工商学院学报》2009 年第 1 期。

于汶加、王安建、闫强：《不同情景下的全球能源需求预测》，《商业时代》2009 年第 9 期。

李雪慧：《河南省在工业化和城市化进程中的能源需求预测》，厦门大学，2009。

尹硕、张耀辉：《我国市场偏向型低碳优势重构——基于全球视野的价值链攀升分析》，《经济学家》2014 年第 1 期。

梁巧梅、魏一鸣、范英、Norio Okada：《中国能源需求和能源强度预测的情景分析模型及其应用》，《管理学报》2004 年第 1 期。

戴彦德、朱跃中、白泉：《中国 2050 年低碳发展之路——能源需求暨碳排放情景分析》，《经济研究参考》2010 年第 26 期。

苗韧、王凌霏、吴頔、胡秀莲、周伏秋：《中国能源可持续发展评价指标体系构建与初步评价》，《中国能源》2012 年第 3 期。

徐敏杰、胡兆光、谭显东、单葆国：《中国中长期能源和电力需求及碳排放情景分析》，《中国电力》2012 年第 4 期。

B.9
河南省电力需求形势回顾与2017年需求形势预测

邓方钊*

摘　要：受产业结构持续调整，特别是“去产能”带来的高耗能行业发展趋缓的影响，全省电力消费增速保持低位运行。本文从用电增速、用电结构、用电负荷、业扩报装等多个维度，回顾了2016年全省电力需求的发展态势，结合供给侧结构性改革、电力体制改革、电能替代、大气污染防治等对电力需求增长的影响进行分析，对河南省2017年电力需求进行了预测，并对推动全省电力消费转型升级提出了相关的对策建议。

关键词：河南省　电力需求　形势回顾　影响分析　负荷预测

一　2016年河南省电力需求形势回顾

（一）电力消费增长稳中向好，用电结构持续优化

1. 全社会用电量增速稳步回升

2016年河南省全社会用电量2989.2亿千瓦时，同比增长3.8%，增速较上年提高5.2个百分点，实现全年连续12个月正增长，其中用电量增速

* 邓方钊，国网河南省电力公司经济技术研究院，工学硕士，研究方向为电力供需、电网规划。

最高的月份是9月份，达到7.6%（见图1）。电力消费总体稳中向好，主要原因是2016闰年多一天、夏季极端高温以及工业生产企稳。

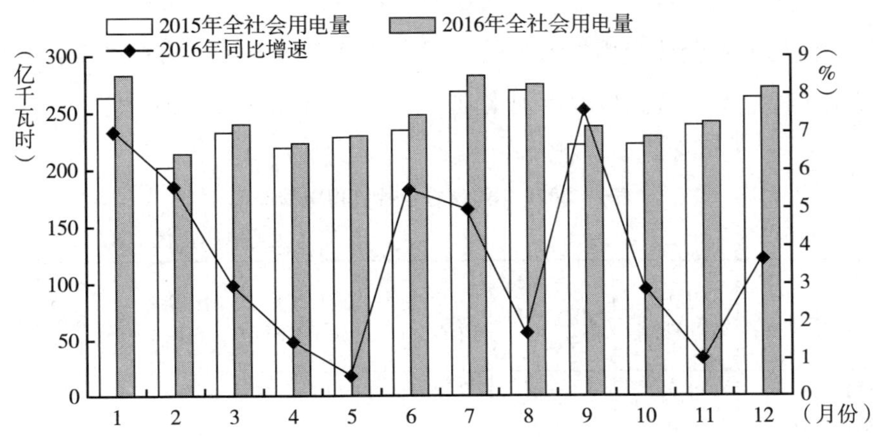

图1　2016年河南省逐月全社会用电量及增速情况

从增幅看，2016年全社会三次产业及城乡居民生活用电量均为正增长，其中第一产业用电增速最高（10.4%），第二产业用电增速最低（1.9%），第三产业和居民生活用电增速均为9.8%。第一产业受部分农产品价格上扬和“三农”政策积极向好影响，农业、畜牧业及排灌用电量大幅增长。第二产业中主要工业行业用电增速涨跌不一，高耗能行业用电量增长整体低迷，非金属矿采选业、黑色金属矿采选业、石油和天然气开采业等能源资源类行业用电增速降幅较大，但金属制品业、文体用品制造业、食品和烟草制造业等行业用电量保持较快增长，增速分别为14.7%、13.4%、10.6%。第三产业各行业用电量大部分保持较高速增长。城乡居民生活用电量增长较快，2016年8、9月气温较往年更高是主要原因。

从占比看，2016年三次产业和居民用电结构进一步调整为2.0∶74.3∶10.2∶13.6，第二产业用电比重同比下降1.4个百分点，第三产业和居民用电比重分别上升0.6和0.7个百分点。其中四大高耗能行业占工业用电比重为47.9%，同比下降1.6个百分点，反映出河南经济结构调整和转型升级过程仍在持续。

从贡献率看，第一产业用电增速虽然最高但因其用电量所占比重最低，对全社会用电增长的贡献率为5.1%。第二产业用电增速虽最低但因其用电量所占比重最大，对全社会用电增长的贡献率为37.1%。第三产业和城乡居民生活用电对全社会用电增长的贡献率合计57.8%，成为拉动全社会用电量增长的主要动力。2016年河南省全社会用电情况如表1所示。

表1 2016年河南省全社会用电情况

单位：亿千瓦时，%

项目	用电量（亿千瓦时）	占全社会用电比重（%）	占比变化（个百分点）	同比增量（亿千瓦时）	同比增速（%）	对全社会用电增长贡献率（%）
全社会	2989.2	—	—	109.5	3.8	—
第一产业	60.0	2.0	0.1	5.6	10.4	5.1
第二产业	2220.0	74.3	-1.4	40.6	1.9	37.1
工业	2192.5	73.3	-1.5	37.7	1.7	34.4
重工业	1883.9	63.0	-1.8	18.3	1.0	16.7
轻工业	308.6	10.3	0.3	19.4	6.7	17.7
第三产业	304.0	10.2	0.6	27.2	9.8	24.9
居民	405.1	13.6	0.7	36.1	9.8	32.9

2. 工业用电结构进一步优化

2016年全省工业用电量2192.5亿千瓦时，同比增长1.7%，产能过剩行业用电量整体下降，高成长性行业、战略性新兴产业用电量快速增长。

从增幅看，全省工业用电量低速增长，重工业增速明显低于轻工业。2016年全省重、轻工业用电量同比分别增长1.0%和6.7%，重工业低速增长拉低了工业用电量增速。

从占比看，工业用电占全社会用电比重为73.3%，同比下降1.5个百分点，其中重工业用电比重为63.0%，下降1.8个百分点，轻工业用电比重为10.3%，上升0.3个百分点。

从贡献率看，工业对全社会用电增长的贡献率为34.4%，其中重工业用电占比虽高，但对全社会用电增长的贡献率仅为16.7%，低于轻工业的

17.7%。

（1）高耗能行业用电量下降

高耗能行业用电量下降是造成重工业用电量低速增长、占比下降、贡献率较低的主要原因。2016年河南省四大高耗能行业用电量1050.3亿千瓦时，同比降低1.4%。其中除去非金属矿物制品业用电受房地产开发投资及基础设施建设拉动保持0.1%的低速增长外，其他行业用电均为负增长（见表2）。

表2　2016年河南省高耗能行业用电情况

单位：亿千瓦时，%

项目	用电量	占全社会用电比重	同比增速	对全社会用电增长贡献率
四大高耗能行业	1050.3	35.1	-1.4	-13.9
化学原料及化学制品制造业	250.4	8.4	-0.4	-0.9
其中：化肥制造	101.2	3.4	-9.8	-10.0
非金属矿物制品业	183.0	6.1	0.1	0.1
其中：水泥制造	49.6	1.7	-6.9	-3.4
黑色金属冶炼及压延加工业	139.0	4.6	-4.0	-5.2
其中：铁合金冶炼	26.0	0.9	-9.3	-2.4
有色金属冶炼及压延加工业	478.0	16.0	-1.8	-7.9
其中：铝冶炼	394.1	13.2	-2.7	-9.9

化学原料及化学制品制造业受石油等上游原材料成本价格持续低位影响，发展态势整体较为平稳。2016年4月河南省取消化肥优惠电价，导致化肥成本上涨，产品产量下降，全年化肥制造用电降低9.8%。同时受大气污染防治攻坚战影响，全省石化、表面涂装、包装印刷等企业陆续完成治理、关停、淘汰。2016年全省化学原料及化学制品制造业用电量250.4亿千瓦时，同比降低0.4%。

非金属矿物制品业受基建、房地产开发投资影响较大，2016年7~9月房价上涨刺激水泥等主要建材产品需求旺盛、价格小幅上涨，但产能过剩的局面并没有改变。从2016年1月起，水泥生产实行基于电耗的阶梯电价政策，促使部分水泥生产线因达不到能耗要求被淘汰；7 月份开始的大气污染防治攻坚战对水泥粉磨站、砖瓦炉窑等进行废气提标治理，停产、限产较多。2016 年非金属矿物制品业用电量 183.0 亿千瓦时，同比增长 0.1%。

黑色金属冶炼及压延加工业产能过剩较严重，2016 年 3 月河南省政府印发的《河南省 2016 年度蓝天工程实施方案》明确要求调整优化产业结构，2016 年化解钢铁过剩产能 104 万吨以上。2016 年黑色金属冶炼及压延加工业用电量 139.0 亿千瓦时，同比降低 4.0%。

有色金属冶炼及压延加工业用电受电解铝影响较大，2016 年 7 月万方铝业因暴雨水灾停止生产 34 万吨，8 月底河南省电解铝运行产能 259 万吨，12 月底逐步恢复至 285 万吨，较 2015 年底减少产能 4 万吨，使得行业用电量下降。2016 年全省有色金属冶炼及压延加工业用电量 478.0 亿千瓦时，同比下降 1.8%。

（2）高成长性行业成为拉动工业电量增长的主力

在供给侧结构性改革形势下，河南省加快制造业承接产业转移步伐，高成长性行业成为新的电量增长点。2016 年食品加工业、现代家居业、汽车及零部件业、电子信息业、装备制造业和服装服饰业等六大高成长性行业用电量 243.6 亿千瓦时，同比增长 8.7%，远高于工业 1.7% 的平均增速（见表 3）。

表 3　2016 年河南省高成长性行业用电情况

单位：亿千瓦时，%

类别	用电量	占工业用电比例	占比变化（个百分点）	同比增量	同比增速	对工业电量增长贡献率
六大高成长性行业	243.6	11.1	0.7	19.5	8.7	51.6
食品加工业	90.6	4.1	0.3	8.7	10.6	23.0
现代家居业	25.9	1.2	0.1	1.8	7.3	4.7
汽车及零部件业	15.3	0.7	0.1	1.6	11.7	4.2
电子信息业	42.2	1.9	0.1	2.9	7.4	7.8
装备制造业	59.8	2.7	0.1	4.0	7.2	10.7
服装服饰业	9.9	0.5	0.0	0.5	5.5	1.4

高成长性行业用电量占工业电量比重仅为11.1%，但对工业用电增长的贡献率为51.6%，成为拉动工业电量增长的主力。河南作为农业大省，食品加工业优势进一步得到显现，是六大高成长性行业中用电量最多、对工业电量增长贡献率最高的行业，增速高达10.6%。

（3）战略性新兴产业用电增长迅速

战略性新兴产业整体用电量基数较小，但发展很迅速，是未来用电量增长的重要培育点。全省47家抽样战略性新兴产业企业2016年用电量完成27.3亿千瓦时，同比增长14.9%，保持高速增长态势。其中以洛阳尚德、洛阳中硅、洛阳单晶硅为代表的新能源产业用电增速为13.7%，以许继集团、河南森源集团、南阳金冠电气为代表的智能电网装备业用电增速高达50.0%。

3. 第三产业和城乡居民用电稳步增长

2016年全省第三产业用电量304.0亿千瓦时，同比增长9.8%，占全社会用电比重10.2%。第三产业各主要行业用电量均实现大幅正增长，其中信息传输、计算机服务和软件业用电量增速7.4%，金融、房地产、商务及居民服务业用电量增速8.8%，交通运输、仓储和邮政业用电量增速9.0%，商业、住宿和餐饮业用电量增速9.4%，公共事业及管理组织用电量增速12.2%。

2016年城乡居民生活用电量405.1亿千瓦时，同比增长9.8%，占全社会用电比重13.6%。其中城镇居民用电量185.9亿千瓦时，同比增长12.2%，在居民用电结构中的比重上升至45.9%，增加1.0个百分点；乡村居民用电量219.2亿千瓦时，同比增长7.8%。

4. 业扩净增容量大幅上升

2016年全省业扩净增容量2254.7万千伏安，同比增长87.5%。其中新增容量3396.4万千伏安，同比增长57.9%，主要涉及居民、房地产业、建筑业、新能源、交通运输业等；大工业减容销户较同期有所放缓，但钢铁、非金属矿物制品业、金属制品业等高耗能行业受去产能、大气污染防治等政策影响，用户减容、销户较多。业扩报装情况表明，全省产业结构仍在持续调整，发展动力正在转换，用电量增长后劲较为稳定，具有良好预期。

总体上看，2016 年全省电力消费增长稳中向好，用电结构持续优化。其中工业用电量虽整体保持低速增长，但工业用电结构进一步优化，产能过剩行业用电量整体下降，高成长性行业、战略性新兴产业用电增长迅速；第三产业和城乡居民用电稳步增长，占比持续上升，成为拉动全社会用电量增长的主要动力。

（二）用电负荷再创新高，增速趋缓

2010～2016 年全省最大负荷增长情况如图 2 所示。随着全省经济结构调整的逐步深入，2010 年以来最大负荷增速有所放缓。2016 年 7 月中下旬，全省大部分地区持续高温，最高气温达 37℃以上，降温负荷快速增长。河南省 2016 年最大负荷 5450 万千瓦，较 2015 年的 5350 万千瓦增长 100 万千瓦，同比增长 1.9%，最大负荷增速低于全社会用电量增速，全年最大负荷利用小时数上升 102 小时，达到 5485 小时。

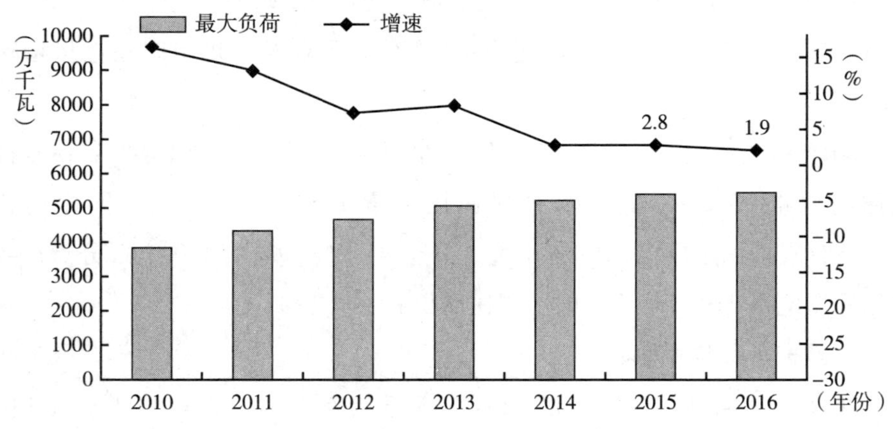

图 2　2010～2016 年全省最大负荷增长情况

从大负荷构成看，第二产业负荷占比下降，第三产业和居民用电负荷占比上升。2016 年夏季大负荷时刻，第二产业负荷占比下降 4 个百分点，主要原因是受经济下行及环保治理力度加大的影响，电解铝、钢铁、化工、水泥等行业不同程度减产，大工业用电负荷下降。第三产业及居民生活用电负荷占比分别上升1.9个、2.5个百分点，主要原因是随着城镇化不断推进以及人民生活水平逐步提高，空调负荷不断增加（见表4）。

表4　2015～2016年统调大负荷分产业构成对比

单位：%，个百分点

年份	第一产业占比	第二产业占比	第三产业占比	城乡居民生活占比
2015	2.8	46.7	14.1	29.3
2016	2.9	42.7	16.0	31.8
占比变化	0.1	-4.0	1.9	2.5

说明：厂用电及线损未列出。

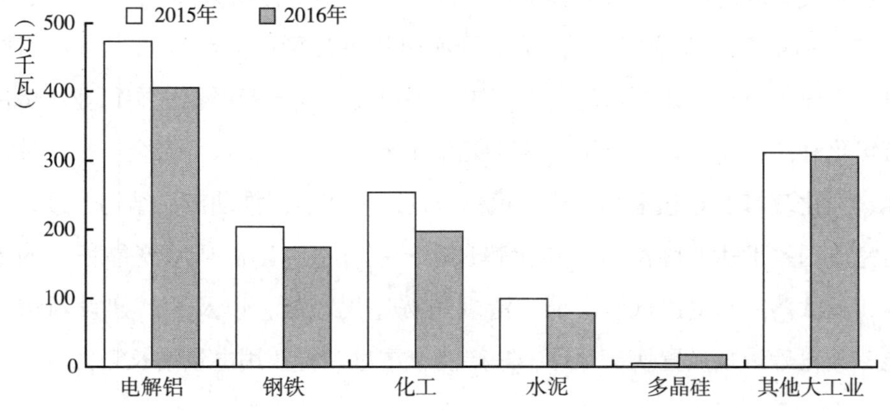

图3　2015～2016年夏季大工业负荷用电构成对比

二　影响河南省2017年电力需求增长的形势分析

（一）经济保持中高速增长

2016年全省经济社会保持平稳健康发展，实现“十三五”良好开局，初步核算全省生产总值增长8.1%，经济总量迈上4万亿元新台阶。2017年，全省经济工作将坚持稳中求进总基调，突出以创新发展理念为引领、以提高发展质量和效益为中心、以推进供给侧结构性改革为主线，着力推进“三去一降一补”，发挥优势打好“四张牌”，做到稳增长、促改革、调结构、惠民生。随着中原经济区、郑州航空港经济综合实验区、中原城市群等国家战略规划及郑洛新国家自主创新示范区、中国（河南）自由贸易试验区、中国（郑州）跨境电子商务综合试验区、国家大数据综合试验区等国家战略平台纷纷落地，新兴产业将快速发展。预计2017年全省经济发展保持总体平稳、稳中有进、稳中提质的良好态势，生产总值增长7.5%以上。

（二）重点行业去产能持续推进

省委省政府打出组合拳，正式出台1个《专项行动方案》、2个《总体方案》和4个《实施意见》，明确了河南化解过剩产能路线图①。以钢铁、煤炭行业为重点，兼顾水泥、电解铝、平板玻璃等产能严重过剩行业，运用市场化和法治化手段，严格产业政策和环保、能耗、质量、安全、技术等标准，强化政策引导和国企改革，积极压减过剩产能，推动产品结构升级，全面完成国家下达的淘汰落后和化解过剩产能任务。随着压减产能任务的落实、淘汰落后和退出低效产能、清理违法违规产能，以及严禁建设新增产能、强化等量减量置换，预计未来产能严重过剩行业用电量增长乏力。

（三）节能减排力度不断加大

大气污染防治。2016年7月河南省开展大气污染防治攻坚战，8月部署攻坚战推进工作，经统计7月、8月共关停3000多家企业。河南省10月印

---

① 《河南省推进供给侧结构性改革去产能专项行动方案（2016～2018年）》、《河南省煤炭行业化解过剩产能实现脱困发展总体方案》和《河南省钢铁行业化解过剩产能实现脱困发展总体方案》，以及《河南省煤炭钢铁行业化解过剩产能职工安置工作实施意见》《河南省支持煤矿关闭退出奖励政策实施意见》《河南省支持煤炭行业化解过剩产能国土资源政策实施意见》和《河南省化解过剩产能煤矿关闭退出实施意见》。

发《冬季大气污染防治行动暨错峰生产污染管控方案》，自2016年11月1日至2017年1月31日，对全省187家水泥、19家钢铁、96家铸造企业组织实施错峰生产，开启冬季大气污染防治行动新模式。2016年全面完成143台、容量5619万千瓦统调燃煤机组的超低排放改造工作。大气污染防治行动是一项长期持续的工作，根据河南省政府安排，2016年为攻坚阶段，2017年为巩固提高和建立长效机制阶段，预计2017年大气污染防治工作仍会对用电量产生影响。

强化排污许可管理。2016年底前，河南完成火电行业排污许可证发放，京津冀大气污染传输通道上的郑州、新乡、焦作、鹤壁、安阳5市全面完成钢铁、水泥等主要“高架污染源”排污许可证发放。2017年全面推行排污许可管理制度，预计将会对相关企业生产用电产生影响。

（四）电力体制改革进度加快

2016年9月，国家能源局批复《河南省电力体制改革综合试点方案》；12月，郑州航空港经济综合实验区等6个区域被纳入增量配电业务改革试点，2017年试点将逐步实施，经验将逐步在全省推开；2017年电力直接交易规模有望进一步扩大，对于省定产业集聚区和服务业两区内10千伏及以上电压的工商业用户，区外年用电量1000万千瓦时以上的10千伏电压及以上的工商业用户，以及电能替代用户可自愿参与电力市场交易，预计电力直接交易电量将超过400亿千瓦时。2017年将完成输配电价改革。按照“准许成本加合理收益”原则，组织开展成本监审，依据投资、电力增速情况，从严选取定价参数，合理测算输配电价。随着电力体制改革持续推进，一系列改革红利逐步释放，将会对用电量增长产生一定促进作用。

（五）推进电能替代

河南省发改委2016年8月发布《河南省电能替代工作实施方案（2016～2020年）》，为全省全面推进电能替代提供了政策依据。该《实施方案》要求积极推进全省重点区域和重点领域实施“以电代煤”、“以电代油”，最大限度地减少散烧煤和燃油使用量，加快提升全省电气化水平。该《实施方案》要求力争到2020年，在能源终端消费环节形成年电能替代散烧煤、燃油消费总量650万吨标准煤的能力，带动电煤占煤炭消费比重提高约2.6个百分点、电能占终端能源消费比重提高2个百分点以上。

简化企业用电程序。电网公司将进一步简化增容、减容、暂停、变更用电等办理手续，缩短办理时限，放宽变更周期，取消暂停用电申请次数限制，允许用户每月选择按容量或按需要量执行基本电费。进一步增供扩销措施的实施，将会对企业用电产生一定的积极作用。

三　2017年河南省电力需求趋势预测分析

（一）电量预测

采用重点行业分析法对河南省2017年电力需求进行预测，并与GDP单耗法、经济电力传导法的预测结果进行校验。重点行业分析法结合了当前河南经济发展形势，综合考虑各类重点行业成本、价格、产量、经营等因素，分别对第一、第二产业各重点行业，第三产业及居民用电进行分行业预测，分析维度较为全面。

1. 重点行业分析法

（1）第一产业用电量预测

河南省作为国家粮食生产核心区，第一产业用电量需求增长潜力较大。目前第一产业中排灌用电比重在30%左右，随着河南省加快构建现代农业强省，平原地区“机井通电”稳步推进，2017年河南将完成50万眼机井配套电网新建和8万眼机井配套电网改造，受益农田新增2900万亩，预计2017年第一产业用电量65亿千瓦时，同比增长8.3%。

（2）第二产业用电量预测

对工业、建筑业用电量进行预测，着重预测分析工业用电量中化工、非金属、黑色、有色金属业四大高耗能行业用电趋势。

化学原料及化学制品制造业。2016 年全省化工行业主要产品产量有升有降，其中纯碱 349.4 万吨、同比下降 0.2%，农用氮磷钾化肥 532.4 万吨、同比下降 5.2%，且化肥价格持续下跌，由 1 月份的 2329 元/吨下降到 12 月份的 2124 元/吨，跌幅 8.8%（见图 4）。《石化和化学工业发展规划（2016～2020 年）》指出，需严格控制尿素、磷铵、电石、纯碱等过剩行业新增产能，推动落后和低效产能退出，促进传统行业转型升级，发展化工新材料。结合大气污染防治、节能减排等长期性约束，预计 2017 年纯碱产量下降 0.5%，化肥产量下降 6.0%，化工行业用电量 247 亿千瓦时，同比下降 1.4%。

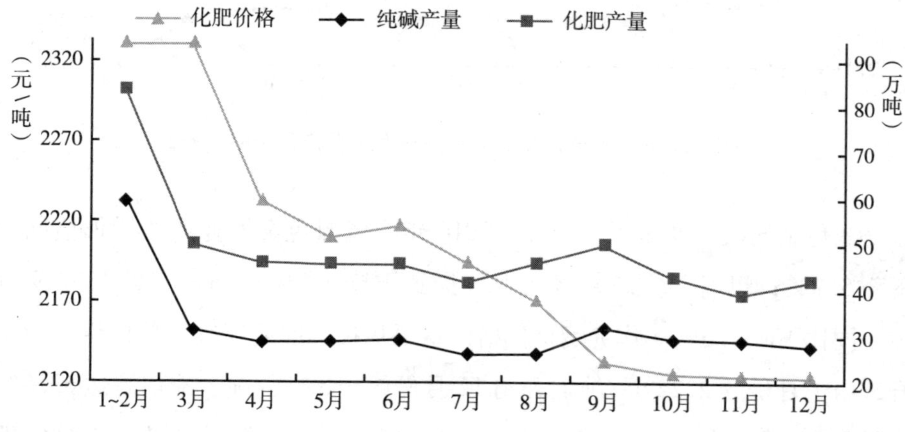

图 4　2016 年化学原料及化学制品制造业分月主要产品价格与产量

非金属矿物制品业。2016 年全省水泥产量 15604.2 万吨，同比下降 5.8%；平板玻璃 1120.5 万重量箱，同比下降 4.9%（见图 5）。受建筑行业复苏、房价上涨因素刺激，当前全省水泥等建材产品市场需求旺盛，价格有所提升，全年水泥价格基本呈“W”形发展曲线。《建材工业发展规划（2016～2020 年）》指出，随着 32.5 复合水泥逐步停产，高标号水泥、纯硅酸盐水泥占比提高，水泥产量将会大幅下降；而平板玻璃既用于建筑领域，也可广泛应用于工业、现代农业等领域，随着建筑节能标准的提高，以及新能源、高端装备、电子信息等加快发展，平板玻璃产量降幅有望收窄。当前全省水泥产能约3亿吨，产能过剩率50%，预计2017年全省水泥产量下降6.0%，平板玻璃产量下降3.0%，非金属业用电量181.2亿千瓦时，下降1.0%。

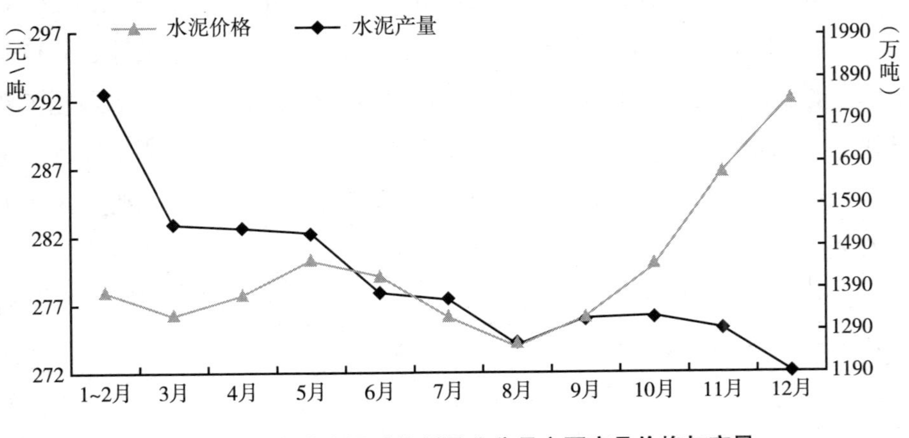

图5　2016年非金属矿物制品业分月主要产品价格与产量

黑色金属冶炼及压延加工业。2016年全省黑色金属业产业增加值同比下降5.2%；粗钢产量2849.5万吨，同比下降1.7%；钢材产量4667.9万吨，同比下降1.5%。作为钢材价格的重要指标，同期螺纹钢的价格逐渐攀升，由1月份的2222元/吨上升到12月份的3632元/吨，涨幅高达63.5%（见图6）。《钢铁工业调整升级规划（2016～2020年）》指出当前钢铁需求呈现下降态势，产能过剩矛盾突出。着力化解过剩产能、实现脱困发展将是近几年钢铁工业第一要务。河南省将严格控制新增产能，积极主动压减低效产能，把化解产能与转型升级相结合，力争2020年前再退出一批达标的钢铁产能，同时全省钢铁行业产品结构明显优化，优特钢产品比重超过60%。预计2017年全省粗钢产量下降1.5%，钢材产量下降2%，黑色金属业用电量128亿千瓦时，下降7.9%。

有色金属冶炼及压延加工业。2016年全省十种有色金属产量543.2万吨，同比增长4.2%；氧化铝产量1213.4万吨，同比下降6.3%；电解铝产量314.8万吨，同比下降4.7%。电解铝价格由1月份的10950元/吨涨至

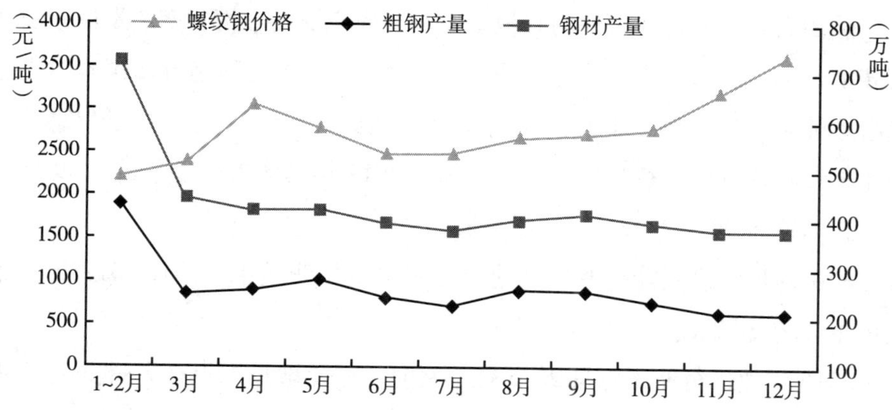

图6　2016年黑色金属冶炼及压延加工业分月主要产品价格与产量

12月份的13166元/吨，上涨2216元/吨，涨幅明显（见图7）。《有色金属工业发展规划（2016～2020年）》指出，铝作为性能优异的结构材料和功能材料，消费领域在不断扩展，需求仍将保持稳定增长。但随着再生铝利用量加大，电解铝需求增速将会放缓。同时受淘汰落后产能、压缩过剩产能影响，全省电解铝产能已经从450万吨（产量367万吨），淘汰、关停到285万吨。预计2017年全省电解铝产量下降4%，有色金属业用电量470.8亿千瓦时，下降1.5%。

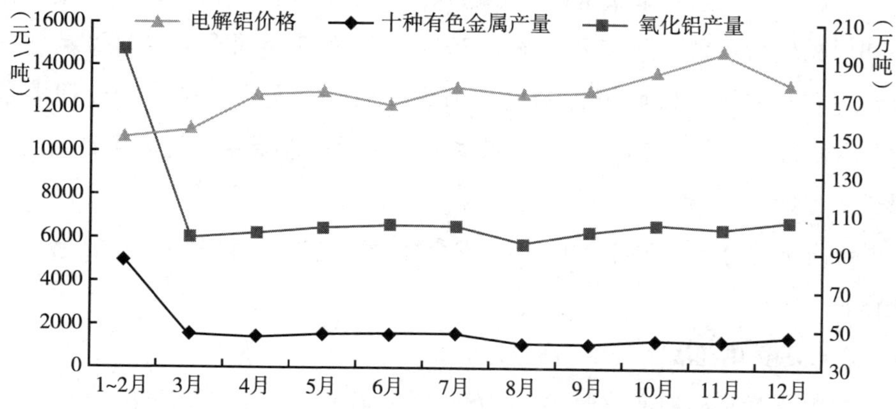

图7　2016年有色金属冶炼及压延加工业分月主要产品价格与产量

除四大高耗能行业之外的其他工业。受稳增长调结构、产业发展新旧动力转换影响，2016 年其他工业用电增速为 4.9%。考虑河南省加快构建先进制造业强省，现代食品加工、新能源、汽车制造、金属制品、电子信息等行业用电量将继续保持稳步增长态势，预计 2017 年其他工业用电量 1199 亿千瓦时，增速 5.0%。

根据对四大高耗能行业和其他工业用电量预测结果，预计 2017 年工业用电量 2226 亿千瓦时，增速 1.5%。

2016 年建筑行业用电量 27.5 亿千瓦时，同比增长 11.8%。建筑行业用电量受房地产开发投资影响较大，2016 年全省房地产开发投资完成 6179.1 亿元，同比名义增长 28.2%；房屋施工面积 47359.6 万平方米，同比增长 15.5%。考虑"去库存"长期因素和郑州市房地产调控政策后续影响，预计 2017 年建筑行业用电量 30.4 亿千瓦时，增速 10.5%。

综上所述，预计 2017 年第二产业用电量 2256 亿千瓦时，同比增长 1.6%。

（3）第三产业和城乡居民用电量预测

近年来河南省加快承接产业转移和发展动能转换，大力推进高成长服务业强省、网络经济强省建设，产业结构不断升级优化，第三产业发展潜力巨大；积极探索新型城镇化发展路径，推动城乡区域协调发展，城镇化率和居民生活水平不断提升。预计 2017 年全省社会消费品零售总额增长 11%左右，常住人口城镇化率提高 1.6 个百分点左右，第三产业用电量 334 亿千瓦时，同比增长 9.9%，城乡居民生活用电量 445 亿千瓦时，同比增长 9.8%。

综合上述分析，预计 2017 年全省全社会用电量将为 3100 亿千瓦时，同比增长 3.7%。

2. GDP 单耗法

GDP 单耗法根据产业增加值与单位产业增加值电耗来预测用电量。"十二五"以来，河南省加快转变发展方式，产业转型升级取得重大进展，三次产业增加值电耗年均下降 6.0%。考虑河南省"十三五"期间能耗发展趋势、环保政策，预计三次产业增加值电耗将保持6.0%以上的下降速度，2017年全省全社会用电量将为3080亿千瓦时，同比增长3.0%。

表5 2010～2015年河南省三次产业单位GDP电耗

单位：千瓦时/万元

年份	第一产业	第二产业	第三产业
2010	223.25	1642.98	201.55
2011	236.12	1632.83	202.20
2012	209.82	1464.98	212.99
2013	201.72	1377.07	216.81
2014	169.71	1303.52	202.72
2015	129.23	1198.16	189.43

说明：GDP折算到2015年可比价。

3.经济电力传导法

经济电力传导模型以全社会及第二、第三产业固定资产投资增速等为输入变量，充分发挥经济对电力的传导机制，分析并构建各个要素之间的传导函数，从而完成对三次产业以及居民用电量的预测。2016年河南省固定资产投资增长13.7%，预计2017年固定资产投资增长12%左右，全社会用电量为3120亿千瓦时，同比增长4.4%。

从重点行业分析法、GDP单耗法、经济电力传导法三种方法的预测结果来看，各方法预测结果均较为接近。综上所述，预计2017年全省全社会用电量为3080亿～3120亿千瓦时，同比增长3.0%～4.4%。

表6 2017年全省全社会用电量预测

单位：亿千瓦时，%

预测方法	全社会用电量预测值	同比增长
重点行业分析法	3100	3.7
GDP单耗法	3080	3.0
经济电力传导法	3120	4.4

（二）负荷预测

本文采用最大负荷利用小时数法对河南省2017年用电负荷进行预测，并采用时间序列法、趋势预测法的预测结果进行校验。

1. 最大负荷利用小时数法

2016年全省最大负荷利用小时数为5485小时，考虑到工业企业生产企稳、居民空调保有量稳步提升、峰谷分时电价政策全面执行等情况，预计2017年全省最大负荷利用小时数与上年基本持平，最大负荷为5650万千瓦，同比增长3.7%。

2. 时间序列法

根据2010~2016年全省最大负荷增长情况，笔者采用时间序列法得到最大负荷的拟合曲线（见图8）。

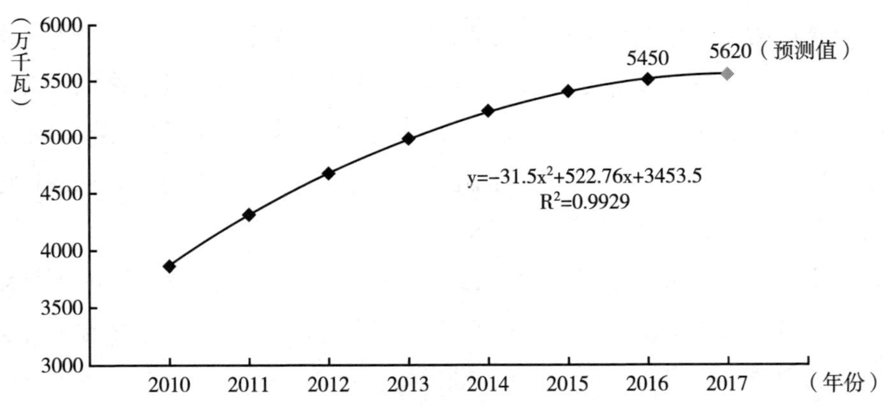

图8　2010~2017年河南省最大负荷拟合曲线

其时间序列方程为：

$$y = -31.5x^2 + 522.76x + 3453.5(R^2 = 0.9929)$$

其中 x 为时间序列号，y 为最大负荷值，R^2 为拟合优度。预计2017年全省最大负荷为5620万千瓦，同比增长3.1%。

3. 趋势预测法

根据近年全省最大负荷增速变化情况（见图2），考虑近期负荷增速和用电量增速水平接近，结合经济发展形势与电量预测结果，预计2017年全省最大负荷为5640万千瓦，同比增长3.5%。

综上所述，预计2017年全省最大负荷为5620万~5650万千瓦，同比增长3.1%~3.7%。

表7　2017年全省最大负荷预测

单位：万千瓦，%

预测方法	全社会最大负荷预测值	同比增长
最大负荷利用小时数法	5650	3.7
时间序列法	5620	3.1
趋势预测法	5640	3.5

四　结论与建议

（一）主要结论

1. 电力需求增长稳中向好

2016年全省经济发展总体平稳、稳中有进，电力消费增长回升，增速为3.8%；2017年全省经济将进一步以提高发展质量和效益为中心，电力需求将继续保持稳中向好发展态势，预计2017年全省全社会用电量3080亿~3120亿千瓦时，增速3.0%~4.4%。

2. 用电结构持续优化

2016年全省第二产业用电比重为74.3%，比上年下降了1.4个百分点，且工业用电结构持续调整，以现代食品加工、电子信息、新能源等为代表的高成长性行业和战略性新兴产业蓬勃发展，成为河南省工业用电增长的主力。一般工商业发展较快，城镇化率、居民生活水平逐步提高，第三产业、居民用电比重稳步提升至23.8%，比上年提高了1.3个百分点。预计2017

年全省第二产业用电比重为72.8%，比上年下降1.5个百分点，第三产业、居民用电比重为25.1%，比上年提高1.3个百分点。

3. 产能严重过剩行业用电量继续下降

2016年全省钢铁、电解铝、水泥、平板玻璃等产能严重过剩行业用电量整体呈下降趋势，是造成重工业、工业用电量低速增长的主因。2016年全省大气污染防治力度加大，7月、8月共关停3000多家企业，从11月起全省对187家水泥、19家钢铁、96家铸造企业组织实施错峰生产，对用电量产生一定影响。随着压减产能任务的落实、大气污染防治行动进入巩固提高和建立长效机制阶段，预计2017年全社会用电量将受到较大影响。

（二）主要建议

1. 加快实施电能替代，提高电能在终端能源消费中的比重

积极推进农业、工业、商业、居民和公共事业等重点区域和重点领域实施"以电代煤"、"以电代油"，最大限度地减少散烧煤和燃油使用量。在郑州、安阳等京津冀大气污染传输通道城市，政府积极推广使用电锅炉、电窑炉、电采暖，开展农村居民生活"煤改电"、"柴改电"，以电能替代为抓手，提高电能在全省终端能源消费中的比重，推动全省能源消费转型升级。

2. 全面实施新一轮农网改造升级，释放农村用电潜能

服务新农村建设和农业现代化，全面推行标准化建设，提升农网户均配变容量，大力推进村村通动力电、平原地区机井通电、中心村农网改造升级工程建设，着力提升农网装备水平，为扶贫攻坚提供可靠电力保障，助力消除城乡二元差距，破除电力消费增长的制约瓶颈，释放农村地区用电潜能。

3. 大力推广节能节电技术，降低全省电耗水平

加快工业锅炉、窑炉、电机系统节能改造，全面推进余热、余压、余气综合回收利用。大力推广绿色建筑、绿色交通、绿色生活，全面推广高效节能办公设备、家用电器、照明产品，树立全民节能节电意识，推动电力"互联网+"，综合运用新技术、新机制、新业态，进一步降低全省电耗水平。

4. 严格落实电价政策，推进供给侧结构性改革

严格执行自备电厂统一缴纳备用费和各项基金，促进企业公平竞争。落实阶梯电价、差别电价、惩罚性电价等价格政策，倒逼过剩产能退出，推进供给侧结构性改革。

参考文献

河南省人民政府办公厅：《关于印发河南省2016年度蓝天工程实施方案的通知》（豫政办〔2016〕27号），2016年3月9日。

河南省人民政府办公厅：《关于印发河南省推进供给侧结构性改革促进产业转型升级专项行动方案（2016～2018年）的通知》（豫政办〔2016〕143号），2016年8月24日。

河南省人民政府办公厅：《关于印发河南省推进供给侧结构性改革去产能专项行动方案（2016～2018年）的通知》（豫政办〔2016〕147号），2016年8月26日。

河南省发展和改革委员会办公室：《关于印发河南省电能替代工作实施方案（2016～2020年）的通知》（豫发改能源〔2016〕1014号），2016年8月5日。

河南省发展和改革委员会办公室：《关于2016年电价调整问题的通知》（豫发改价管〔2016〕741号），2016年6月7日。

工业和信息化部：《关于印发建材工业发展规划（2016～2020年）的通知》（工信部规〔2016〕315号），2016年10月11日。

工业和信息化部：《关于印发石化和化学工业发展规划（2016～2020年）的通知》（工信部规〔2016〕318号），2016年10月14日。

工业和信息化部：《关于印发有色金属工业发展规划（2016～2020年）的通知》（工信部规〔2016〕316号），2016年10月18日。

工业和信息化部：《关于印发钢铁工业调整升级规划（2016～2020年）的通知》（工信部规〔2016〕358号），2016年11月14日。

河南省统计局：《2016年11月份全省规模以上工业增加值增长8.1%》，河南省统计网，2016年12月15日。

B.10
河南省能源与经济发展关系分析与评估

刘军会*

摘　要： 能源与经济协调发展是可持续发展的重要内容。本文通过分析河南省能源供需与经济增长的关系，构建河南省能源与经济协调发展评估模型，对全省能源总量及18地市的能源经济协调性进行评估。经分析，河南全省能源消费与经济发展高度相关，能源有力支撑和保障全省经济快速发展，“十二五”以来，河南省能源经济协调度快速提升，但各地市的协调度具有一定差异，郑州等较发达地区协调度较高，而鹤壁等地区需要进一步提升能源与经济发展的协调性。

关键词： 河南省　能源消费　经济增长　相关性分析　协调性评估

能源是经济发展的重要支撑，经济发展也是影响能源需求的关键因素。河南省正处于经济转型升级和能源供给侧结构性改革的关键时期，18个地市能源禀赋和经济发展状况具有较大差异，研究全省及地市层面的能源经济相关关系并进行协调性评估，有助于实现河南省区域协调发展和能源经济的可持续发展，为政府制定产业规划和能源发展政策提供决策参考。

一　河南省能源与经济相关性分析

“十一五”期间，河南省能源生产、煤炭生产、电力生产与经济增长态

---

* 刘军会，国网河南省电力公司经济技术研究院，工学硕士，研究方向为能源电力经济、电力市场预测与规划。

势基本一致，均呈上升趋势。“十二五”期间，河南能源生产总量总体呈持续下降态势，年均下降8.4%。煤炭作为河南能源生产的支柱行业，其产量不断降低是导致省内能源生产总量持续下滑的根本原因（见图1）。

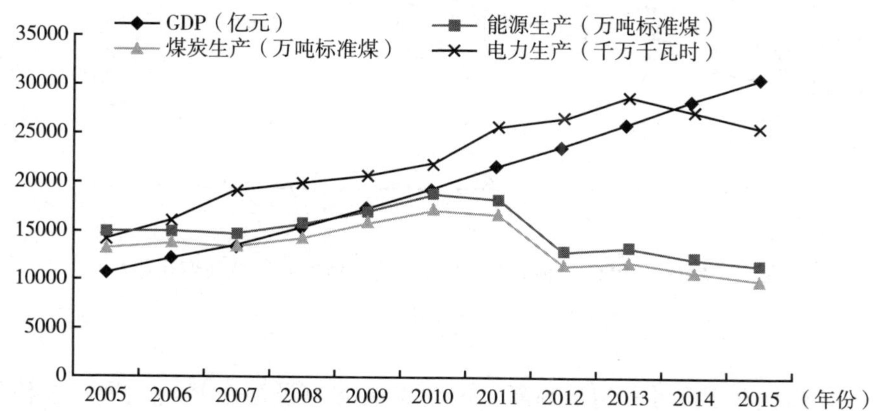

图1　2005～2015年河南分类能源生产与地区生产总值变化趋势

说明：河南地区生产总值按2005年不变价计算。

“十一五”以来，能源消费、煤炭消费和电力消费与全省经济增长趋势基本一致，但在2013年能源消费和煤炭消费增长出现了拐点。从图2可以看出，电力消费、能源消费、煤炭消费均与经济增长相关性较为明显。

根据Person法检验，2005～2015年河南能源生产、煤炭生产与地区生产总值不存在显著相关关系（见表1）；电力生产和消费、能源和煤炭消费与地区生产总值均存在显著正相关，其中电力生产和消费与地区生产总值相关系数分别为0.92和0.97，能源消费与地区生产总值的相关系数为0.94，而煤炭消费与地区生产总值的相关系数为0.79。

表1　河南能源供求与GDP相关性的Person检验

类别	能源生产	煤炭生产	电力生产	能源消费	煤炭消费	电力消费
GDP	-0.5011	-0.3370	0.9227	0.9399	0.7852	0.9687

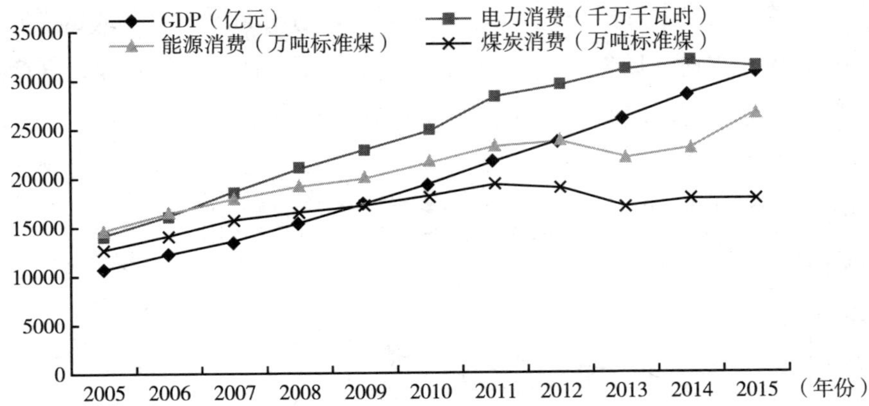

图2　2005～2015年河南分类能源消费与地区生产总值变化趋势

说明：河南地区生产总值按2005年不变价计算。

基于上述分析可以初步判断，电力发展支撑了河南经济发展，经济发展带动能源需求、煤炭需求和电力需求增长；但是能源生产和煤炭生产与地区经济发展没有显著关联性，原因有：一是能源、煤炭生产受区域资源禀赋和资源可开发情况影响较大，并不完全与经济发展相匹配；二是“十二五”期间全国、河南均呈现能源供需较为宽松的局面，能源生产尤其是煤炭产能过剩的特征，使得能源、煤炭生产不能完全反映经济、市场供需状况。

河南省各分类能源增长率普遍低于经济增长率。能源生产方面，在2011～2015年，仅2011年电力生产增长率略高于经济增长率，2013年经济增长率略高于电力生产增长率，其余年份经济增长率均明显高于电力生产增长率。在此期间煤炭生产增长率一直为负值，能源生产增长率仅2013年为正值，2011年、2012年、2014年全省能源生产均呈现负增长（见图3）。

分类能源消费方面，2010～2015年，只有2010年和2011年的电力消费增速高于经济增速，其余年份各类能源消费增速均低于经济增速，煤炭消费在2012、2013和2015年为负增长（见图4）。

2011～2015年，河南能源生产弹性系数仅2013年为正值，其他年份均

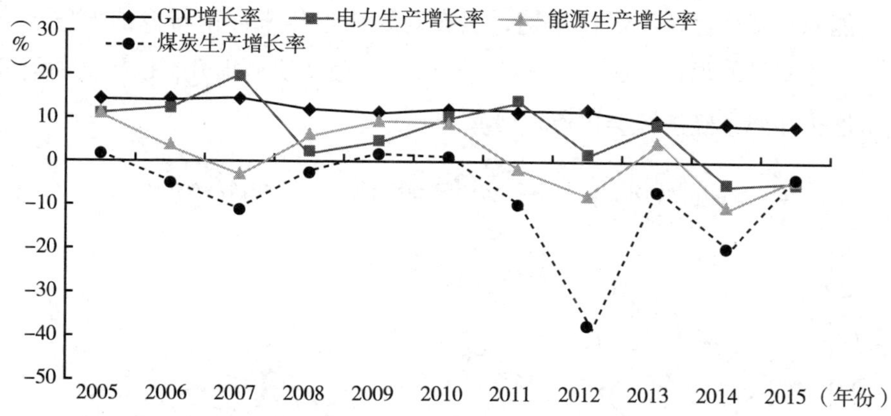

图3　2005～2015年河南分类能源生产增长与经济增长的关系

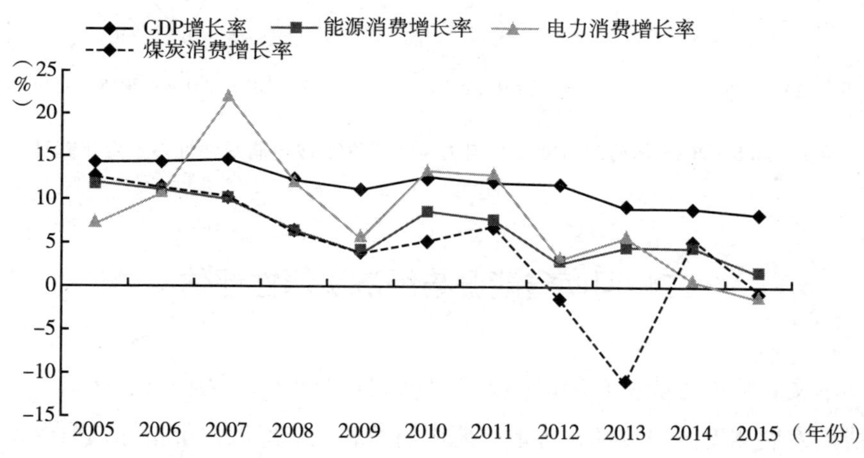

图4　2005～2015年河南分类能源消费增长与经济增长的关系

为负值（见图5）。电力弹性系数方面，仅2011年电力生产和消费弹性系数大于1，2013年电力生产弹性系数接近1，其余年份电力生产弹性系数和消费弹性系数均明显小于1，其中2015年电力生产和消费弹性系数均小于0。能源生产弹性系数的变化趋势一定程度上反映了河南能源生产不能满足经济增长的需要，能源供需缺口较大。这与能源供求和经济发展不存在显著相关性并不矛盾，河南能源生产和煤炭生产呈现结构性过剩的特征，即低质、无效能源供给过剩，而优质能源则供给不足，使得河南能源供给存在较大缺口。能源消费增速低于经济增速，也客观表明近年来河南转变能源发展方式、节能减排取得一定成效，全省的能源利用效率明显提升，以较低的能源消费增长保障了经济社会快速发展。

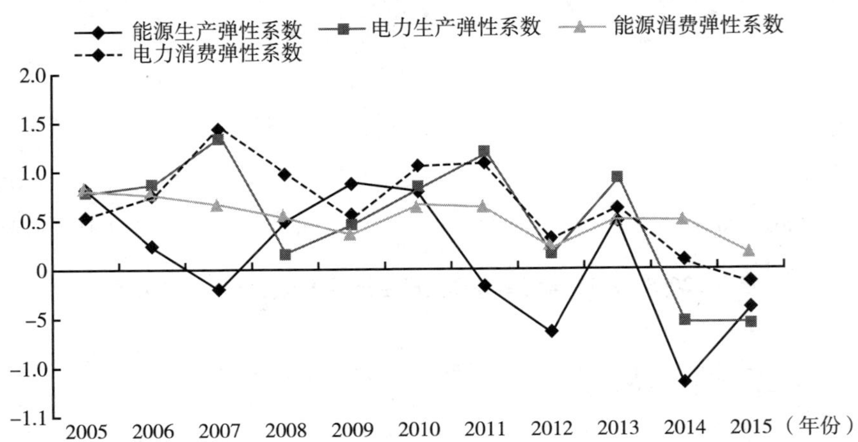

图5　2005～2015年河南省能源和电力生产弹性系数与消费弹性系数变化趋势

二　河南省能源与经济协调性评估

本文对河南省能源与经济协调发展状况进行评估，为保持能源消费与经济协调发展测度的一致性，各地区能源消费和经济发展评价指标选取保持一致，评价经济发展和能源消费的指标详见表2；其中反映经济发展水平指标分为3类12个，能源发展水平指标分为3类8个，能源生产评价指标分为3类17个。选取的评价指标可分为3类：一是正向指标，数值越大越好；二是逆向指标，数值越小越好；三是适度指标，反映样本期工业结构变动情况。为保证指标的可对比性，消除量纲的差异，笔者对各指标进行标准化处理，以3类经济发展评价指标的标准化处理为例。

正向指标的标准化：$C_{1t}=(A_{1t}-A_{1min})/(A_{1max}-A_{1min})$，其中$A_{1min}$和$A_{1max}$分别为指标$A_1$样本期最小值和最大值，C为指标标准化后的值。

逆向指标的标准化：$C_{10t}=(A_{10max}-A_{10t})/(A_{10max}-A_{10min})$，其中

A_{10min}和A_{10max}分别为指标A_{10}样本期最小值和最大值。

适度指标的标准化：$C_{4t} = |A_{4max} - A_{4t}| / (A_{4max} - A_{4min})$，其中$A_{4min}$和$A_{4max}$分别为指标$A_4$样本期最大值和最小值。

借鉴经济能源协调性评价方法①，依据标准化后的数据，本文测算经济发展水平（Y）、能源消费水平（X）和能源生产水平（Z），结果如下：

$$Y_t = \Sigma_{i=1}^{i=12} \beta A_{it}; X_t = \Sigma_{i=1}^{i=8} \sigma B_{it}; Z_t = \Sigma_{i=1}^{i=17} \theta C_{it}$$

其中，β、σ和θ分别为经济发展评价指标、能源消费评价指标和能源生产评价指标的倒数。利用上述公式测算出2005～2015年河南经济发展、能源消费和能源生产变化趋势（见图6）。从分析结果看，2005～2015年，河南经济发展水平不断提升；能源生产水平"先升后降"，总体上呈波动下降的态势。2005～2009年，河南能源生产水平逐年下降，2010年和2013年略有回升，2011～2012年和2014～2015年延续下降的趋势。从经济、能源发展水平的对比看，2008～2015年，河南经济发展水平均低于能源消费水平，特别是2010～2013年二者差距呈扩大趋势，2014～2015年二者差距略微缩小；2005～2009年能源生产水平高于经济发展水平，2011～2015年则低于经济发展水平。

能源消费（X）、能源生产（Z）与经济发展水平（Y）评价方法如下：

$$E_{XY} = \sqrt{[(Y \times X)/(Y/2 + X/2)^2]^2 \times (Y/2 + X/2)}$$

$$E_{ZY} = \sqrt{[(Y \times Z)/(Y/2 + Z/2)^2]^2 \times (Y/2 + Z/2)}$$

经济能源协调性评价原则如下：评分0～0.3为失调衰退区，0.3～0.5为轻度失调区，0.5～1为协调发展区，其中协调发展区又可划分为初级协调（0.5～0.7]、中等协调（0.7～0.8]、良好协调（0.8～0.9]和优质协调（0.9～1]②。

---

① 于凤玲：《中国经济和能源之间协调发展关系研究》，《工业技术经济》2015年第1期，第61页。

② 于凤玲：《中国经济和能源之间协调发展关系研究》，《工业技术经济》2015年第1期，第65页。

表 2　能源系统与经济系统发展评价指标

		评价指标			评价指标			评价指标
Y经济发展	总量指标	A_1地区 GDP A_2消费水平 A_3全社会固定资产投资	X能源消费	总量指标	B_1能源消费 B_2电力消费 B_3能源工业投资	Z能源生产	总量指标	C_1能源生产 C_2煤炭生产 C_3油气生产 C_4电力生产 C_5能源工业投资
	结构指标	A_4工业比例 ** A_5第三产业比例 A_6城镇化水平		结构指标	B_4电力消费比例 B_5煤炭消费比例 * B_6油气消费比例		结构指标	C_6煤炭生产比例 * C_7油气生产比例 C_8电力生产比例 C_9煤炭投资比例 * C_{10}油气投资比例 C_{11}电力投资比例
	质量指标	A_7劳动生产率 A_8每万人大学生数 A_9工业成本利润率 A_{10}单位 GDP 的能耗 * A_{11}单位 GDP 的电耗 * A_{12}人均 GDP		质量指标	B_7单位能源消耗的产出 B_8单位电力消耗的产出		质量指标	C_{12}能源自给率 C_{13}煤炭自给率 C_{14}油气自给率 C_{15}电力自给率 C_{16}单位能源消耗的产出 C_{17}单位电力消耗的产出

说明：表中 ** 表示为适度指标，* 表示为逆向指标，其他为正向指标。

2005～2015 年河南经济和能源消费协调度总体上也不断提高，其中 2009 年，两者协调度为 0.63，首次达到初级协调水平；2010～2011 年超过 0.7，达到中等协调水平；2012 年为 0.84，达到良好协调水平；2013～2015 年则超过 0.9，达到优质协调等级。河南经济和能源生产协调度总体上也不断提高，特别是 2009 年协调度为 0.63，达到初级协调水平，虽然 2012 年和 2014～2015 年协调度下降，但是 2010～2015 年均超过 0.7，达到中等协调水平。可见河南能源和经济协调发展水平不断提高，能源经济协调可持续发展取得了初步成效。

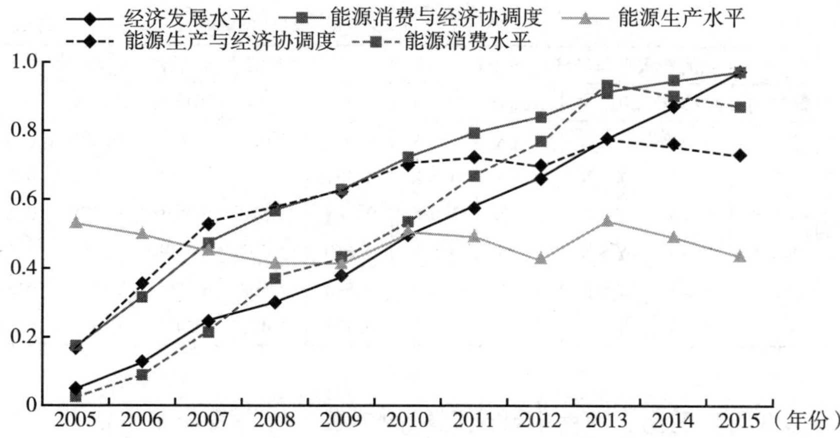

图6　2005～2015年河南省经济发展与能源发展的协调度

三　河南省区域能源消费与经济发展协调性评估

采用前述测算方法，本文研究河南各地市能源消费（X）与经济发展（Y）的协调程度（见表3）。

表3　河南各地能源消费与经济发展协调度

地区	能源消费水平与经济发展比较					能源需求与经济发展协调度				
	2011年	2012年	2013年	2014年	2015年	2011年	2012年	2013年	2014年	2015年
郑　州	Y>X	Y>X	Y>X	Y>X	Y>X	0.859	0.871	0.864	0.867	0.870
开　封	Y>X	Y>X	Y>X	Y>X	Y>X	0.586	0.608	0.604	0.610	0.616
洛　阳	Y<X	Y<X	Y<X	Y<X	Y<X	0.679	0.689	0.706	0.712	0.718
平顶山	Y>X	Y>X	Y>X	Y>X	Y>X	0.517	0.516	0.556	0.576	0.596
安　阳	Y>X	Y>X	Y>X	Y>X	Y>X	0.538	0.550	0.572	0.559	0.546
鹤　壁	Y>X	Y>X	Y>X	Y>X	Y>X	0.376	0.396	0.386	0.384	0.382
新　乡	Y>X	Y>X	Y>X	Y>X	Y>X	0.562	0.586	0.580	0.576	0.572
焦　作	Y>X	Y>X	Y>X	Y>X	Y>X	0.591	0.618	0.655	0.651	0.647
濮　阳	Y>X	Y>X	Y<X	Y>X	Y>X	0.535	0.555	0.565	0.577	0.589
许　昌	Y>X	Y>X	Y>X	Y>X	Y>X	0.609	0.620	0.635	0.640	0.645
漯　河	Y>X	Y>X	Y>X	Y>X	Y>X	0.534	0.569	0.589	0.589	0.589
三门峡	Y>X	Y>X	Y>X	Y>X	Y>X	0.574	0.597	0.614	0.588	0.562

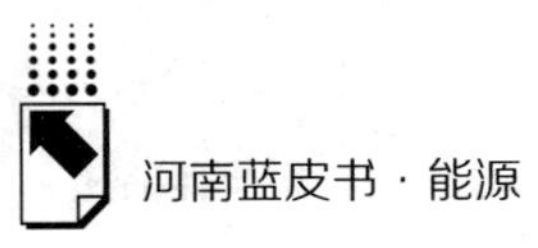

续表

地区	能源消费水平与经济发展比较					能源需求与经济发展协调度				
	2011 年	2012 年	2013 年	2014 年	2015 年	2011 年	2012 年	2013 年	2014 年	2015 年
南　阳	Y > X	Y > X	Y > X	Y > X	Y > X	0. 636	0. 655	0. 663	0. 668	0. 673
商　丘	Y > X	Y > X	Y > X	Y > X	Y > X	0. 481	0. 502	0. 499	0. 505	0. 511
信　阳	Y > X	Y > X	Y > X	Y > X	Y > X	0. 562	0. 576	0. 580	0. 578	0. 576
周　口	Y > X	Y > X	Y > X	Y > X	Y > X	0. 610	0. 607	0. 598	0. 603	0. 608
驻马店	Y > X	Y > X	Y > X	Y > X	Y > X	0. 546	0. 562	0. 560	0. 556	0. 552
济　源	Y > X	Y > X	Y > X	Y > X	Y > X	0. 423	0. 446	0. 483	0. 467	0. 451

从表 3 可以看出，河南多数地区能源消费与经济发展基本协调（见表 4）。其中，能源消费与经济发展协调度最高的是郑州，2011 ~2015 年均超过 0. 8，属于良好协调型；其次是洛阳，2013 ~2015 年洛阳能源消费与经济发展协调度超过 0. 7，属于中等协调型；再次是协调度超过 0. 5 但低于 0. 7 的地区，属于初级协调类型，包括许昌、南阳、周口、开封、焦作、三门峡、濮阳、平顶山、安阳、新乡、漯河、鹤壁、信阳、驻马店等地区。济源、鹤壁能源消费与经济发展协调度低于 0. 5，处于轻度失调状态；没有地区处于失调衰退区。总体来看，郑州、洛阳等经济发展较好的地区能源经济发展的协调度也较高，而济源、鹤壁等地区，能源消费与经济发展的协调度较差。

表 4　河南各地能源消费与经济发展协调情况

良好协调型	郑州
中等协调型	洛阳
初级协调型	许昌、南阳、周口、开封、焦作、三门峡、濮阳、平顶山、安阳、新乡、漯河、商丘、信阳、驻马店
轻度失调型	鹤壁、济源

四　研究结论

（一）河南省能源消费与经济增长相关性较高

2005 ~2015 年，河南能源、煤炭以及电力消费与地区生产总值之间的相关系数分别为 0.94、0.79、0.97，即全省能源消费与经济发展相关性较高，能源有力支撑和保障全省经济快速发展。河南能源生产与经济发展之间没有显著的相关关系，主要原因是能源、煤炭生产受区域资源禀赋和资源可开发程度影响较大，不完全与经济发展相匹配。当前全国、河南均已呈现能源供需较为宽松的局面，能源尤其是煤炭产能过剩，能源、煤炭生产不能完全反映经济、市场供需状况。

（二）河南省能源与经济发展协调性不断提升

随着全省经济、能源发展方式的转变，全省经济和能源发展的协调度不断提升。能源消费方面，2009 年，河南能源消费与经济发展的协调度为 0.63，达到初级协调水平；2010 ~ 2011 年超过 0.7，达到中等协调水平；2012 年为 0.84，达到良好协调水平；2013 ~ 2015 年则超过 0.9，达到优质协调等级。能源生产方面，河南经济和能源生产协调度总体上也在不断提升，2009 年协调度为 0.63，达到初步协调水平；“十二五”期间全省能源生产和经济的协调度年均超过 0.7，达到中等协调水平。

（三）河南省各地区能源与经济发展的协调度差异明显

总体来看，河南各地区能源与经济发展水平基本协调，但地区间协调性差异较为明显。郑州市能源消费与经济发展的协调度最高，协调度超过 0.8，属于良好协调型；洛阳市协调度超过 0.7，属于中等协调型；济源市和鹤壁市能源与经济发展属于轻度失调状态。总体来看，郑州、洛阳等经济发展较好的地区协调度较高，而鹤壁、济源等地区协调度较低，是下一步能源经济协调发展的工作重点。

参考文献

王立国、高越青、王善东：《抑制产能过剩促进水泥工业健康发展——基于 L 省水泥工业调研》,《宏观经济研究》2013 年第 10 期。

鲁奇、张超阳:《河南省产业结构演进和经济增长关系的实证分析》,《中国人口、资源与环境》2008 年第 1 期。

国务院发展研究中心"进一步化解产能过剩的政策研究"课题组,赵昌文、许召元、袁东、廖博:《当前我国产能过剩的特征、风险及对策研究——基于实地调研及微观数据的分析》,《管理世界》2015 年第 4 期。

黄群慧、李晓华:《中国工业发展"十二五"评估及"十三五"战略》,《中国工业经济》2015 年第 9 期。

尹硕、张耀辉:《我国新能源产业发展趋同问题研究》,《经济纵横》2013 年第 12 期。

韩国高、胡文明:《去产能对中国工业投资效率的效应分析》,《管理现代化》2015 年第 6 期。

张婷玉:《"一带一路"战略框架下河南省促进产业升级的对策研究》,《商场现代化》2016 年第 5 期。

吴彼爱、高建华、徐冲:《基于产业结构和能源结构的河南省碳排放分解分析》,《经济地理》2010 年第 11 期。

B.11

河南省电力与经济发展关系分析与评估

王江波*

摘　要：　电力需求与经济发展紧密相关，在经济社会的不同发展阶段，电力与经济表现出不同的关系特征。本文以影响电力—经济关系的主要因素，如度电产值、产业结构、气候等为切入点，从总量相关性、增速相关性、结构相关性及度电产值等方面，对河南全省及分区域的长、短期电力经济关系进行了全面的分析，并结合电力经济关系的变化及评估，基于不同的经济社会发展预期情景，对河南省“十三五”电力需求进行了预测。

关键词：　河南省　电力经济关系　评估预测　弹性系数

电力是经济发展的“晴雨表”。电力作为国民经济的基本生产要素，其生产-输送-消费的实时性，以及电力数据以表计测量校核而成的可靠性和准确性，决定了电力在研判经济走势中的“风向标”地位，用电力指标可反映经济运行的基本状况。总体来看，经济发展与用电量增长呈现高度相关性，随着经济发展进入转型换挡、提质增效的新常态，电力经济关系呈现出不同于以往的新特征、新趋势，需要进一步分析研究电力经济关系的演变特征，深掘其阶段性特征背后的关联关系、影响机理，从而科学研判经济发展形势，并为相关部门的决策制定提供理论支撑。

* 王江波，国网河南省电力公司经济技术研究院经济师，管理学硕士，研究方向为能源电力经济与电网规划。

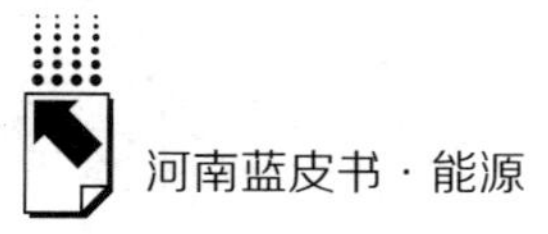

一　影响电力—经济关系的主要因素

电力需求与经济社会发展关系紧密，长期来看，各国、各地区用电量增长与当地经济增长趋势总体一致，并在不同的发展阶段呈现出不同的特征，在特定的发展阶段两者会表现出一定程度的背离。影响电力需求与经济发展关系的因素主要包括度电产值、电力消费结构、市场、气候等。

（一）度电产值

高耗能工业、重工业的快速发展，以及电力占终端能源消费比重随工业化、城镇化和电气化的发展而不断提高，将会使度电产值有所下降，一定程度上造成用电量增速高于 GDP 增速。技术进步和产业转型升级使得度电产值提高，能够用更少的电力消耗创造更多的经济增加值，是造成 GDP 增速高于用电量增速的重要原因。由于上述两种走势的不同影响，导致在经济的不同发展阶段 GDP 与用电量增速不完全同步。

（二）电力消费结构

不同行业的电耗水平差异较大，创造相同的产值所消耗的电量差异明显，对应于不同行业的 GDP 增长，其电力消费增长幅度也大不相同，产业结构的持续调整将会使电力消费与经济增长产生一定程度的背离。而且，电力消费既有三次产业的生产耗用也有居民生活使用，居民用电与 GDP 的相关性相对较低，降低了电力需求与宏观经济在统计上的对应性。

（三）市场、气候等其他因素

从市场变动因素来看，在经济波动导致市场需求下降时，企业应对的滞后性使得企业库存大幅增加，在“去库存”期间，企业生产用电量增长少而 GDP 仍在增长，电力消费与 GDP 增长会出现明显背离。从气候因素来看，GDP 增长受气候影响不大，而极端天气、特殊气候是造成电力消费异常变化的关键因素，夏季持续高温或冬季持续低温带来的降温或取暖电力增长往往是造成 GDP 与电力需求增长关系背离的主要原因。

二　河南省电力经济关系分析

电力需求与宏观经济的相关关系主要体现在总量相关性、增速相关性、结构相关性和度电产值等方面，并在经济发展的不同阶段表现出不同的特征。

（一）总量相关性

1. 相关性研究

Person 相关系数是度量两个变量间线性相关关系最常用的方法，相关系数的绝对值越大，相关性越强。1980～2015 年全省 GDP 与全社会用电量的 Person 相关系数为 0.987，其中 2000～2011 年两者的 Person 相关系数更是高达 0.997，两者的变动趋势基本一致，这反映出全省经济发展与电力需求密切相关。1980～2015 年河南省 GDP 和全社会用电量情况详见图 1。

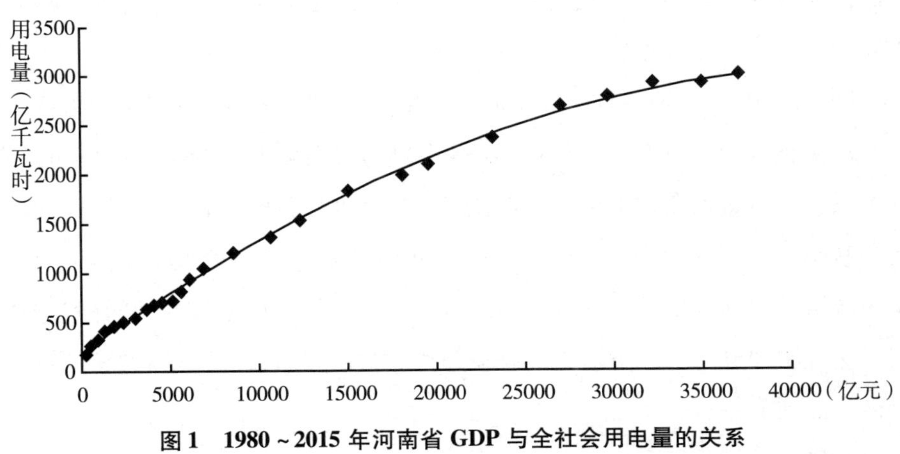

图 1　1980～2015 年河南省 GDP 与全社会用电量的关系

2. 因果关系校验

从 GDP 与全社会用电量的计量经济学协整检验来看，电力消费与经济增长间有着相似的发展趋势，1980～2015 年河南省 GDP、全社会用电量对数的增长趋势详见图 2。经单位根检验，电力消费和经济增长数据序列在 1% 的临界水平下拒绝存在单位根的零假设，为平稳时间序列，可进行协整分析。

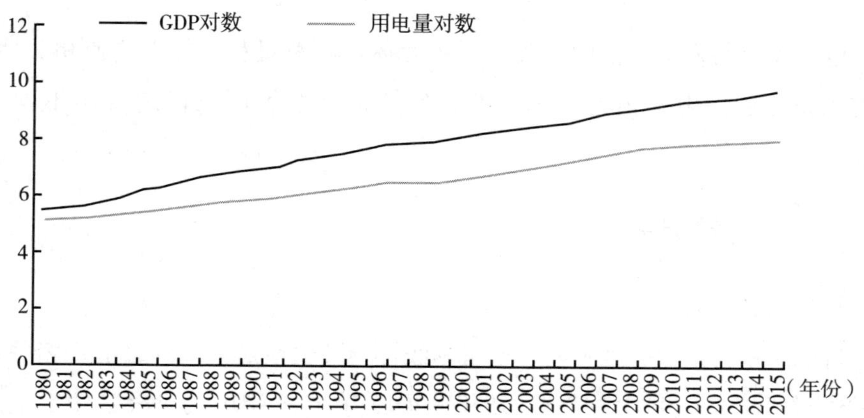

图 2　1980～2015 年河南省 GDP 对数、全社会用电量对数的增长趋势

基于 1980～2015 年河南省的电力经济相关时间序列数据，笔者运用 Stata12 计量分析软件，检验经济增长与用电量之间的协整关系，可得协整方程如下。

lnGDP = 1.796303 + 1.074215lnE，P 值：0.000；标准差：0.0202845

从协整方程可以看出，用电量（lnE）与经济增长（lnGDP）呈同向变动关系，用电量每变动 1%，经济增长同向变动 1.07%。在电力经济协整分析的基础上，可进行格兰杰因果检验，从结果来看（见表 1），用电量变动是经济增长变动的格兰杰原因，而经济增长变动不是用电量变动的格兰杰原因，这说明用电量对经济增长具有引领作用，可以通过用电量对经济增长进行格兰杰预测。

3. 影响度分析

用电量对经济增长的引领作用可以通过影响度分析来进一步衡量，脉冲响应是影响度分析的重要方法。其衡量标准是：在扰动项上加一个标准差大

表 1　格兰杰因果分析结果

目标变量	待检验变量	卡方统计量	自由度	概率系数
lnE	lnGDP	1.4679	2	0.484
lnGDP	lnE	13.053	2	0.001

小的冲击，对内生变量当前值和未来值所带来的影响。经济增长在受到用电量一个单位的冲击后，其冲击效果在第四年逐步趋于稳定。分别给经济增长和用电量一个标准差大小的冲击，得到相应的脉冲响应函数（见图 3）[图中横轴表示冲击作用的响应期数（年），纵轴表示各变量的变化百分比]，图 3 分别显示出用电量对自身冲击的反应、经济增长受到用电量冲击的反应、用电量受到经济冲击的反应和经济受到自身冲击的反应。

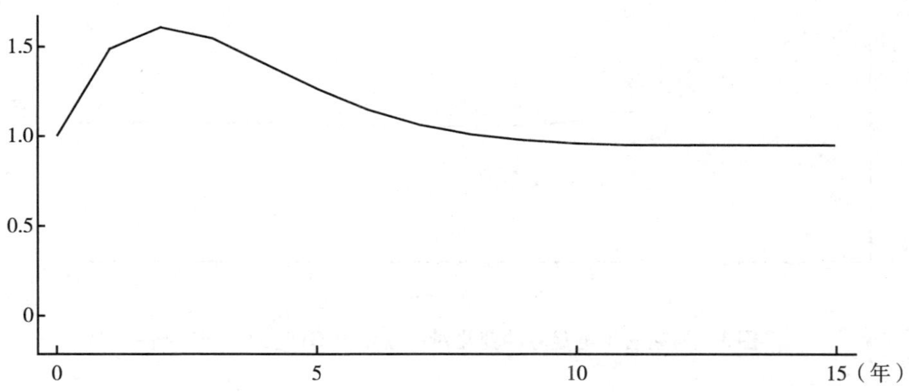

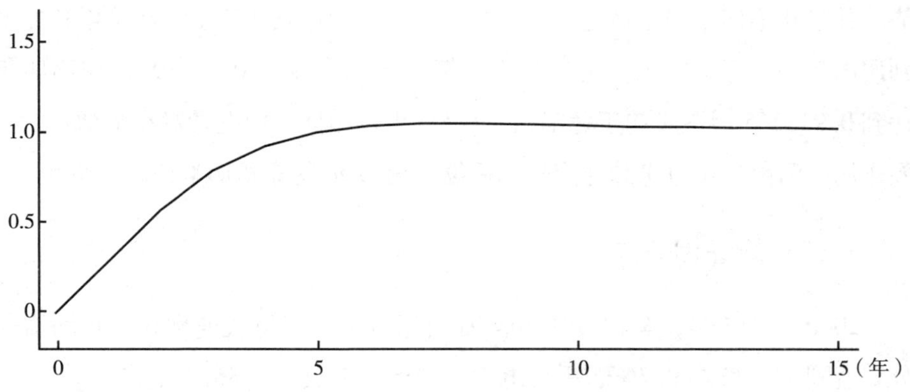

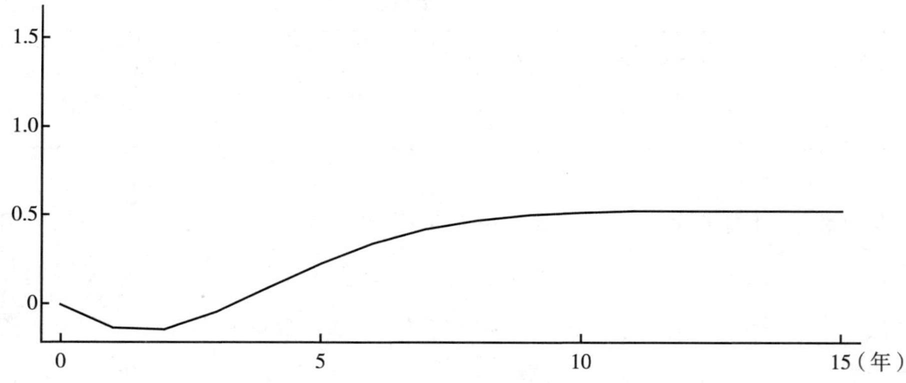

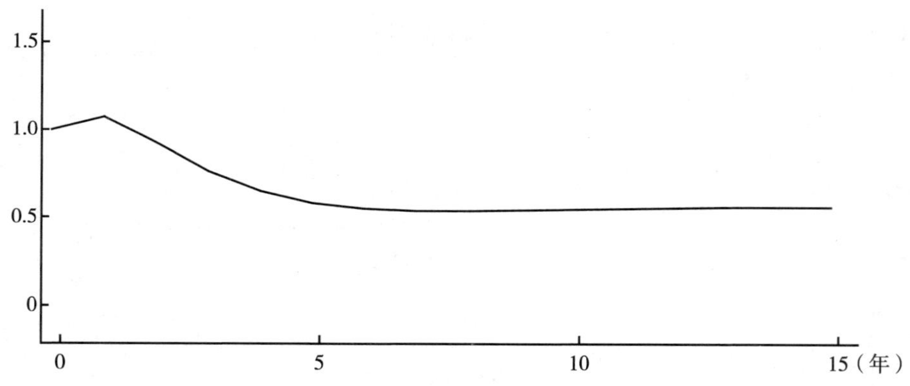

图3　河南省用电量脉冲变化对后续年份 GDP 的累积影响

从图3可以看出，经济增长在受到用电量的冲击后呈现出大幅上升的趋势，并且在第四年趋于稳定（具体数值如表2中序列2所示：经济增长在受到用电量一个标准差大小的冲击后，第一年同向变动0.282892，在第四年达到0.918365后逐步趋于稳定），这一结果也印证了用电量对经济增长的引领作用。河南省用电量脉冲变化对后续年份 GDP 的累积影响情况详见表2。

（二）增速相关性

2000～2015年，全省 GDP 和全社会用电量均保持快速增长，年均增速分别达到11.3%和9.7%，平均电力消费弹性系数为0.86。

表 2 河南省用电量脉冲变化对后续年份 GDP 的累积影响

序号	序列 1	序列 2	序列 3	序列 4
1	1.48007	0.282892	-0.132668	1.07452
2	1.6017	0.569324	-0.139676	0.921592
3	1.5354	0.782595	-0.041766	0.76107
4	1.39897	0.918365	0.9784	0.647251
5	1.25809	0.994138	0.2336	0.580805
6	1.14179	1.03009	0.3437	0.548652
7	1.05766	1.0426	0.422827	0.537418
8	1.00277	1.04307	0.474321	0.537133
9	0.970355	1.038949	0.504706	0.541455
10	0.953336	1.03273	0.520656	0.546855
11	0.945873	1.02759	0.527654	0.551665
12	0.943746	1.02369	0.529656	0.555311
13	0.944204	1.02105	0.529234	0.557782
14	0.94563	1.01943	0.527905	0.559299
15	0.947176	1.01853	0.526461	0.560133

电力需求与经济发展强相关，且全社会用电量增速较 GDP 增速更敏感、先导性更强。“十五”以来全省经济和用电量增速的变化情况表明，全省 GDP 增速和全社会用电量增速阶段特征明显，两者之间的变动趋势总体基本一致，但用电量增速波动幅度比经济增速波动幅度剧烈得多，电量增速更敏感、先导性更强。2000～2015 年，GDP 有 9 年增速高于用电量增速，7 年增速低于用电量增速，两者变化趋势、波动形态相当接近，形成 3 个比较显著的阶段（见图 4）。在上升期（2000～2007 年），用电量增速、经济增速同步上升，但用电量增速要大于经济增速；在波动期（2008～2011 年），用电量增速的波动幅度要比经济增速的波动幅度更大、更明显；在回调期（2012～2015 年），用电量增速、经济增速同步下降，但用电量增速要低于经济增速，下降幅度更大，电力与 GDP 增速存在较大背离。

电力弹性系数与工业化发展阶段、产业结构调整密切相关，呈现出明显的阶段性特征。电力弹性系数为用电量增速和 GDP 增速的比值，其变化可度量用电量和 GDP 两者的“增速差”，电力弹性系数所表现出来的阶段性发

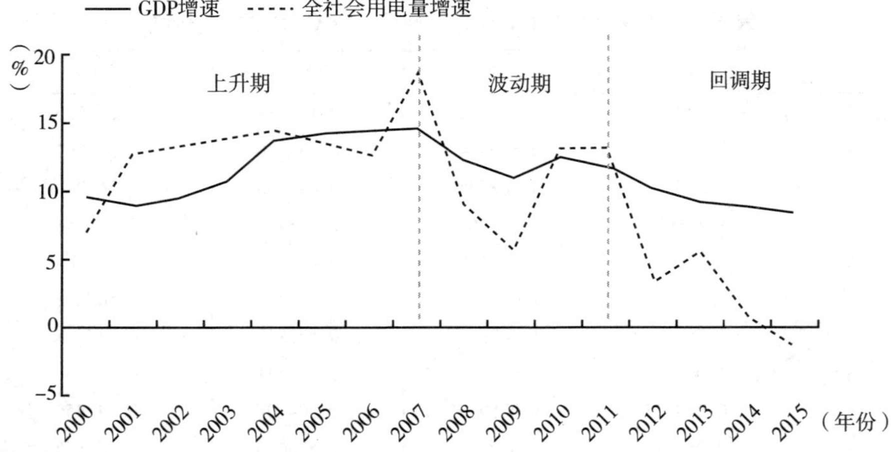

图4　2000～2015年河南省经济与用电量增速关系

说明：2000～2007年为河南省高耗能行业快速发展时期。

展特征实质上是由经济不同发展阶段的产业结构变化所决定的。当第二产业尤其是重工业快速发展、比重较高时，电力弹性系数升高且大于1。在上升期（2000～2007年），全省经济走出1998年亚洲金融危机影响，工业进入持续高速发展阶段，高耗能行业发展迅速，全省经济发展重工业化特征明显，电力弹性系数大于1；在波动期（2008～2011年），受2008年全球金融危机影响，高耗能行业发展减速，其增加值占GDP比重也波动下降，电力弹性系数波动幅度较大且接近1；在回调期（2012年至今），全省产业结构深度调整，落后产能进一步淘汰，经济增速趋缓，电力增速下降明显，电力弹性系数小于1，其中2012、2013、2014、2015年电力弹性系数分别为0.33、0.61、0.08、－0.17（见图5）。

（三）结构相关性

1. 用电结构与经济结构变化特征

经济学家钱纳里、库兹涅茨、赛尔奎等人在研究经济和工业化发展阶段时发现，在经济发展过程中产业结构会呈现出一定的规律性变化：第一产业比重下降；第二产业比重先上升，后保持稳定，再持续下降；第三产业比重

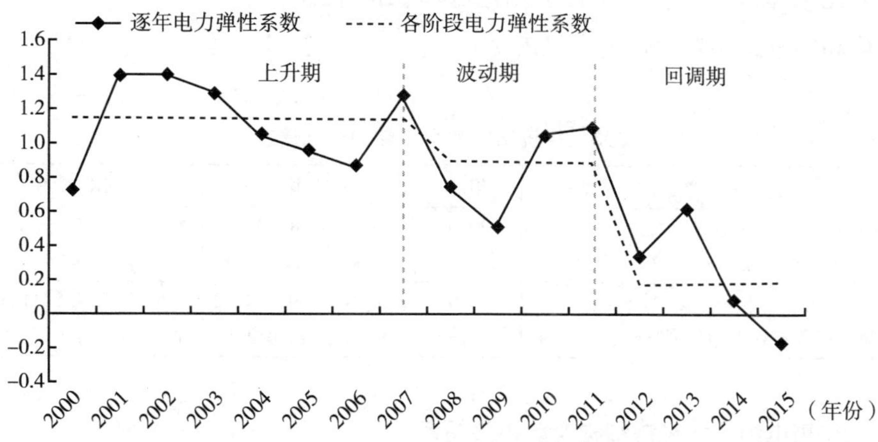

图5　2000～2015年河南省电力弹性系数

则是先略微下降，后基本平稳，再持续上升。

在产业结构变化过程中，工业内部结构、相应的用电量结构也发生显著变化。工业化初期，纺织、食品等轻工业比重较高，其在全社会用电量中的比重也不断升高，之后持续下降；工业化中期，钢铁、水泥、电力等能源原材料工业比重较大，在用电结构中表现为重工业、高耗能行业用电比重大，之后开始下降；工业化后期，装备制造等高加工度的制造业比重明显上升，此时第二产业用电比重下降，而第三产业和居民用电比重不断上升。

目前河南省处于工业化中期阶段的后期，工业尤其是重工业占比仍较大，但其比重呈稳步降低趋势，第三产业比重上升，用电结构出现相似的变化。近年来，全省产业结构升级步伐明显加快，全省三次产业结构由2010年的14.2∶57.7∶28.1调整为2015年的11.4∶49.1∶39.5，产业结构持续优化。从用电量来看，第一、第二、第三产业及居民用电结构由2010年的3.3∶77.7∶7.5∶11.5调整到2015年的1.9∶75.7∶9.6∶12.8。其中，2015年第二产业用电量同比下降0.73%，对全社会用电量增长的贡献率为-40.1%；第三产业用电量同比增长3.26%，对全社会用电量增长的贡献率为21.9%。从第二产业用电结构来看，工业尤其是重工业仍是全省电力消费的主体，但重工业用电量占比呈稳步降低趋势。2015年全省重工业用电量同比下降1.55%，对全社会用电量增长的贡献率达-73.5%。全省经济结构和用电结构对比情况详见表3。

表3 经济结构和用电结构对比情况

分 类	年份	全国	河南省
产业结构 （第一产业:第二产业:第三产业）	2010	10.2:46.8:43.0	14.2:57.7:28.1
	2015	9.0:40.5:50.5	11.4:49.1:39.5
用电结构 （第一产业:第二产业:第三产业:居民）	2010	2.3:74.7:10.7:12.2	3.3:77.7:7.5:11.5
	2015	1.8:72.2:12.9:13.1	1.9:75.7:9.6:12.8

2. 用电结构与经济结构变动相关关系

河南省经济结构和用电结构均具有典型的工业化特征，可选用第二产业增加值占比（*proind*）和第二产业用电量占比（*proelec*）来分别表征全省经济结构和用电结构。

从用电结构（*proelec*）与经济结构（*proind*）的Person相关关系来看，河南省用电结构和经济结构变动高度正相关。2000~2015年河南省用电结构和经济结构的Person相关系数为0.9113，处于0.8~1的区间，根据Person相关系数的判别标准，属于极强相关范围。

从用电结构与经济结构的线性回归关系来看，河南省用电结构发生变化时，经济结构会发生同向的、更大幅度的变化。河南省经济结构和用电结构的回归方程为：

$$proind_i = \beta_0 + \beta_1 proelec_i + \varepsilon_i$$

其中，ε是随机扰动项。从方程的回归结果来看，2000~2015年河南省用电结构和经济结构的回归系数为1.87，即河南省用电结构每变动1个百分点，经济结构相应变动约1.87个百分点。

（四）电力需求与经济发展的度电产值关系

度电产值的提升使得经济增速高于电力消费增速，使电力与经济发展速度产生一定程度的背离，产业结构升级以及不同产业度电产值的差异则会进一步加强这一趋势。度电产值表示一度电所产生的经济增加值，反映三次产业的电耗水平，是衡量经济发展质量效益的重要指标之一，也是影响电力与经济发展关系的重要因素。度电产值对电力经济关系的影响，实质上反映了技术进步、产业结构升级在促进经济发展、降低电耗水平方面的巨大作用。从发达国家的发展规律来看，第二产业尤其是重工业的度电产值要普遍低于第一产业和第三产业，且各产业的度电产值随着技术进步而不断提高。

长期以来，河南省工业用电量占全社会用电量的比重在75%左右，全省经济发展重工业化特征明显，是造成度电产值较低、经济发展质量不高的重要原因。纵向来看，河南省度电产值由2010年的9.81元/千瓦时提高到2015年的12.85元/千瓦时，提高了近31%，表明经济发展的质量效益不断得到改善。这阶段河南省电解铝、钢铁、水泥等能源原材料工业比重持续下降，装备制造、战略性新兴产业等先进制造业快速发展，2010~2015年，河南省第二产业占比下降了8.6个百分点，第三产业上升了11.4个百分点。第三产业和先进制造业产生相同的GDP所消耗的电力远低于传统工业，2010年第三产业度电产值是第二产业的5.16倍，2015年则提升到6.32倍。横向来看，河南省度电产值与发达省份甚至中部其他省份相比差距较大，且有不断扩大的趋势。2005年以来河南省度电产值始终居于华中电网五省一市最末（赣湘渝鄂川豫），2005年河南省度电产值与四川省相当，2008年与四川省的差距为0.99元/千瓦时，至2015年此差距已拉大至2.23元/千瓦时。

（五）电力需求与经济发展近期背离的原因

1. 工业化阶段的产业结构变化是造成电力与经济关系背离的根本原因

目前河南省处于工业化中期阶段的后期。2015年河南省人均GDP达到5422美元（按2005年美元价），三次产业结构为11.4∶49.1∶39.5，第一产业就业占比为40.7%，城镇化率达46.85%。

产业结构调整升级对经济、电力的差异化影响，是造成现阶段河南省电力与经济背离的根本原因。在工业化发展阶段，传统高耗能工业持续低迷，比重下降；先进制造业、现代服务业快速发展，比重上升，全省产业结构不断优化。当传统高耗能行业增速放缓时，由于其度电产值低因此其用电增速放缓更明显；当第三产业、先进制造业快速增长时，由于其度电产值较大，产生相同的GDP所消耗的电力远低于传统工业，导致其用电增长相较于其经济增速并不明显。以富士康为例，2015年富士康以消耗9亿千瓦时的电量产生了千亿级的增加值，其度电产值是第二产业的15倍以上。

2. 高耗能行业不景气是河南省电力与经济短期背离的关键因素

高耗能行业发展形势对全社会用电量增速的影响幅度明显大于对GDP的影响。河南省六大高耗能行业占全社会用电量比重在54%左右，而产值仅占河南省GDP的18%以内。由于其度电产值明显低于全行业平均水平，高耗能行业发展形势对全社会用电量增速的影响幅度明显大于对GDP增速的影响。“十二五”期间，河南省高耗能行业产值增速基本呈逐年下降趋势，使得GDP与全社会用电量的增速差也逐年扩大。当剔除高耗能行业影响后，河南省GDP和用电量增速高度相关，增速背离基本消失。以2012年为例，当年六大高耗能行业用电量下降2.6%，全社会用电量增长3.3%，GDP增长10.1%，二者增速差为6.8个百分点。若六大高耗能延续2011年11.6%的正增长趋势，其他行业增长态势不变，则全社会用电量增长11.9%，GDP增长13.0%，两者增速差缩小至1.1个百分点。

3. 电力与经济背离是宏观经济波动期的正常现象

在经济换挡、经济危机等波动性阶段，会出现用电量与GDP短期背离的现象。从世界来看，美国、日本、韩国等主要发达国家经济体在经济波动期均出现过经济与电力增长相背离的现象。2001年美国GDP增长0.8%，而电力消费却下降3.6%；2003年日本GDP增长1.8%，而电力消费下降1.3%；1980年韩国GDP下降1.5%，而电力消费却增长5.4%。1998年亚洲金融危机期间，中国GDP增长率为7.8%，电力消费仅增长2.8%；2008年次贷危机期间，GDP增长率为9.6%，电力消费仅增长5.6%。

三　河南省分区域电力与经济关系分析

（一）各区域单位产值电耗分析

2005~2015年，各区域单位产值电耗总体呈现下降趋势。按照电网结构情况，将全省区域划分为六大区域，分别为安鹤濮（安阳、鹤壁、濮阳）、豫中东（郑州、开封、商丘）、焦新、豫西（济源、洛阳、三门峡）、豫西南（平顶山、南阳）、豫东南（许昌、漯河、周口、驻马店、信阳）。其中豫中东、焦新、豫西、豫西南等区域的单位产值电耗下降幅度较大，分别下降了808.6、779.9、688.9、423.1千瓦时/万元。豫东南单位产值电耗下降幅度最小，安鹤濮下降幅度偏小。各区域部分年份单位产值电耗有上升情况，但总体呈现下降趋势，经济发展质量效益不断改善（见图6）。

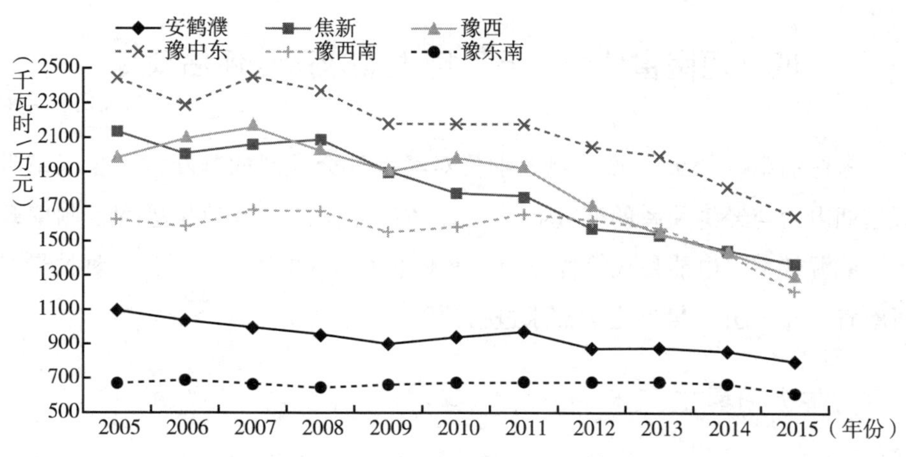

图6　2005~2015年河南各区域单位产值电耗

（二）各区域电力消费弹性系数分析

2005~2015年，各区域电力消费弹性系数呈波动下降趋势。其中豫中东、豫西南弹性系数下降幅度最大，分别为2.48、2.44；安鹤濮区域弹性系数下降幅度最小。2015年，除焦新、豫东南区域弹性系数为正值外，其他区域皆为负值（见图7）。

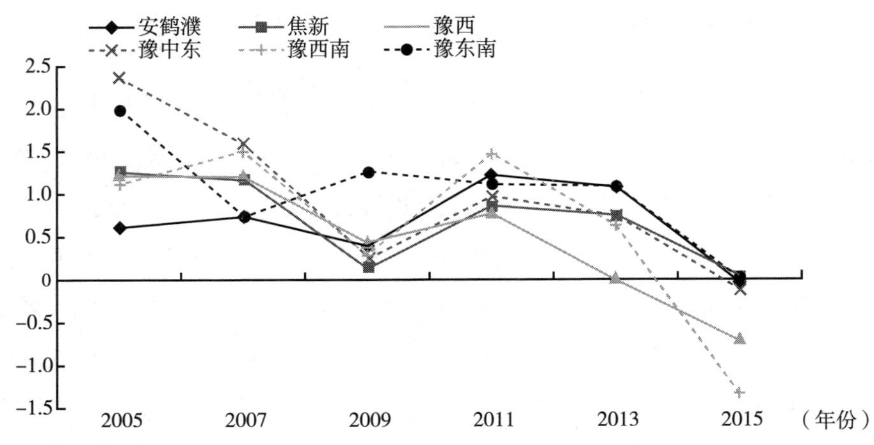

图7 2005～2015年河南各区域电力消费弹性系数

四 河南省“十三五”电力需求形势评估预测

考虑河南省“十三五”规划纲要对经济社会发展的判断，结合河南省近远期电力与经济关系的变化特征，评估产业发展、城镇化进程、制度政策、能源效率、电能替代等各方面因素对电力需求的影响，设计三种情景对河南省“十三五”期间电力需求进行预测。

（一）情景一

全省生产总值年均增长8%，高于全国1～1.5个百分点，产业转型升级取得新突破，服务业增加值比重达到45%，提高5.5个百分点；常住人口城镇化率达到56%，提高9.2个百分点，郑州市作为国家中心城市，经济聚集效应进一步显现；电能替代推进顺利，达到600亿千瓦时电量目标，新一轮农网改造升级释放农村用电潜能；城乡电气化水平稳步提升，空调保有量增长较快；国资国企改革、电力体制改革释放改革红利，全省经济活动进一步活跃；单位 GDP 电耗进一步下降，能源效率得到提升。预计 2020 年全省全社会用电量 4020 亿千瓦时，“十三五”年均增速为 6.9%。

（二）情景二

全省生产总值年均增长 7.5%，高于全国 1 个百分点。电能替代小于 600 亿千瓦时电量目标，其他条件同情景一。预计 2020 年全省全社会用电量 3880 亿千瓦时，“十三五”年均增速为 6.1%。

（三）情景三

在情景二的基础上，考虑产业结构转型升级快速推进，第二产业比重下降 2 个百分点，第三产业比重提高 2 个百分点，预计 2020 年全省全社会用电量 3760 亿千瓦时，“十三五”年均增速为 5.5%。

综上所述，预计全省 2020 年全社会用电量为 3760 亿 ~4020 亿千瓦时，“十三五”年均增速 5.5% ~6.9%。

五　主要结论

电力需求与经济增长的关系，在新常态下被赋予新的内涵。近年来，随着经济形势的深刻变化，资源禀赋条件逐渐改变，经济结构调整和发展转型逐步加快，使得在新时期的电力与经济关系发生了改变。因此，明晰其阶段性特征有利于科学判断经济和电力发展形势。

（一）河南省电力需求与经济发展紧密相关

全省电力需求受经济活动、社会发展影响较大，是经济发展的“晴雨表”。从总量来看，全省 GDP 与全社会用电量的相关系数接近于 1，GDP 与电力需求之间存在长期的稳定关系，用电量每变动 1%，经济增长同向变动 1.07%。从增速来看，全省 GDP 增速和全社会用电量增速阶段特征明显，两者变动趋势总体基本一致，但用电量增速波动幅度比经济增速波动幅度大得多，用电量增速更敏感、先导性更强。从结构来看，全省经济结构和用电结构变动高度正相关，当用电结构发生变化时，经济结构会发生同向的、更大幅度的变化。

（二）河南省经济发展质量效益不断提升

在技术进步、产业结构升级的推动作用下，全省经济发展的质量效益不断得到改善，度电产值由2010年的9.81元/千瓦时提高到2015年的12.85元/千瓦时，提高了近31%。分区域来看，2005～2015年，各区域单位产值电耗总体呈现下降趋势，其中豫中东、焦新、豫西、豫西南等区域的单位产值电耗下降幅度较大。

（三）河南省电力需求随经济发展增长潜力较大

随着中原城市群、中国（河南）自由贸易试验区等国家战略规划的实施和战略平台的建设，全省经济发展新动力将加快孕育成长，经济发展将保持良好态势。经济的平稳增长、新旧动力的转换、城镇化率和电能占终端能源消费比重的提升，将促进全省电力需求较快发展，预计“十三五”期间全省全社会用电量年均增速在5.5%～6.9%，增长潜力较大。

（四）河南省电力需求与经济发展背离是近期阶段性现象

在经济发展回调期（2012年至今），全省用电量增速、经济增速同步下降，但用电量增速下降幅度更大，两者之间出现了背离现象。河南省工业化阶段的产业结构调整升级对经济、电力的差异化影响，是造成现阶段河南省GDP和用电量增速背离的根本原因，高耗能行业不景气是关键影响因素，当剔除高耗能行业的影响后，河南省GDP和用电量增速背离现象基本消失。新常态下电力与经济关系的新变化显示出经济进入转型发展新阶段后结构调整取得积极进展。

参考文献

N. 格里高利·曼昆：《宏观经济学》，卢远瞩译，中国人民大学出版社，2011。

孙敬水主编《计量经济学》，清华大学出版社，2004。

河南省人民政府：《关于印发河南省国民经济和社会发展第十三个五年规划纲要的通知》（豫政〔2016〕22号），2016年3月28日。

国网河南省电力公司经济技术研究院：《2016河南能源经济与电力发展研究报告》，中国电力出版社，2016。

国网河南省电力公司经济技术研究院：《河南省区域经济与电力布局协调性研究》，河南人民出版社，2015。

B.12
河南省能源效率综合评估

尹　硕*

摘　要：　受环境资源约束，河南省能源对外依存度逐步提升，提高能源效率是减缓能源消费增长的重要途径。本文以单位 GDP 能耗为指标，对全省分地区和分产业的能源利用效率进行分析，明确河南省能效提升的重点地区和行业；基于全要素能源效率评价方法和多元回归模型，本文分别从投入产出、环境约束和创新驱动视角评价河南省“十二五”期间能源效率，与全国各省横向对比结果显示：河南省能源效率处于中下游水平，能效提升路径需要进一步优化。

关键词：　河南省　能源效率　全要素能源效率　综合评估

河南省是能源大省和人口大省，能源生产和消费分别位列全国第 7 位和第 5 位。受资源环境约束，河南省能源对外依存度逐步提升，提高能源效率是减缓能源消费增长速度的重要途径。为实现能源可持续发展，河南需对全省能源利用现状进行分析，分别从投入产出、环境约束和创新驱动视角对能源效率进行评估，并与全国进行对比分析，找出差距，以期进一步提升全省能源利用效率。

---

* 尹硕，国网河南省电力公司经济技术研究院经济师，经济学博士，研究方向为能源经济、电力经济技术。

一　河南省能源利用效率评估

（一）河南省能源利用效率总体情况

河南省能源利用效率逐年提升，单位 GDP 能耗逐步下降，从 2010 年的 0.805 吨标准煤/万元下降到 2015 年的 0.633 吨标准煤/万元，平均每年下降 4.70%，整体降幅 21.4%（见图 1），超额完成全国“十二五”规划中单位 GDP 能耗要降低 16% 的要求。

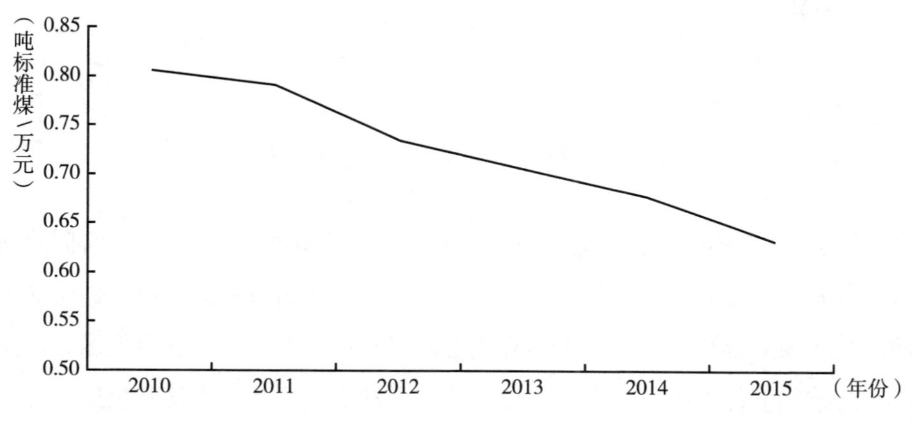

图 1　河南省单位 GDP 能耗走势

（二）河南省能源利用效率的区域评估

河南省能源利用效率区域差异化明显。各市的能耗水平都呈下降趋势，但地区间能源利用效率水平很不均衡①，存在较大差异。基于河南省 18 个地级市的能源数据，笔者对各地市能耗水平进行分析对比。2015 年周口市单位增加值能耗水平最低，济源市最高；从历年降幅看，周口市成效最大，

① 用规模以上工业的单位增加值能耗来衡量各地市的能源利用效率，以 2010 年不变价计算。

2010 年以来整体降幅达 24.6%，驻马店市整体降幅最小，约下降 6.0%。根据各地市能源效率水平，本文以 2015 年单位增加值能耗平均水平和 2010 年以来能耗年均降幅均值为界，将全省 18 个地市分为 3 类地区（见图 2）。

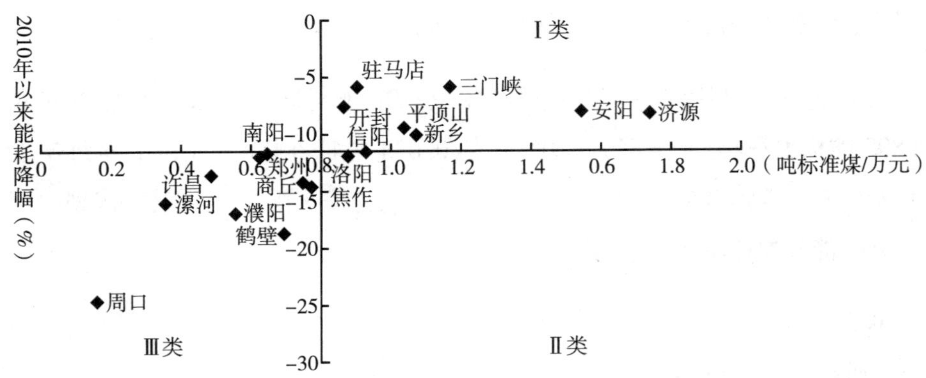

图 2　全省各地市能源利用效率情况

（1）Ⅰ类城市。能耗高于平均水平且年均降幅较小的城市，包括开封市、济源市、安阳市、三门峡市、驻马店市、平顶山市和新乡市。由于这类城市能耗高降幅小，是下一步提升全省能源利用效率水平的重点地区，需要密切监控其能耗水平，重点研究提升的方向和实现路径，促使其快速转变发展方式，优化能源利用方式，提升能源利用水平。

（2）Ⅱ类城市。能耗水平较高但年均降幅较大的城市，包括信阳和洛阳市。这类城市虽能耗偏高但能耗降幅大，有较大能源效率提升潜力，这类地区应巩固已有的发展成效，并从政策等方面加以引导，使其能耗水平进一步下降。

（3）Ⅲ类城市。能耗水平较低且年均降幅也较大的城市，包括郑州市、焦作市、南阳市、商丘市、许昌市、漯河市、濮阳市、鹤壁市和周口市。这类城市能耗低降幅大，能源利用效率较高，是对现阶段能源利用效率提升贡献度较高的地区。

总体来看，郑州市、焦作市、南阳市、商丘市、许昌市、漯河市、濮阳市、鹤壁市和周口市能耗低降幅大，能源利用效率较高；信阳和洛阳市虽能耗偏高但能耗降幅大，有较大能源效率提升潜力；开封市、济源市、安阳市、三门峡市、驻马店市、平顶山市和新乡市能耗高降幅小，是下一步提升全省能源利用效率水平的重点地区，需要密切监控其能耗水平，促使其快速转变能源发展方式。

（二）河南省能源利用效率的行业评估

行业不同其能源利用效率也存在显著差别。河南省整体能源利用效率的提升主要来自各行业能耗水平的大幅降低（见表 1）。2010 年，交通运输、仓储和邮政业单位增加值能耗高达 1.535 吨标准煤/万元，是能源利用效率最低的行业；工业单位增加值能耗为 1.373 吨标准煤/万元，能源利用效率排各行业倒数第二。至 2015 年，交通运输、仓储和邮政业单位增加值能耗降至 1.354 吨标准煤/万元，平均每年下降 2.49%；而工业单位增加值能耗降至 0.840 吨标准煤/万元，平均每年降低 9.37%，降幅显著（见图 3）。

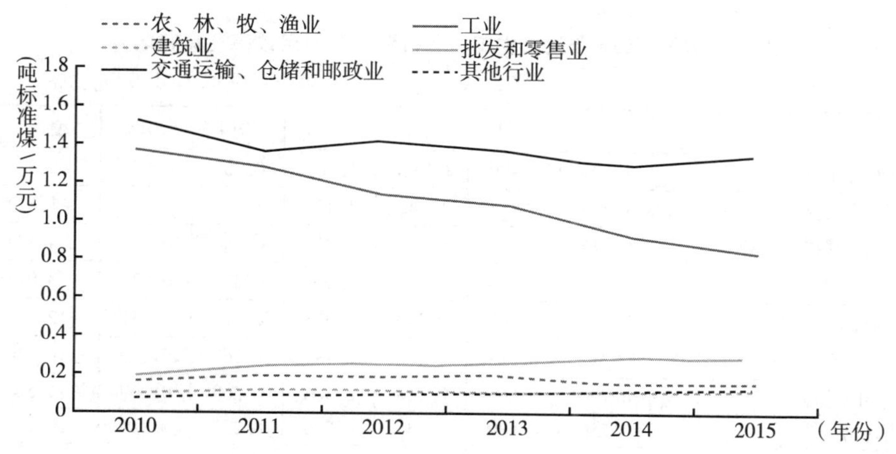

图 3　2010～2015 年河南省各行业能源利用效率及其变化

工业是提升能源利用效率的重点领域。工业是河南省发展的重要支柱产业，行业间能源利用效率存在较大差异（见表 2）。2015 年，能耗最高的 5 个行业分别是电力、热力的生产和供应业（12.227 吨标准煤/万元），黑色金属冶炼及压延加工业（2.217 吨标准煤/万元），有色金属冶炼及压延加工业（2.192 吨标准煤/万元），化学原料及化学制品制造业（2.156 吨标准煤/万元）与石油和天然气开采业（1.613 吨标准煤/万元），由于这几大行业能耗水平仍处于高位，将是全省下一步提升能源效率需要关注的重点行业。

表 1　2010～2015 年河南省各行业能源利用效率及其变化

单位：吨标准煤/万元，%

单位增加值能耗＼年份	2010	2011	2012	2013	2014	2015	增长率
农、林、牧、渔业	0.167	0.191	0.197	0.201	0.157	0.166	-0.131
工业	1.373	1.288	1.143	1.093	0.925	0.840	-9.368
建筑业	0.102	0.126	0.115	0.117	0.115	0.135	5.698
批发和零售业	0.194	0.253	0.262	0.259	0.295	0.298	8.930
交通运输、仓储和邮政业	1.535	1.370	1.422	1.367	1.294	1.354	-2.486
其他行业	0.077	0.096	0.104	0.109	0.108	0.122	9.467

资料来源：《河南统计年鉴》。
说明：增加值采用 2010 年不变价计算。

表 2　2010～2015 年河南省工业各行业能源利用效率及其变化

单位：吨标准煤/万元，%

行业＼年份	2010	2011	2012	2013	2014	2015	增速
煤炭开采和洗选业	1.192	0.990	0.996	1.009	0.905	0.859	-6.329
石油和天然气开采业	1.750	1.816	1.442	1.476	1.458	1.613	-1.613
黑色金属矿采选业	0.276	0.305	0.255	0.212	0.186	0.127	-14.384
有色金属矿采选业	0.155	0.144	0.111	0.090	0.084	0.077	-13.016
非金属矿采选业	0.257	0.401	0.340	0.308	0.310	0.131	-12.667
农副食品加工业	0.377	0.312	0.228	0.189	0.162	0.150	-16.850
食品制造业	0.796	0.564	0.355	0.306	0.269	0.269	-19.501
饮料制造业	0.756	0.630	0.435	0.370	0.295	0.245	-20.200
烟草制品业	0.039	0.032	0.026	0.025	0.025	0.024	-9.218
纺织业	0.435	0.430	0.284	0.240	0.211	0.183	-15.897
纺织服装、鞋、帽制造业	0.188	0.176	0.134	0.116	0.116	0.104	-11.200
皮革、毛皮、羽毛(绒)及其制品业	0.324	0.284	0.234	0.189	0.174	0.148	-14.434
木材加工及木、竹、藤、棕、草制品业	0.388	0.324	0.261	0.218	0.203	0.189	-13.414

续表

行业＼年份	2010	2011	2012	2013	2014	2015	增速
家具制造业	0. 132	0. 136	0. 124	0. 116	0. 080	0. 077	-10. 227
造纸及纸制品业	1. 776	1. 584	1. 180	0. 928	0. 744	0. 605	-19. 377
印刷业和记录媒介的复制	0. 209	0. 160	0. 137	0. 139	0. 131	0. 127	-9. 381
文教体育用品制造业	0. 086	0. 082	1. 268	1. 085	0. 781	0. 695	51. 789
石油加工、炼焦及核燃料加工业	1. 646	1. 631	1. 350	1. 251	1. 316	1. 320	-4. 324
化学原料及化学制品制造业	2. 968	2. 904	2. 510	2. 287	2. 292	2. 156	-6. 195
医药制造业	0. 590	0. 603	0. 475	0. 362	0. 294	0. 245	-16. 158
化学纤维制造业	3. 001	1. 663	1. 586	1. 319	1. 131	1. 173	-17. 132
橡胶和塑料制品业	0. 575	0. 480	0. 335	0. 275	0. 215	0. 364	-20. 557
非金属矿物制品业	1. 220	1. 079	0. 894	0. 871	0. 736	0. 670	-11. 290
黑色金属冶炼及压延加工业	3. 237	2. 753	2. 525	2. 370	2. 451	2. 217	-7. 292
有色金属冶炼及压延加工业	3. 412	3. 007	2. 520	2. 640	2. 444	2. 192	-8. 474
金属制品业	0. 438	0. 362	0. 428	0. 211	0. 221	0. 189	-15. 515
通用设备制造业	0. 341	0. 289	0. 087	0. 103	0. 065	0. 058	-29. 935
专用设备制造业	0. 347	0. 279	0. 196	0. 143	0. 113	0. 104	-21. 445
交通运输设备制造业	0. 485	0. 340	0. 224	0. 195	0. 147	0. 121	-24. 241
电气机械及器材制造业	0. 612	0. 535	0. 393	0. 341	0. 221	0. 168	-22. 758
通信设备、计算机及其他电子设备制造业	0. 567	0. 190	0. 056	0. 056	0. 047	0. 043	-40. 232
仪器仪表及文化、办公用机械制造业	0. 129	0. 112	0. 076	0. 055	0. 042	0. 036	-22. 699
工艺品及其他制造业	0. 250	0. 160	0. 037	0. 042	0. 015	0. 007	-50. 505
废弃资源和废旧材料回收加工业	0. 838	0. 337	0. 196	0. 157	0. 162	0. 146	-29. 461
电力、热力的生产和供应业	12. 64	13. 30	13. 61	13. 12	12. 68	12. 227	-0. 673
燃气生产和供应业	2. 012	1. 732	1. 046	0. 738	0. 172	0. 202	-36. 857
水的生产和供应业	0. 506	0. 424	0. 415	0. 417	0. 358	0. 457	-1. 991
平均	1. 487	1. 330	1. 086	0. 991	0. 888	0. 803	-8. 180

资料来源：《河南统计年鉴》规模以上工业企业的数据加总得；年均值采用加权平均，权重为各行业增加值占增加值总数的比重。

根据2015年单位增加值能耗和2010年以来年均能耗降幅，本文将工业38个行业分为4类（见表3）。

表3 河南省各行业能源效率的情况

		单位增加值能耗(2015年)	
		低于平均水平	高于平均水平
年均能耗下降幅度	高于平均水平	黑色金属矿采选业;有色金属矿采选业;非金属矿采选业;农副食品加工业;食品制造业;饮料制造业;烟草制品业;纺织业;纺织服装、鞋、帽制造业;皮革、毛皮、羽毛(绒)及其制品业;木材加工及木、竹、藤、棕、草制品业;家具制造业;造纸及纸制品业;印刷业和记录媒介的复制;医药制造业;橡胶和塑料制品业;非金属矿物制品业;金属制品业;通用设备制造业;专用设备制造业;交通运输设备制造业;电气机械及器材制造业;通信设备、计算机及其他电子设备制造业;仪器仪表及文化、办公用机械制造业;工艺品及其他制造业;废弃资源和废旧材料回收加工业;燃气生产和供应业	化学纤维制造业 有色金属冶炼及压延加工业
	低于平均水平	文教体育用品制造业 水的生产和供应业	煤炭开采和洗选业;石油和天然气开采业;石油加工、炼焦及核燃料加工业;化学原料及化学制品制造业;黑色金属冶炼及压延加工业;电力、热力的生产和供应业

（1）Ⅰ类行业。单位增加值能耗较低且年均能耗降幅较大，包括有色金属矿采选业等27个行业，是对目前能效提升贡献度较高的行业，可继续加大提升力度，并巩固现有成果。

（2）Ⅱ类行业。单位增加值能耗较低且年均能耗降幅较小，包括文教体育用品制造业、水的生产和供应业2个行业，表明这类行业能耗水平降低的空间有限，可继续巩固现有成果。

（3）Ⅲ类行业。单位增加值能耗较高且年均能耗降幅较大，包括化学纤维制造业、有色金属冶炼及压延加工业 2 个行业，表明这类行业能耗水平降低的空间较大，可采取措施，进一步提高能源利用效率。

（4）Ⅳ类行业。单位增加值能耗较高且能耗降幅较小，包括煤炭开采和洗选业等6 个行业，这类行业是下一阶段能效提升的关键行业，应密切监控，查找问题，并从政策上积极引导，促使其转变发展模式，提升能源利用效率。

从行业上看，有色金属矿采选业等 27 个行业，单位增加值能耗较低且年均能耗降幅较大，是对目前能效提升贡献度较高的行业；文教体育用品制造业、水的生产和供应业，单位增加值能耗较低且年均能耗降幅较小，表明这类行业能耗水平降低的空间有限；化学纤维制造业、有色金属冶炼及压延加工业 2 个行业，单位增加值能耗较高且年均能耗降幅较大，表明这类行业能耗水平降低的空间较大，可采取措施进一步提高能源利用效率；煤炭开采和洗选业等 6 个行业，单位增加值能耗较高且能耗降幅较小，这类行业是下一阶段能效提升的关键行业。

（三）河南省能源利用效率对比分析

全要素能源效率是指将能源作为一种投入指标的全要素生产率。全要素能源效率能够弥补由单一指标进行能源效率分析的不足，将能源效率纳入社会总投入与总产出的框架进行分析，可以将其定义为在能源投入外的其他要素保持不变的前提下，最佳生产实践的产出所需的目标能源投入量与实际投入量的比值，取值在 0 ~ 1 之间，越接近于 1，说明在劳动、资本等要素投入以及总产出一定的情况下，能源效率越高；越接近于 0，说明在劳动、资本等要素投入以及总产出一定的情况下，能源效率越低。

本文对河南省的能源效率与全国其他各省区市能源效率水平进行对比分析，基于方向距离函数模型（DDF）的基本架构，测算 2010 ~ 2014 年全国各省区市的全要素能源效率。方向距离函数是对径向 DEA 模型的一般化表达，它允许在增加合意产出的同时减少非合意产出；非径向方向距离函数（NDDF）放松了早期 DDF 框架中合意产出与非合意产出必须等比例变动的限制；全要素非径向方向距离函数（TNDDF）进一步将资本和劳动力纳入能源效率的分析框架，构成了能源效率综合分析的基础①。

假定规模报酬不变，以各省区市为决策单元（DMU），每个省区市投入资本（K）、劳动力（L）和能源（E），产出统一以货币计价加总为地区生产总值（Y），以某个省区 DUM_k 为例，方向距离函数的规划式为：

$$
\begin{gathered}
max\beta \\
s.t. \\
X \cdot \lambda + \beta \cdot g_x \leqslant x_k \\
Y \cdot \lambda + \beta \cdot g_y \geqslant y_k \\
\lambda \geqslant 0
\end{gathered} \tag{1}
$$

其中，x_k 是 DUM_k 的投入向量，y_k 是 DUM_k 的产出向量，g_x 和 g_y 分别刻画了投入和产出变动的情况，β 是对无效率的测度，它受方向向量长度的影响，因此，可以将方向距离函数效率值定义为：

$$
\theta_k = \frac{1 - \sum_{i=1}^{m} w_i^I \beta g_{xi} / x_{ik}}{1 - \sum_{r=1}^{q} w_r^o \beta g_{yr} / y_{yk}} \tag{2}
$$

θ_k 可以直接用于衡量效率。其中，$w_i{}^I$ 表示对第 i 种投入的权数；而 $w_r{}^O$ 为第 r 种产出的权数，体现不同指标的重要程度，m、q 分别指投入和产出的种类数目，这里 $m=3$，$q=1$。选取的权重矩阵（$w_1{}^I$，$w_2{}^I$，$w_3{}^I$，$w_1{}^O$）=（1/6,1/6，1/6，1/2），其含义是将各种投入和产出进行均等对待，即投入和产出同等重要，两者各赋予 1/2 的权重；考虑到共有 3 种投入，将投入部分的权重进一步平均赋予资本、劳动和能源，即各种投入的权重分别为 1/6。

从全国各省区市全要素能源效率得分可以看出，在未考虑环境约束的情况下，北京市能源利用效率最高，广东和江苏分列第 2、3 位。河南省能源利用效率处于中下水平，2010 年河南省能源效率得分 0.497，列全国第 18 位；2014 年得分 0.460，仍居全国第 18 位，与先进省份还存在较大差距，仍需继续提升（见表 4）。

① 本节暂未考虑环境约束的影响，对环境约束下的全要素能源效率分析参见下一小节。

表 4 全国各省区市全要素能源效率得分及排名

省区市	2010 年		省区市	2014 年	
	得分	排名		得分	排名
北 京	1	1	北 京	1	1
广 东	0. 843	2	广 东	0. 734	2
江 苏	0. 810	3	江 苏	0. 698	3
浙 江	0. 792	4	浙 江	0. 683	4
福 建	0. 755	5	上 海	0. 681	5
上 海	0. 749	6	福 建	0. 636	6
江 西	0. 740	7	江 西	0. 625	7
山 西	0. 733	8	天 津	0. 618	8
天 津	0. 667	9	山 西	0. 616	9
湖 南	0. 627	10	湖 南	0. 565	10
安 徽	0. 595	11	湖 北	0. 537	11
重 庆	0. 562	12	重 庆	0. 532	12
广 西	0. 554	13	广 西	0. 527	13
湖 北	0. 531	14	吉 林	0. 516	14
山 东	0. 531	15	安 徽	0. 513	15
陕 西	0. 520	16	四 川	0. 505	16
吉 林	0. 515	17	山 东	0. 484	17
河 南	0. 497	18	河 南	0. 460	18
四 川	0. 473	19	陕 西	0. 450	19
辽 宁	0. 455	20	辽 宁	0. 420	20
黑龙江	0. 434	21	黑龙江	0. 403	21
云 南	0. 410	22	云 南	0. 393	22
河 北	0. 365	23	河 北	0. 321	23
内蒙古	0. 343	24	贵 州	0. 306	24
贵 州	0. 342	25	内蒙古	0. 296	25
甘 肃	0. 323	26	甘 肃	0. 291	26
海 南	0. 277	27	海 南	0. 206	27
新 疆	0. 270	28	新 疆	0. 199	28
青 海	0. 259	29	青 海	0. 185	29
宁 夏	0. 226	30	宁 夏	0. 178	30

说明：表格中的效率得分即式（2）中的效率值 θ_k。

资料来源：《新中国 60 年统计资料汇编》和《中国统计年鉴》；物质资本存量的计算采用了永续盘存法，在单豪杰（2008）的基础上推至 2014 年；物质基本存量和实际 GDP 均以 1952 年不变价计算。

二　环境约束下的河南省能源效率评估

伴随着经济的快速发展，特别是工业化的不断推进，河南省能源消费快速增长，以化石能源为主的能源生产和消费方式带来了日益严重的环境污染和生态破坏。化石能源的生产、运输、加工转换及使用，对空气、水、土壤等生态环境资源造成了严重的污染和破坏。化石能源的开采引发地下水位下降，大量污染物进入水体破坏水资源，使得土地变得贫瘠，植被破坏，生态系统受损。化石能源燃烧排放的大量烟尘、二氧化硫、氮氧化物等大气污染物，导致灰霾、酸雨等环境污染，严重危害了人们的身心健康。本节定量分析了河南省能源消费对环境的影响，并利用方向距离函数模型进一步测算环境约束下“十二五”期间河南省的全要素能源效率。

（一）河南省能源消费对环境的影响分析

能源消费伴随着一定程度的污染，笔者通过计量分析来定量研究能源消费对环境影响的程度，设定多元回归模型。

$$pollution_i = \beta_0 + \beta_1 EC_i + \beta_2 pcgdp_i + \beta_3 pcgdp_i^2 + \beta_4 fdi_i + \varepsilon_i \qquad (3)$$

其中，*pollution* 指环境污染，本文将分别用废水 COD 排放量、废水中氨氮化物排放量、二氧化硫排放量、氮氧化物排放量和烟（粉）尘排放量进行衡量；*EC* 是能源消费量，是核心变量；*pcgdp* 指人均 GDP。*fdi* 为外商直接投资；ε 是随机扰动项。基于河南省 18 个地级市的能源、环境数据，本文对河南省能源消费的环境影响进行模拟测算，结果详见表 5。

从回归分析结果可以看出，河南省每消费 100 万吨标准煤，会产生废水 COD 排放量 0.362 万吨，废水中氨氮化物排放量 0.040 万吨，二氧化硫排放量 0.710 万吨，氮氧化物排放量 0.509 万吨，烟（粉）尘排放量 0.833 万吨。由此可见，河南省能源消费对环境的影响非常显著。

表 5　河南 18 个地级市能源消费对环境的影响

类别	(1) 废水 COD 排放量	(2) 废水中氨氮化物排放量	(3) 二氧化硫排放量	(4) 氮氧化物排放量	(5) 烟(粉)尘排放量
能源消费	0. 362 *** (2. 577)	0. 040 *** (2. 676)	0. 710 *** (7. 606)	0. 509 *** (5. 729)	0. 833 *** (11. 544)
FDI	0. 020 (1. 246)	0. 003 * (1. 675)	-0. 007 (-0. 633)	0. 039 *** (3. 735)	-0. 048 *** (-5. 760)
人均 GDP	-1. 930 (-1. 111)	-0. 294 (-1. 599)	2. 057 * (1. 785)	0. 392 (0. 357)	-0. 306 (-0. 343)
人均 GDP^2	0. 069 (0. 372)	0. 017 (0. 855)	-0. 233 * (-1. 890)	-0. 071 (-0. 603)	0. 021 (0. 222)
常数项	7. 928 ** (2. 304)	0. 983 *** (2. 702)	-3. 576 (-1. 566)	0. 430 (0. 198)	0. 683 (0. 387)
N	28	28	28	28	28
adj_R^2	0. 8882	0. 8543	0. 8217	0. 8626	0. 8380
F	5. 28	6. 62	32. 10	43. 37	35. 91

说明：括号中是 t 值；* 表示在 10% 水平上显著，** 表示在 5% 水平上显著，*** 表示在 1% 水平上显著。

（二）环境约束下的能源效率评估

在测度能源效率时，统筹考虑废水中化学需氧物排放量、废气中二氧化硫排放量和烟（粉）尘排放量等污染物排放指标，将其作为非合意的产出纳入投入－产出分析框架。

假定规模报酬不变，以各省区市为决策单元（DMU），每个省区市投入资本（K）、劳动力（L）和能源（E）。产出分为两类，一种是合意产出，用各省地区生产总值衡量（Y）；另一种是非合意产出，分别用废水中化学需氧物排放量、废气中二氧化硫排放量和烟（粉）尘排放量衡量（用向量 B 表示）。以某个省区市 DUM_k 为例，引入非合意产出后方向距离函数模型的规划式为：

$$max\beta$$

$$
\begin{aligned}
& s.t. \\
& X \cdot \lambda + \beta \cdot g_x \leqslant x_k \\
& Y \cdot \lambda + \beta \cdot g_y \geqslant y_k \\
& \beta \cdot \lambda + \beta \cdot g_b = b_k \\
& \lambda \geqslant 0
\end{aligned} \tag{4}
$$

其中，x_k是 DUM_k的投入向量，y_k是 DUM_k的合意产出向量，b_k是 DUM_k的非合意产出向量。g_x、g_y和 g_b是方向向量，分别刻画了投入、合意产出和非合意产出变动的情况，β 是对无效率的测度，但它受方向向量长度的影响，在引入非合意产出后，方向距离函数效率值进一步修正为：

$$
\theta_k = \frac{1 - \sum_{i=1}^{m} w_i^I \beta g_{xi} / x_{ik}}{1 + [\sum_{r=1}^{q} w_i^G \beta g_{yr} / y_{rk} + \sum_{t=1}^{p} w_i^B \beta(-g_{bt}) / b_{tk}]} \tag{5}
$$

θ_k 可以直接用于衡量效率。其中，$w_i{}^I$表述对第 i 种投入的权数，$w_r{}^G$为第 r 种合意产出的权数，$w_t{}^B$为第 t 种非合意产出的权数。上述权数的作用在于体现不同指标的重要程度，可构造权重矩阵（$w_1{}^I$，$w_2{}^I$，$w_3{}^I$，w_1^G，w_1^B，$w_2{}^B$，$w_3{}^B$）。

考虑环境约束后，在对投入产出各指标赋权时，将权重矩阵设定为(1/9，1/9，1/9，1/3，1/9，1/9，1/9)，其含义是将各种投入、合意产出和非合意产出均平等对待，各赋予 1/3 的权重；考虑到共有 3 种投入，将投入部分的权重进一步平均赋予资本、劳动和能源，即各种投入的权重分别为 1/9；对非合意产出也做同样处理，将废水中化学需氧物排放量、废气中二氧化硫排放量和烟（粉）尘排放量各赋予 1/3 的权重。考虑环境约束后，全国各省区市全要素能源效率测算结果详见表 6。

与未考虑环境约束相比，环境约束下全国各省区市的能源效率得分及排名有较大变化。将环境污染作为非合意的产出后，2010 年，福建、上海和江西是处于效率排名前列的省份，即处于能源效率的最佳水平，广东和北京分列第 4、5 位，河南列第 23 位。2014 年福建和上海仍然是能源效率最高的省份，随着北京高耗能行业外迁，北京市的能源效率提升到第三位，而河南省仍列全国第23位，与全国最优水平的差距进一步扩大（见表6）。可见，将环境约束纳入评价体系后，河南省的能源效率处于全国落后水平，说明河南省目前的能源利用方式和产业体系仍然较为粗放与滞后，经济结构以及能源结构的转型进度滞后于全国平均水平，河南省需要加快推进产业结构转型升级，加速提升清洁能源消费比重。

表6　环境约束下全国各省区市全要素能源效率得分及排名

地区	2010年		地区	2014年	
	得分	排名		得分	排名
福　建	1	1	福　建	1	1
上　海	1	1	上　海	1	1
江　西	1	1	北　京	0.914	3
广　东	0.893	4	广　东	0.906	4
北　京	0.869	5	云　南	0.899	5
云　南	0.861	6	江　苏	0.872	6
江　苏	0.855	7	江　西	0.857	7
四　川	0.83	8	四　川	0.853	8
浙　江	0.828	9	浙　江	0.824	9
海　南	0.82	10	海　南	0.812	10
重　庆	0.803	11	重　庆	0.792	11
湖　南	0.8	12	贵　州	0.774	12
贵　州	0.798	13	湖　南	0.772	13
山　东	0.795	14	宁　夏	0.765	14
宁　夏	0.791	15	山　东	0.747	15
山　西	0.787	16	山　西	0.742	16
黑龙江	0.771	17	黑龙江	0.74	17
天　津	0.763	18	天　津	0.736	18
陕　西	0.756	19	陕　西	0.735	19
安　徽	0.752	20	安　徽	0.734	20
湖　北	0.751	21	湖　北	0.733	21
甘　肃	0.746	22	甘　肃	0.73	22
河　南	0.741	23	河　南	0.721	23
内蒙古	0.741	24	吉　林	0.721	24
广　西	0.74	25	广　西	0.708	25
青　海	0.715	26	青　海	0.707	26

续表

地区	2010 年		地区	2014 年	
	得分	排名		得分	排名
吉　林	0.715	27	内蒙古	0.707	27
新　疆	0.699	28	辽　宁	0.707	28
辽　宁	0.697	29	新　疆	0.689	29
河　北	0.689	30	河　北	0.678	30

说明：a. 表格中的效率排名即式（5）中的效率值 θ_k，权重矩阵为（1/9，1/9，1/9，1/3，1/9，1/9，1/9）；b. 物质资本存量的计算采用了永续盘存法，采用了单豪杰（2008）的方法；c. 物质基本存量和实际 GDP 均以 1952 年不变价计算。

资料来源：《新中国 60 年统计资料汇编》和《中国统计年鉴》。

三　创新驱动下的河南省能源效率评估

供给侧结构性改革的核心是处理好政府和市场的关系，使市场在资源配置中起决定性作用，以期通过一系列的结构调整，促进大众创新、万众创业，并实现提质增效。从全省来看，产业结构中传统产业特别是能源原材料产业占比较大，创新能力不足、竞争力不强，需要着力提升技术创新对经济增长的贡献率。为定量研究供给侧结构性改革对提高能源效率、减少污染的有效性，本文在式（3）的基础上，引入供给侧相关指标，构建联立方程：

$$\begin{cases} pollution_i = \beta_0 + \beta_1 EC_i + \beta_2 pcgdp_i + \beta_3 pcgdp_i^2 + \beta_4 fdi_i + \varepsilon_i \\ EC_i = \alpha_0 + \alpha_1 INN_i + \alpha_2 ES_i + \alpha_3 IS_i + \alpha_4 OP_i + \alpha_5 DEN_i + \xi_i \end{cases} \tag{6}$$

其中，第一个方程着重考虑能源消费对环境污染的影响。*pollution* 指环境污染，*EC* 为能源消费，*pcgdp* 指人均 GDP，*fdi* 为外商直接投资。第二个方程主要考虑供给侧结构性改革相关指标对能源消费的影响。*INN* 指创新，用每万人专利申请数衡量；*ES* 指企业家创业精神，用个体和私营企业人数占全部城镇就业人数中的比重来衡量；*IS* 为产业结构，用第三产业增加值占地区生产总值的比重衡量；*OP* 指开放度，即开放格局，用 FDI 和固定资产投资之比来衡量；*DEN* 指人口密度，用于衡量经济活动的集聚程度，即空间结构。整个方程组用于描述创新等供给侧结构性改革的主要因素对能源消费、环境污染的影响。

基于三阶段最小二乘法（3SLS），用河南省 18 个地级市数据对上述模型进行了拟合，结果详见表 7。

表 7　创新驱动下的河南省能源效率评价

类别	(1-A) 废水 COD 排放量	(2-A) 废水中氨氮化物排放量	(3-A) 二氧化硫排放量	(4-A) 氮氧化物排放量	(5-A) 烟(粉)尘排放量
能源消费	0.169 (0.857)	0.031 (1.506)	0.497*** (3.843)	0.402*** (3.235)	0.813*** (8.012)
FDI	0.034* (1.706)	0.003† (1.624)	0.008 (0.603)	0.046*** (3.683)	-0.047*** (-4.626)
GDP	-1.628 (-0.906)	-0.295† (-1.550)	2.480** (2.121)	0.538 (0.474)	-0.306 (-0.329)
GDP^2	0.048 (0.252)	0.017 (0.868)	-0.266** (-2.163)	-0.080 (-0.670)	0.022 (0.228)
常数项	7.840** (2.253)	1.011*** (2.739)	-3.854* (-1.700)	0.426 (0.194)	0.740 (0.410)
R^2	0.4407	0.5285	0.8181	0.8764	0.8615
χ^2	18.71	26.48	104.30	182.11	104.46
	(1-B) 能源消费	(2-B) 能源消费	(3-B) 能源消费	(4-B) 能源消费	(5-B) 能源消费
创新	2.117*** (3.708)	2.117*** (3.661)	2.559*** (4.678)	1.966*** (3.431)	2.134*** (3.655)
创业	-13.456* (-1.768)	-13.560* (-1.762)	-11.744† (-1.601)	-14.539* (-1.904)	-12.705† (-1.637)
产业结构	10.404 (0.529)	10.062 (0.504)	-0.866 (-0.046)	15.029 (0.761)	8.615 (0.427)
开放度	-26.245 (-0.411)	-29.117 (-0.451)	-62.121 (-1.006)	-10.843 (-0.169)	-30.890 (-0.475)
人口密度	0.663 (0.299)	0.858 (0.382)	-0.155 (-0.073)	0.768 (0.345)	0.805 (0.355)
常数项	4.459 (0.544)	4.577 (0.551)	8.213 (1.048)	3.131 (0.380)	4.772 (0.569)
R^2	0.5880	0.5878	0.5729	0.5866	0.5877
χ^2	41.67	41.54	45.47	41.66	40.36

说明：括号中表示的是 t 值；† 表示在 15% 水平上显著，* 表示在 10% 水平上显著，** 表示在 5% 水平上显著，*** 表示在 1% 水平上显著。

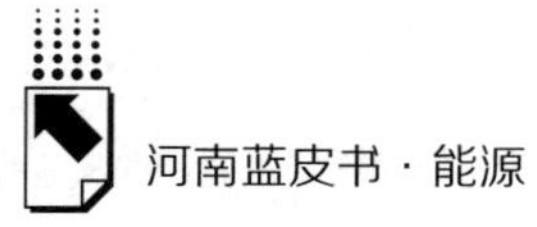

从测算结果可以看出，创新指标与河南省能源消费、环境污染指标都显著正相关；创业指标与能源消耗、环境污染指标都呈显著负相关，表明目前河南省仍处于粗放型技术进步发展路径，需要全力推进集约型创新模式。在技术进步路径转型背景下，积极鼓励大众创业对于降低河南省能源消费、促进节能减排将具有积极作用。

从河南省的能源产业创新情况来看，传统粗放型的技术创新方式没有充分考虑对环境污染的影响，而集约型的增长模式有助于提升能源品质和用能可靠性，要着力培育电动汽车分时共享、分布式能源站、智能微网等新模式、新业态，加大体制机制创新力度，激发能源发展活力；大众创业等市场化行为有助于减少能源消耗、提高能源效率，要着力激发民营企业的创新动力，孕育并突破大规模储能、高性能电池等前沿技术；在制度侧优化机制设计，结合供给侧结构性改革的要求，支持一批创新引领型企业，培育一批创新引领型人才，建设一批创新引领型平台，进一步鼓励社会资本参与能源市场和基础设施建设。

四　研究结论

（一）河南省能源效率提升成效显著

从整体上看，“十二五”期间河南省单位 GDP 能耗在逐步下降，而且降幅大于国家规划标准。在资源环境约束背景下，提高能源效率是减缓河南省能源消费增长速度的重要途径。2010 年以来，河南省单位 GDP 能耗逐步下降，从 2010 年的 0.805 吨标准煤/万元下降到 2015 年的 0.633 吨标准煤/万元，年均下降 4.70%，整体降幅 21.40%，超额完成全国“十二五”规划中单位 GDP 能耗降低 16% 的要求。

（二）河南省地区间能源效率差异较大

河南各地区能效提升差异明显，安阳、平顶山等能耗水平较高的城市是下一步提升能源利用效率的重点地区。郑州市、南阳市、商丘市、焦作市、许昌市、漯河市、濮阳市、鹤壁市和周口市能耗低降幅大，能源利用效率较高；信阳市和洛阳市虽然能耗偏高但能耗降幅大，有较大能源效率提升潜力；开封市、济源市、安阳市、三门峡市、驻马店市、平顶山市和新乡市能耗高降幅小，是下一步提升能源利用效率水平的重点地区，需要密切监控其能耗水平，促使其快速转变能源发展方式。

（三）高耗能行业是提高能效的重点行业

河南各行业能效提升差异较大，传统行业是下一阶段能效提升的关键行业。有色金属矿采选业等 27 个行业，单位增加值能耗较低且年均能耗降幅较大，是目前对能效提升贡献度较高的行业；文教体育用品制造业、水的生产和供应业，单位增加值能耗较低且年均能耗降幅较小，能耗水平降低的空间有限；化学纤维制造业、有色金属冶炼及压延加工业 2 个行业，单位增加值能耗较高且年均能耗降幅较大，能耗水平降低的空间较大，可采取措施，进一步提高其能源利用效率；煤炭开采和洗选业等 6 个行业，单位增加值能耗较大且能耗降幅较小，是下一阶段能效提升的关键行业。

（四）河南省能源效率与全国平均水平仍有差距

河南省能源利用效率与全国平均水平仍有差距，考虑环境约束后差距加大。未考虑环境约束的河南省能源利用效率处于全国中等偏下水平，距全国最优水平有较大差距。考虑环境约束后全国各省份的能源效率排名发生了较大变化，福建、上海和江西是能源消费效率较高的地区，而河南省能源效率进一步降低。与全国的能源效率对比可以看出，河南省目前的能源利用方式和产业体系仍然较为粗放，需要加快推进产业结构转型升级，加快提升清洁能源消费比重。

（五）供给侧结构性改革将进一步提升能源效率

供给侧结构性改革的核心是处理好政府和市场的关系，使市场在资源配置中起决定性作用，以期通过一系列的结构调整，促进大众创新、万众创业，并实现提质增效。河南省传统粗放型的技术创新方式没有充分考虑对环境污染的影响，而集约型的增长模式有助于提升能源品质和用能可靠性，要着力培育电动汽车分时共享、分布式能源站、智能微网等新模式、新业态，加大体制机制创新力度，激发能源发展活力；大众创业等市场化行为有助于减少能源消耗、提高能源效率，要着力激发民营企业的创新动力，孕育并突破大规模储能、高性能电池等前沿技术。在制度侧优化机制设计，结合供给侧结构性改革的要求，进一步鼓励社会资本参与能源市场和基础设施建设。

参考文献

林伯强、刘泓汛：《对外贸易是否有利亏提高能源环境效率——以中国工业行业为例》，《经济研究》2015 年第 9 期。

Chung, Y, H., Fare, R. and Grosskopf, S. "Productivity and Undesirable Outputs: A Directional Distance Function Approach". *Journal of Environmental Management*, 1997, 51: 229 – 240.

师博、沈坤荣：《市场分割下的中国全要素能源效率：基于超效率 DEA 方法的经验分析》，《世界经济》2008 年第 9 期。

魏楚、杜立民、沈满洪：《中国能否实现节能减排目标：基于 DEA 方法的评价与模拟》，《世界经济》2010 年第 3 期。

尹硕、张耀辉：《中国产业结构、能源效率与能源消费的动态关系——基于协整与 VECM 的实证研究》，《华东经济管理》2014 年第 7 期。

Zhou, P., Ang, B. W. and Wang, H. "Energy and CO_2 Emission Performance in Electricity Generation: Directional Distance Function Approach". *European Journal of Operational Research*, 2012, 221 (3): 625 – 635.

Zhang, N., Kong, F. and Choi, Y. "The Effect of Size – control Policy on Unified Energy and Carbon Efficiency for Chinese Fossil Fuel Power Plants". *Energy Policy*, 2014, 70: 193 – 200.

B.13

河南省能源体系与产业体系耦合关系研究

杨　萌*

摘　要：　推进能源转型发展和产业结构优化升级需统筹协调，互为促进。本文在分析河南省能源体系和产业体系特征的基础上，构建能源体系－产业体系耦合度评估模型，对“十五”以来河南省能源体系和产业体系的耦合度进行评估，并与全国总体情况进行对比。研究表明，河南能源体系与产业体系的耦合度整体偏低，与全国存在一定差距；但耦合度呈上升的态势，与全国的差距逐步缩小。

关键词：　河南省　能源体系　产业体系　耦合度评估

河南是以煤为主的能源生产和消费大省。近年来，河南省依托地处中原的区位优势，持续推动能源发展方式转变。“十二五”期间，在严峻复杂的国内外形势下，全省主动适应经济发展新常态，经济呈现出稳中有进、稳中向好的发展态势，结构调整、转型升级步伐明显加快，产业体系逐步优化。在经济新常态和供给侧结构性改革背景下，研究能源体系和产业体系之间的相互关系，并进行耦合度评估，有利于促进河南省能源和经济统筹协调发展，从而保障河南经济社会的可持续发展。

---

* 杨萌，国网河南省电力公司经济技术研究院工程师，工学硕士，研究方向为能源电力经济、电力供需、电网规划。

一 河南省能源经济总体情况分析

（一）经济发展概况

改革开放以来，河南省经济持续快速增长。1978 年河南省 GDP 总量为162.9 亿元，2015 年增长至 37002.2 亿元，在近 40 年的时间中，河南省 GDP 年均增长 11.6%，比全国平均水平高 1.9 个百分点（见图 1）。“十五”以来，河南省经济社会保持平稳快速发展态势，国民经济持续快速发展，生产总值年均增长 9.6%，为我国经济发展最快的省份之一，全省综合实力明显增强。

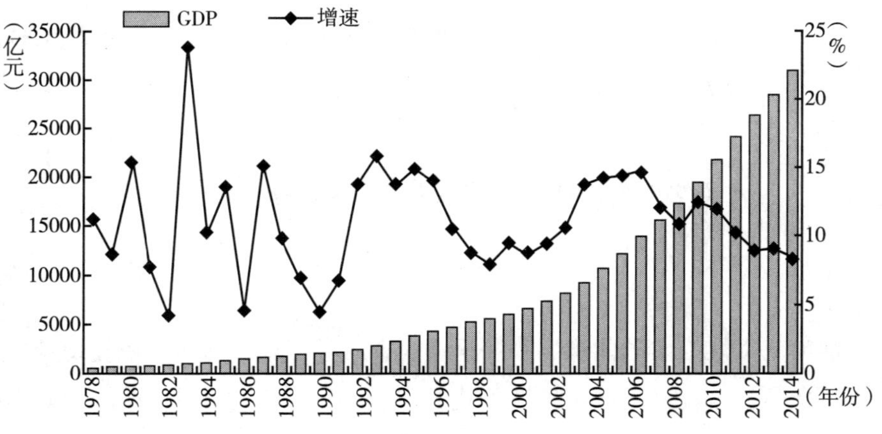

图 1　1978～2015 年河南省 GDP 总量及增速

河南省产业结构优化调整进程不断推进。经济产业结构加快调整，经济结构逐渐优化，第一、第二、第三产业结构发生明显变化。从产业结构看，全省三次产业结构由 2000 年的 23∶45.4∶31.6 转变为 2015 年的 11.4∶49.1∶39.5，第三产业占比明显提高，新业态、新模式不断涌现，产业结构呈现不断优化的良好态势（见图 2）。

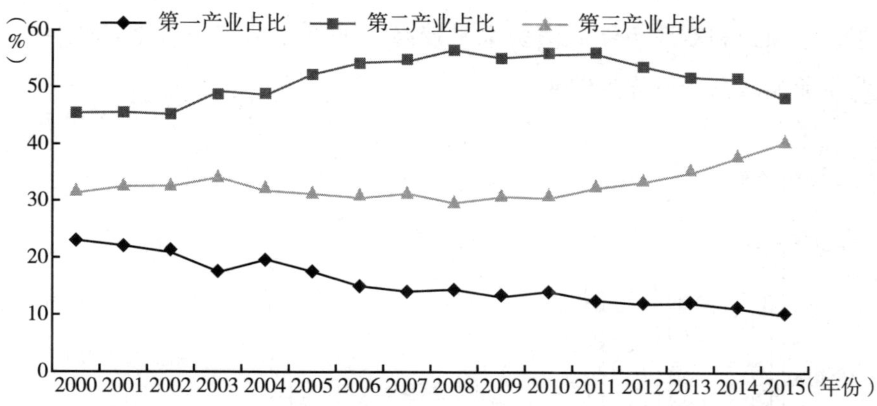

图 2　2000～2015 年河南省三次产业结构变化

（二）能源发展概况

改革开放以来，河南的能源消费持续增长。1978 年河南省的能源消费总量仅为 3353 万吨标准煤，2015 年达到 23161 万吨标准煤。在近 40 年的时间中，河南省能源消费年均增长 5.4%，比全国平均水平低 0.2 个百分点，1978～2015 年河南能源消费总量详见图 3。

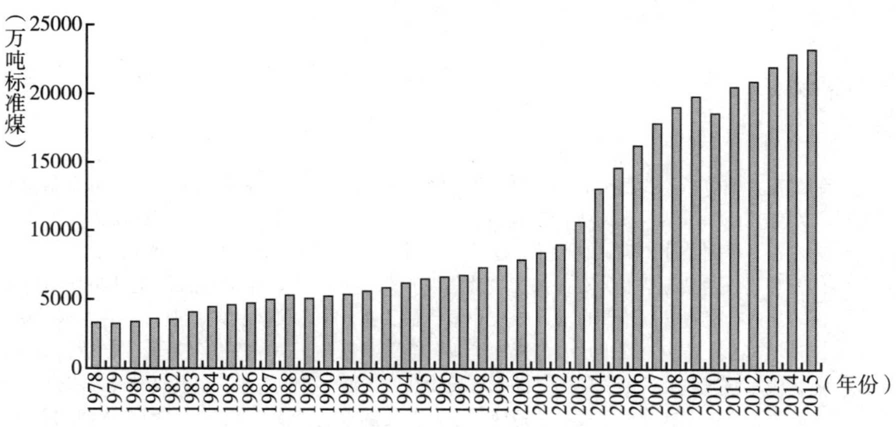

图 3　1978～2015 年河南省能源消费量

分区域看，河南省各地市能源消费水平有较大差异。其中郑州、安阳、洛阳、平顶山和新乡市能源消费水平较高。2015 年河南省各地市规模以上工业企业能源消费量详见图 4。

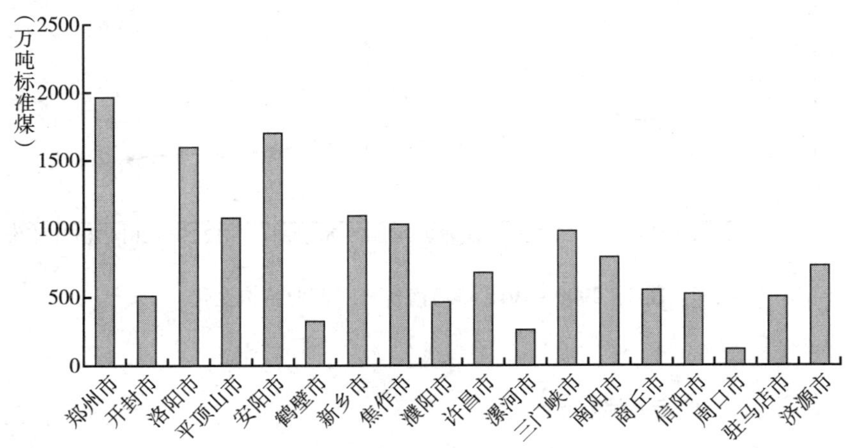

图 4　2015 年河南省各地市规模以上工业企业能源消费量

分行业看，2015 年河南制造业[①]能源消费量在第二产业中占比最高，达到 65.61%；其次为电力、燃气及水的生产和供应业[②]。2015 年，河南分行业规模以上工业企业能源消费比例详见图 5。

---

① 制造业大类包括：农副食品加工业，食品制造业，酒、饮料和精制茶制造业，烟草制造业，纺织业，纺织服装、服饰业，皮革、毛皮、羽毛及其制品和制鞋业，木材加工及木、竹、藤、棕、草制品业，家具制造业，造纸及纸制品业，印刷和记录媒介复制业，文教、工美、体育和娱乐用品制造业，石油加工、炼焦及核燃料加工业，化学原料及化学制品制造业，医药制造业，化学纤维制造业，橡胶和塑料制品业，非金属矿物制品业，黑色金属冶炼和压延加工业，有色金属冶炼及压延加工业，金属制品业，通用设备制造业，专业设备制造业，汽车制造业，铁路、船舶、航空航天和其他运输设备制造业，电气机械及器材制造业，计算机、通信和其他电子设备制造业，仪器仪表制造业，其他制造业，废弃资源综合利用业，金属制品、机械和设备修理业。

② 电力、燃气及水的生产和供应行业包括：电力、热力生产和供应业，燃气生产和供应业，水的生产和供应业。

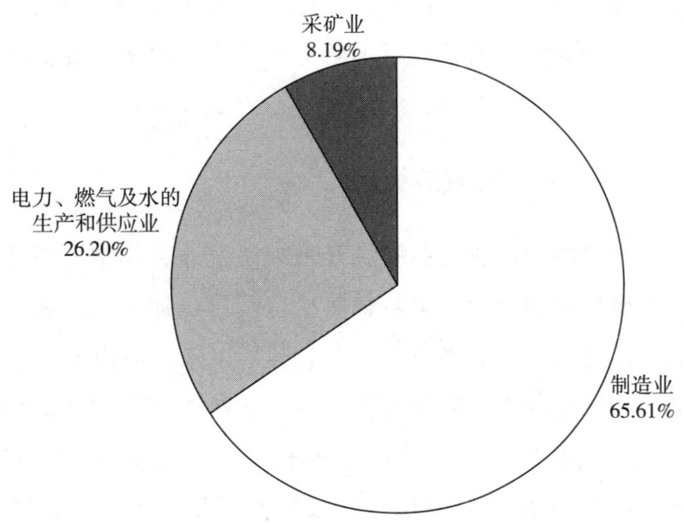

图5　2015年河南省规模以上工业企业分行业主要能源消费比例

二　河南省产业体系特征分析

总体上看，河南省三次产业结构不断优化，服务业、电子设备制造、食品等低能耗、高附加值行业成为支撑能源消费增长的重要力量，河南产业转型发展的效果在能源消费中逐步显现。未来随着产业结构调整继续深入推进，传统的高载能行业能源消费增速将进一步放缓，高成长性制造业、服务业将成为河南新的用能增长点。

（一）产业结构持续优化

"十五"以来，河南省产业结构优化进程加速，第二产业占比持续走低，第三产业占比快速上升。2015年第二产业增加值17917.4亿元，占比48.4%，较2010年降低7.1个百分点，降幅达12.8%；2015年第三产业增加值14875.2亿元，占比40.2%，较2010年上升9.2个百分点，增幅达29.7%。总体来看，工业仍是河南经济发展的支柱产业，但工业中传统产业特别是能源原材料产业占比较大，创新能力不足，竞争力不强。服务业发展持续向好，对经济增长贡献不断上升，成为河南省经济发展的重要引擎。

（二）高耗能行业发展放缓

河南省六大耗高能产业为：煤炭开采和洗选业，化学原料及化学制品制造业，非金属矿物制品业，黑色金属冶炼及压延加工业，有色金属及冶炼业，电力、热力的生产和供应业。“十五”以来，河南省六大高耗能产业增加值增速总体呈现先增后降态势，各大高耗能产业增加值增速波动普遍较大。“十五”和“十一五”期间，高耗能产业增加值占GDP比重总体呈上升趋势，在2011年达到峰值（16.2%）后呈缓慢下降趋势，2015年占比15.5%。从产业增加值来看，2007年以后六大高耗能产业增加值增速开始下滑，2008年下降13.7个百分点，此后呈缓慢下降趋势；河南省GDP增速与剔除六大高耗能产业后的GDP增速有趋同迹象，高耗能产业增加值增速对河南省GDP的影响在逐步减弱，河南省产业结构调整初显成效。

（三）战略性新兴产业蓬勃发展

以医药制造业，航空、航天器及设备制造业，电子及通信设备制造业，计算机及办公设备制造业，医疗仪器设备及仪器仪表制造业，信息化学品制造业等高技术产业为主体的战略性新兴产业已经成为支撑河南工业发展的重要力量。2015年，全省高新技术企业达1008个，同比增加110个；增加值占规模以上企业比重为8.8%，同比增加1.2个百分点；增加值同比增长20.0%，高于第二产业12.3个百分点，其中航空、航天器及设备制造业增加值同比增长222.5%。老工业城市正在通过大力发展战略性新兴产业构建新型产业体系，以洛阳为例，它已基本形成以机器人及高端装备制造业为代表的战略性新兴产业。战略性新兴产业的爆发式增长成为河南工业经济发展的一道亮丽风景，在河南工业转型中发挥着重要作用。

（四）产能过剩行业去产能约束趋紧

以实现“三去一降一补”为目标，推进供给侧结构性改革是当前河南省产业发展的重要方向。省委省政府打出组合拳，已正式出台 1 个《专项行动方案》、2 个《总体方案》和 4 个《实施意见》，明确了河南化解过剩产能路线图。① 以钢铁、煤炭行业为重点，兼顾水泥、电解铝、平板玻璃等产能严重过剩行业，运用市场化和法治化手段，严格产业政策和环保、能耗、质量、安全、技术等标准，强化政策引导和国企改革，积极压减过剩产能，推动产品结构升级。河南省去产能的总体目标是到 2018 年，压减生铁产能 100 万吨、粗钢产能 240 万吨、煤炭产能 6254 万吨，继续化解煤炭过剩产能和实行结构调整。河南除了关闭现有产能，还严格控制新增产能，引导煤炭产业清洁化利用，预计 2017 年原煤产量下降 10%，尽快使钢铁、煤炭、电解铝、水泥、平板玻璃等产能严重过剩行业的产能利用率趋于合理。随着压减产能任务的落实、淘汰落后和退出低效产能、清理违法违规产能，以及严禁建设新增产能、强化等量减量置换等政策持续推进，五个产能过剩行业缺乏增长动力。

三　河南省能源体系特征分析

（一）能源结构相对偏重

河南省第二产业的能源消费总量和能源消费强度均处于较高水平。从能源消费结构看，2015 年河南省一次能源消费总量中第二产业能源消费占比

① 《河南省推进供给侧结构性改革去产能专项行动方案（2016～2018 年）》、《河南省煤炭行业化解过剩产能实现脱困发展总体方案》和《河南省钢铁行业化解过剩产能实现脱困发展总体方案》，以及《河南省煤炭钢铁行业化解过剩产能职工安置工作实施意见》《河南省支持煤矿关闭退出奖励政策实施意见》《河南省支持煤炭行业化解过剩产能国土资源政策实施意见》和《河南省化解过剩产能煤矿关闭退出实施意见》。

70.8%，第一产业占比2.9%，第三产业占比26.3%；从煤炭消费结构看，全省煤炭消费中第二产业占比高达95.7%，第一产业、第三产业占比分别仅为0.4%、3.9%；从电力消费结构看，第二产业占比71.4%，第一产业占比3.0%，第三产业占比25.6%。第二产业在全省能源、煤炭、电力消费中的比重均在70%以上，远高于其在产业结构中48.4%的占比，河南省能源消费结构相对偏重，在第二产业推进节能减排、提高能源综合利用效率是河南能源供给侧结构性改革和能源绿色转型发展的关键。

（二）能源开发利用水平较高

河南能源产业品种齐全，煤炭、油气等传统能源开发起步较早。焦作煤矿已有120年历史，中原油田、河南油田20世纪70年代开发建设，全国首条500千伏、1000千伏线路以及首台国产30万千瓦、60万千瓦，中部首台100万千瓦机组均在河南率先建成投产。全省骨干煤炭企业煤矿采、掘煤机械化程度达到85%、88%，分别比2010年提高14个和9个百分点，2015年全省燃煤火电机组装机构成中，单机30万千瓦及以上机组占81.3%，较2010年提高5.9个百分点。2015年全省火电机组供电标准煤耗311克标准煤/千瓦时，较2010年下降17克标准煤/千瓦时，较全国315克标准煤/千瓦时的平均水平低4克标准煤/千瓦时，累计节约290万吨标准煤。河南生物质能技术全国领先，拥有国家车用生物燃料重点实验室，纤维素燃料乙醇产业化技术在国内居先进水平。

（三）多元能源保障体系基本确立

河南省坚持高效开发省内能源，并着力提高吸纳省外能源能力。2015年，煤炭产能保持2.2亿吨左右，年产量1.32亿吨，分别居全国第5位、第8位，保持了全国14个大型煤炭基地之一的重要地位；全火电总装机量达到6213.1万千瓦，火电装机占华中电网五省一市火电总装机量的40%，河南作为全国区域火电基地地位进一步巩固；石油加工能力达到1010万吨/年，洛阳石化1800万吨/年扩能改造项目具备开工条件，燃料乙醇产能80万吨，中原炼化基地建设取得积极进展。焦枝、陇海、宁西、晋豫鲁等铁路输煤通道均途经河南，蒙西－华中铁路输煤通道正在加紧建设，为建设全国重要煤炭储配中心奠定了坚实基础；全国首条1000千伏交流特高压输电工程（晋东南－南阳－荆门）、首条疆电外送±800千伏直流特高压输电工程（天山－中州）相继建成投产，省间交换能力达到1300万千瓦，2015年吸纳省外电力350亿千瓦时，占全社会用电量比重达到12%，全国电网枢纽地位进一步加强；兰郑长成品油，西气东输一线、二线，端氏－博爱煤层气等跨省油气管线相继建成，全省天然气、石油长输管道分别达到5000、2500公里，形成以郑州为中心的多渠道、多气源的油气供应网络。

（四）新能源发展促进新业态形成

河南太阳能、风能、生物质能、地热能等资源相对丰富，但新能源产业发展起步较晚，2015年以来，河南省新能源发展开始提速，2015年全年新能源新增装机达到历史峰值，达到92万千瓦，相当于“十二五”前四年投产的总和，全年累计发电量39.6亿千瓦时，同比增长25.3%。在新能源高速发展的同时，能源领域的科技革命和产业变革也正在兴起，电动汽车分时共享、分布式能源站、智能微网等新模式快速发展，大规模储能、高性能电池等前沿技术的孕育和突破，对能源发展模式和能源体系的构建产生了重要影响，以新能源发展推动传统能源转型的新业态、新模式正在形成。

四 河南省能源体系与产业体系耦合度评估

（一）耦合度评估模型

1. 耦合理论

耦合度是一个物理学概念，通常用来描述系统间相互作用、相互影响的程度，是对系统之间相互影响、相互作用程度的有效度量。产业发展将消费更多的能源资源，能源资源对产业发展也会产生约束作用，二者相互影响、相互作用，构成彼此耦合的交互体。借鉴物理学中的容量耦合（Capacitive coupling）的原理及容量耦合系数模型，本文分析能源和产业两者的耦合度。系统耦合度 C 的函数表达式可设定为：

$$C = \frac{\sqrt[2]{U_1 \times U_2}}{U_1 + U2}$$

U_1 代表能源体系综合指数，U_2 代表产业体系综合指数。

其中，

$$U_i = \sum_{j=1}^{n} \lambda_{ij} x_{ij}, \sum_{j=1}^{n} \lambda_{ij} = 1, i = 1,2$$

x_{ij}为标准化之后的指标值，λ_{ij}代表指标值的权重。

2. 指标选择

为构建能源体系综合指数和产业体系综合指数，需要选取并设定一系列子指标来衡量能源和产业体系。能源体系方面，从总量、结构两个维度构建相应的指标体系，衡量能源生产和消费。产业体系方面，从产业总量指标（GDP 总量）、发展指标（第三产业占比）和结构指标三个维度构建指标体系；其中，结构指标又分解为产业间结构（第二产业占比）和工业内部结构①（见表 1）。

表 1　能源体系和产业体系指标

能源体系			产业体系	
生产指标	总量指标	能源生产总量	总量指标	GDP 总量
	结构指标	煤炭占能源生产总量的比重	发展指标	第三产业占比

① 根据河南省工业结构特点，以战略性新兴产业与产能过剩产业的比值来衡量河南省工业结构特点，其中战略性新兴产业包括生物医药、节能环保、新材料、新能源行业；产能过剩产业包括煤炭、钢铁、电解铝、水泥、平板玻璃行业（豫政版〔2016〕，147 号）。

续表

能源体系			产业体系	
消费指标	消费总量	能源消费总量	结构指标	第二产业占比
	结构指标	煤炭占能源消费总量的比重		工业内部结构（新兴产业与产能过剩产业比值）

3. **耦合度计算**

首先，为保证数据的可比性，剔除不同指标数据间的量纲影响，笔者对数据指标进行标准化处理，具体变换公式为：

$$x_i = \frac{X_i - min(X)}{max(X) - min(X)} \text{（正向指标）}$$

$$x_i = \frac{man(X) - X_i}{max(X) - min(X)} \text{（负向指标）}$$

第二步，确定权重 λ_{ij} 的具体数值。采用德尔菲法计算系统内的各个分类指标的权重系数（见表2）。

表2　各个指标的权重设定

单位：%

能源体系	指标	权重	产业体系		权重
生产指标	总量指标	25	总量指标	GDP 总量	40
	结构指标	25	发展指标	第三产业占比	30
消费指标	消费总量	25	结构指标	第二产业占比	15
	结构指标	25		工业内部结构	15

第三步，计算耦合度。计算河南省能源体系和产业体系之间的耦合度。

4. **耦合度结果判据**

系统耦合的演变可分为六个阶段：C＝0 表示耦合度极低，系统并无关联且无序发展；0＜C≤0.3 表示勉强耦合；0.3＜C＜0.5 表示系统处于低度耦合阶段；0.5≤C＜0.8 表示系统处于中度耦合阶段；0.8≤C＜1 表示系统处于高度耦合阶段，二者互动强劲；C =1 表示二者达到良性耦合且趋向新的有序结构。受政策、自然及政治等因素影响，也可能退化到之前的耦合阶段。

（二）耦合度评估

1. 河南省耦合度评估

2001 ~2015 年河南省能源体系和产业体系之间的耦合度详见表3。

表3　2001 ~2015 年河南省能源体系和产业体系的耦合度

年份	耦合度	年份	耦合度
2001	0. 387607	2009	0. 483465
2002	0. 419783	2010	0. 490754
2003	0. 45919	2011	0. 49668
2004	0. 426646	2012	0. 495515
2005	0. 452329	2013	0. 487742
2006	0. 470964	2014	0. 486026
2007	0. 479573	2015	0. 489153
2008	0. 484006	均值	0. 467296

根据耦合度计算结果可知，2001 ~2015 年，河南省能源体系和产业体系的整体耦合度始终低于0. 50，河南能源和产业体系处于低度耦合的状态。

从发展趋势看，河南省能源体系和产业体系的耦合度在不断上升。2001 ~2005 年，全省能源和产业体系耦合度在0. 47 以下；2006 ~2010 年，耦合度上升至0. 47 以上；“十二五”以来，全省能源和产业体系耦合度总体呈现波动上升的态势，2015 年达到0. 489，15 年来均值为0. 467。

2. 全国耦合度评估

从全国层面看，2001 ~2015 年全国的能源和产业体系的耦合度详见表4。

从中国能源体系和产业体系的耦合度看，2001 ~2015 年中国能源体系和产业体系平均耦合度为0. 486，也处于低度耦合状态。

表4 中国能源体系和产业体系的耦合度

年份	耦合度	年份	耦合度
2001	0.408194	2009	0.493203
2002	0.470081	2010	0.499482
2003	0.499844	2011	0.494593
2004	0.479874	2012	0.499761
2005	0.486414	2013	0.49999
2006	0.491423	2014	0.494444
2007	0.487129	2015	0.497301
2008	0.491317	均值	0.486203

从发展趋势看，2001 年以来全国能源体系和产业体系耦合度始终在 0.5 以下，2003 年以前呈上升趋势，2003 年基本达到 0.5；2004 年和 2005 年耦合度有所回落，“十一五”以来，全国能源和产业体系耦合度总体平稳，2015 年达到 0.497，15 年来均值为 0.486。

3. 与全国对比评估

河南省的能源体系和产业体系的耦合程度低于全国整体水平 4 个百分点。从发展趋势看，河南能源体系与产业体系的耦合度与全国平均水平的差距在不断缩小，特别是在 2007 年以后，河南和全国的能源体系与产业体系的耦合水平基本平稳（见图 6）。

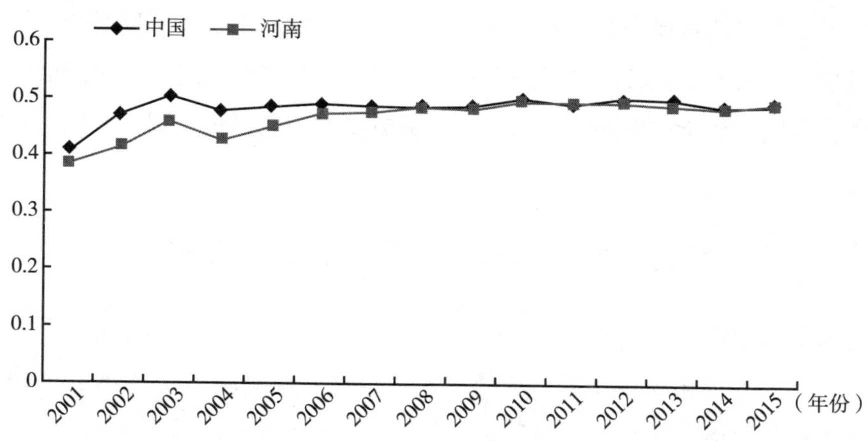

图6 河南省与全国能源体系和产业体系耦合度变动情况

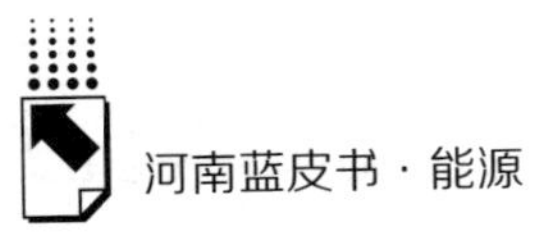

五　结论

（一）河南省能源体系优化效果初显

河南省能源体系优化进程开始加速，以新能源发展推动传统能源转型的新业态、新模式正在形成。2015 年，河南省新能源发展明显提速，全年新能源新增装机量达到 92 万千瓦，相当于“十二五”前四年投产的总和，传统能源转型的新业态和新模式正在形成，能源体系优化效果初现。但是受资源禀赋影响，河南能源生产消费结构中煤炭比重较高，非化石能源比重较低，能源结构转型升级仍是河南省未来能源工作重点。

（二）河南省产业体系转型升级态势明显

“十二五”期间河南省产业体系具有一系列较为明显的转型特征。一是产业结构持续优化，第三产业占比快速上升，成为河南省经济发展的重要引擎；二是高耗能产业发展放缓，“十二五”以来河南省高耗能产业增加值增速对河南省 GDP 的影响在逐步减小，河南省产业结构调整初现成效；三是战略性新兴产业蓬勃发展，以高技术产业为主体的战略性新兴产业成为支撑河南工业发展的重要力量，其爆发式增长已成为河南工业经济发展的一道亮丽风景，在河南工业转型中发挥着重要作用；四是产能过剩产业去产能约束趋紧，钢铁、煤炭、电解铝、水泥、平板玻璃等产能严重过剩行业缺乏增长动力。

（三）河南省能源与产业体系的耦合关系日趋紧密

河南能源体系与产业体系的耦合度偏低，但总体呈上升的态势。2001～2015 年，河南省能源体系和产业体系的整体耦合度始终低于 0.50，河南能源体系和产业体系处于低度耦合的状态。从发展趋势看，河南省能源体系和产业体系的耦合度在不断上升。2001～2005 年，全省能源体系和产业体系耦合度在0.47以下；2006~2010年，耦合度上升至0.47以上；“十二五”以来，全省能源体系和产业体系耦合度总体呈现波动上升的态势，2015年达到0.49。与全国对比来看，河南省的能源体系和产业体系的耦合程度比全国低4个百分点，但差距逐步收窄。

参考文献

张勇、蒲勇健、陈立泰：《城镇化与服务业集聚——基于系统耦合互动的观点》，《中国工业经济》2013年第6期。

齐爱荣、周忠学、刘欢：《西安市城市化与都市农业发展耦合关系研究》，《地理研究》2013年第11期。

张耀辉、尹硕：《产业体系配套、政策体系保障与资源立国的可行性》，《改革》2014年第5期。

何小钢、尹硕：《低碳规制、能源政策调整与节约增长转型》，《现代经济探讨》2014年第3期。

张明斗、莫冬燕：《城市土地利用效益与城市化的耦合协调性分析——以东北三省34个地级市为例》，《资源科学》2014年第1期。

刘艳军、刘静、何翠、冯媛：《中国区域开发强度与资源环境水平的耦合关系演化》，《地理研究》2013年第3期。

杨家伟、乔家君：《河南省产业结构演进与机理探究》，《经济地理》2013年第9期。

改革创新篇

Reform and Innovation

B.14

国外售电市场改革探索及经验启示

宋大为*

摘　要：　新一轮电力体制改革的核心为“三放开、一独立、三强化”，而售电侧改革是本轮电改的重要环节。售电侧放开是一件系统的、复杂的改革任务，牵涉的利益主体多，必须循序渐进，稳步推动。总结国外售电侧改革的历程可以看出，各国的改革方式方法因国情不同而各不相同。本文梳理了不同国家售电市场的改革历程，比较分析了一些典型国家售电市场改革模式、运营模式，在借鉴国外售电侧市场放开经验的基础上，就河南省售电侧放开的实施路线进行了探讨。

关键词：　售电市场　改革模式　运营模式　经验启示

* 宋大为，国网河南省电力公司经济技术研究院经济师，管理学博士，研究方向为能源电力经济，电力体制改革。

售电市场是电力市场体系中非常重要的环节，是联系售电公司和客户最重要的桥梁，对于电力市场的开放、竞争、有序运行起着基础性支撑作用。通过售电市场改革我国将着力打造市场主体多元化、运行高效、资源配置优化的电力市场。当前国家全面推进售电市场改革，各省市售电侧改革试点不断增加，多元售电主体大量涌现，售电市场改革进入关键时期。在此背景下，笔者系统研究国外售电侧放开的宝贵经验，积极借鉴不同国家售电市场改革的先进做法，同时结合我国国情和河南省省情，探索河南省售电市场改革的实施路径。

一 国外售电市场改革发展历程

售电侧放开的主要目的是通过引入市场竞争来促进电力工业提高效率、降低电价、改善服务。20 世纪 80 年代末期，以英国为代表的一些国家开始实施电力市场化改革，随后世界各国掀起了电力改革浪潮。大多数国家的电力改革从发电侧引入竞争开始，售电侧放开，通常与发电侧同步引入竞争，部分国家甚至售电侧早于发电侧引入竞争（如新西兰）。经历二十多年的发展，世界各国售电侧市场取得了很大进展。目前英国、法国、德国等欧洲大部分国家，美国 1/3 的州，日本、澳大利亚、新西兰、俄罗斯等国家和地区均实施售电侧放开，赋予终端用户购电选择权，构建起多元化购售电主体，建立“多买 - 多卖”电力市场竞争格局。

英国是最早实行电力市场化改革的国家。受经济自由化思潮影响，1989 年英国对原有中央发电局资产实施厂网分开和私有化重组，1990 年建立了以集中竞价为特征的发电侧市场（pool），后逐步转变为以双边交易为主的电力市场模式（NETA、BETTA）。英国售电侧放开的特点是在对电力工业进行较为彻底的重组后，引入新的售电公司开放用户选择权，至 2000 年已经放开所有的用户。

日本从 1995 年开始探索电力市场改革，在维持发输配售一体化的情况下通过引入独立发电企业（IPP）、成立特定规模电力企业（PPS）、逐步放开大用户选择权等方式，在发电侧引入竞争，并逐步放开售电侧市场。2000 年 3 月，日本允许 20 千伏、2000 千瓦以上的电力用户自由选择供电商（占总用户比例的 26%）；2004 年 4 月，允许 500 千瓦以上的电力用户自由选择供电商，开放范围扩展到全部用户的40%；2005年4月，进一步允许50千瓦以上的电力用户自由选择供电商，开放范围已经扩展到全部用户的68%，但是占据市场主导地位的十大区域电力公司仍实行发输配售一体化运营机制；2008年，日本决定推迟电力售电侧的全面放开，并决定2013年就此进行重新讨论；2014年，日本通过全面放开售电侧法案后，在售电市场准入方面，不再规定售电主体必须拥有发电厂，而是允许任何企业在经过日本产业经济省批准之后，可以在任何地区开展售电经营；2016年将全面放开零售市场，允许所有用户自由选择零售商。

法国从2000年开始，将欧盟的电力市场改革指令纳入本国法律并启动电力市场改革，将垂直一体化的法国电力公司（EDF）的不同环节业务逐步实施独立核算，公司内部成立输电公司（RTE），在发电侧和售电侧放开准入，并逐步放开用户选择权。2000年6月，法国允许年用电量达到1600万千瓦时的用户自由选择电力供应商；2003年2月，允许年用电量达到700万千瓦时的用户（市场份额约为37%）自由选择供应商；2007年7月，法国电力市场对全部用户放开了供电商选择权。2011年，法国电力公司增加4家子公司，在售电市场为法国和欧盟用户提供更多选择。目前法国电力公司仍然保留垂直一体化的管理体制，拥有大部分售电市场份额。

美国从1998年开始实施售电侧放开，率先从加州、纽约等经济发达、电价水平较高的州开始，各州推进电力改革的模式与进程各不相同。2001年加州电力危机爆发，使美国售电侧市场放开进程一度缓慢。目前约1/3的地区（17个州和哥伦比亚特区）在售电侧引入竞争机制，放开了电力用户购电选择权。2013年，美国有超过1600万户家庭通过竞争性售电商购买电力。比如德州有54家竞争性售电商，提供15类322种产品和服务；纽约有67家竞争性售电商，提供122种产品和服务。

二　国外售电市场改革模式比较分析

因国情不同，各国电力市场化改革的路径各有不同，售电侧放开的模式也不尽相同。典型国家售电侧市场放开基本情况详见表1。

表 1　典型国家售电侧市场放开基本情况

国家	售电侧放开模式	售电侧放开进程	售电市场结构
法国	维持垂直一体化公司下引入独立售电公司	2000 年放开 1600 万千瓦时以上用户(20%)	发输配售垂直一体化公司市场份额 82.4%;配售一体化公司 4.3%;独立售电公司 13.3%。2011 年增加 4 家子公司,在售电市场走出法国进军欧盟
		2003 年放开 700 万千瓦时以上用户(37%)	
		2004 年放开非居民用户(51%)	
		2007 年放开全部用户	
英国	维持垂直一体化公司下引入独立售电公司	1990 年放开 1000 千瓦以上用户	六大发售一体化公司市场份额 88%;在家庭用户市场中,独立售电企业份额 44.9%
		1994 年放开 100 千瓦以上用户	
		2000 年放开全部用户	
日本	维持垂直一体化公司下引入独立售电公司	2000 年放开 20 千伏、2000 千瓦以上用户(30%)	十大发输配售垂直一体化电力公司份额 93.9%;独立售电公司 6.1%;其中,独立售电企业在东京电力经营区域所占市场份额最高,约 6.5%;其次为关西,约 4.9%
		2004 年放开 500 千瓦以上用户(40%)	
		2005 年放开 50 千瓦以上用户(68%)	
		2008 年推迟售电侧全面放开	
		计划 2016 年全面放开零售市场,允许所有用户自由选择零售商	
美国	维持垂直一体化公司下引入独立售电公司	从 1998 年开始陆续放开用户选择权,按照用户从大到小的顺序分阶段放开。目前,在售电侧放开的 18 个州中除俄勒冈外的 17 个州放开所有用户选择权	独立售电公司的用户数占市场用户总数的 4.3%,售电市场份额为 17.8%
俄罗斯	2008 年之前实施配、售分开;2012 年,输配电企业重新合并,实施统一管理	1992 年政府控股成立“统一电力系统股份公司”	大部分用户选择原供电公司,独立售电公司市场份额低于 25%
		2001 年政府发布 526 号文,提出改革目标,实施配售分开	
		2006 年新的电力市场规制开始生效	
		2008 年俄罗斯统一电力公司正式停止营业	
		2010 年俄罗斯重启国企私有化改革	
		2012 年政府批准输配电企业合并	
		2013 年俄罗斯电网公司正式投入运作	
		按照从大用户到小用户的顺序逐步放开,目前放开除居民外所有用户选择权	
新西兰	配、售分开	1993 年放开 5 万千瓦时以下用户(20%)	五大发售一体化公司的市场份额占 97%;独立售电公司占 2.11%
		1994 年,放开全部用户	

资料来源:国家电网能源研究院。

各国在售电侧引入竞争主要采用两种方式：一是售电侧放开，保持电网企业继续从事售电业务的同时，引入独立售电主体，允许其他企业从事售电业务；二是实行售配分开，将售电业务和配电业务实施产权分离，禁止拥有配电资产的企业从事售电业务，允许其他企业从事售电业务。大部分国家采取第一种方式，日本、法国等国在维持发输配售垂直一体化的情况下在售电侧引入竞争。目前，仅新西兰等少数国家是通过配售分开方式在售电侧引入竞争，2010年新西兰为增强零售市场的竞争性（零售市场主要由发售一体化公司控制），又重新允许配电企业从事售电业务。

放开用户选择权是售电侧放开的核心内容。放开用户选择权，通过允许用户自由选择与售电企业或发电企业交易、直接参与批发市场交易的方式引入竞争。目前，英国、法国等欧洲大部分国家，以及新西兰、澳大利亚已经放开所有用户的选择权，日本放开范围即将扩展到全部用户，美国约1/3的州放开全部用户选择权，俄罗斯已放开除居民用户外的其他用户选择权。

从改革发展情况来看，随着售电市场的不断成熟，依托发售一体的公司发展态势比较好；小型纯售电公司多依据灵活售电策略得以生存。发售一体化的公司逐渐占据了市场的主要份额，仅从事售电业务的公司因受到各种因素制约占比较小。

从各国改革成效来看，法、日两国属于垂直一体化的电力公司，市场影响力不大，客户更换供电商的频率不高。法国独立售电公司仅占13%的市场额度，7%的非居民和5%的居民变更了供电商；日本独立售电公司仅占6%的市场额度。美国售电侧放开的州所属大用户变更供电商较多，占80%，但居民变更比例较低，多数选择维持。欧盟范围售电侧放开的国家中，居民变换供电商比例为8%。

从实施路径上看，各国售电侧放开都经历了较长的一个阶段，大部分国家是按照电压等级和用电容量，分阶段地从大用户开始逐步放开用户选择权，第一阶段放开用户的市场份额大多在30%以内。仅有新西兰等个别国家按照从小用户（居民用户）到大用户的次序放开。

三 国外售电市场运营模式与典型案例分析

国外售电市场实行准入制度和售电主体退出机制，售电企业须按规定获得电力监管机构的售电业务许可证之后，方可从事售电业务；同时，对独立售电公司的退出条件、退出程序及相关惩罚机制进行严格规定，以保持市场稳定。

（一）国外售电市场运营基本模式

不同类型的售电公司，业务范围也不同。售电公司的核心业务是购售电交易，还可从事抄表、表计维护、计费和收费、信息服务等相关营销服务，也可从事综合能源管理等增值服务。关于用户的抄表、计费和收费、信息服务等基本服务，主要存在三种方式：（1）由售电公司提供；（2）依靠配电商提供全部或部分服务，但有些服务单独收取服务费；（3）由第三方公司提供。目前，英国和新西兰等国家同时采用这三种方式，而日本、法国等国家主要采用第二种方式（见表2）。

表2　售电侧放开后营销服务方式

营销服务方式	法国	英国	日本	新西兰	荷兰
抄表、计费、收费	由发输配售一体化公司和配售一体化公司提供	三种方式：一是由配电公司提供；二是由售电公司提供；三是由第三方公司提供	由十大电力公司提供	三种方式：一是由配电公司提供；二是由售电公司提供；三是由第三方公司提供	两种方式：一是由配电公司提供；二是由售电公司提供
业扩报装、计量、事故抢修等供电服务	由发输配售一体化公司和配售一体化公司提供	由配电公司或独立售电公司提供	由十大电力公司提供	由配电公司或独立售电公司提供	由配电公司或独立售电公司提供
增值服务	所有售电公司提供	所有售电公司提供	所有售电公司提供	所有售电公司提供	所有售电公司提供

资料来源：国家电网能源研究院。

售电公司购买电力一般有三种途径：一是与发电公司签订双边交易合同；二是参加电力批发市场；三是向其他售电公司购买电力。实行电力市场化改革的国家大多建立批发电力市场，允许售电公司直接从批发市场买电。一些国家还允许大用户参与批发市场交易。比如澳大利亚允许10兆瓦以上大用户直接参与电力批发市场。售电公司参与批发市场必须满足该市场的准入条件，在审核合格之后成为市场成员，并缴纳一定的保证金和会费。

售电公司的收入主要来源于两部分：一是与发电企业或用户交易获得的差价，即用户总电费扣除购电成本、输配电价、政府基金和代收代缴费后的余额；二是向用户提供增值服务，如优化购电策略、节能改造、用电方式咨询、开展合同能源管理等收取的服务费用。

随着售电侧放开程度与市场竞争的深入，售电公司逐渐开发出各种灵活方便的综合方案供用户选择，通过优化服务和付款方式等举措来提高吸引力。例如，在德国，客户可通过选择每月转账或者半年转账和年前预付等方式来获得不同程度的优惠；对从其他售电公司转来的客户提供奖金；鼓励客户介绍客户加入获取资助等促销方式。澳大利亚的一些售电公司为用户提供固定期限合同和自由期限合同，固定期限合同的电价优惠力度大于自由期限。

（二）国外售电运营典型案例分析及启示

1.德国售电运营的发展历程

德国独立售电商是指在电力体制改革后成立的、资本和所有权都不隶属于任何一个能源集团的售电公司。独立售电商由于不拥有配网资产，为了最大化地增加客户资源，他们通常在比较大的范围内提供售电服务。目前德国约有80家能够在德国大部分地区销售电力的售电公司，其中超过70%为独立售电商。

（1）重视市场体系的建设与完善

德国电改初期没有出现大量新的售电公司，在配售一体化地区，因为电价形成机制不健全、信息披露不及时而影响了独立售电商的发展。2005年德国联邦网络局接管电力监管工作后，建立了输配电价单独核算机制，各地过网费的计算更加合理，给独立售电商的生存提供了空间。

输配电价机制形成后，信息成为德国独立售电商发展的下一道壁垒。由于电力计量在配电公司进行，独立售电商常常无法及时拿到准确数据，而且各家配电公司的抄表时间并不一致，导致独立售电商在与消费者结算时十分困难。虽然可以通过各种估算方法来弥补信息上的不足，但是诸多的不确定性还是给独立售电商带来了风险。德国售电侧改革初期，随着市场法规的健全、市场信息的公开透明和市场人才供给的成熟化，售电市场成功引入外部资本并且提升了竞争性。

（2）初期以低价折扣策略谋发展

为了破除售电行业的信息壁垒，德国政府出台了更严格的信息公开和上报法规，许多计量业务与数据业务强制由第三方来处理，独立售电商迎来了发展的时机。

根据一项对德国普通居民和商业用户的调查，有88%的受访者表示价格是促使其更换售电商的最大动力。为了从传统能源集团下属的售电公司和当地的公共事业服务公司手中抢夺客户，德国独立售电商首先从低价折扣策略开始。低价折扣策略的特点就是基本电费低并且在第一年提供诱人的返现，即用户只要从原来供电商客户中转出并且持续用电3～6个月之后，就能拿到2个月电费的返现。虽然这种电价套餐每度电的费用比传统供电商高，但是综合考虑返现和基本电费低等因素后，客户第一年的用电总支出可降低10%～20%。因此大批用户转到了独立售电商旗下，市场的繁荣又吸引了更多独立售电商成立。

低价折扣售电模式有较大的风险，在德国改革初期，由于售电主体的风险控制原因，价格折扣在一定阶段后变为不利因素。售电公司是电力大规模生产和小规模销售之间的纽带，必须同时参与电力批发和零售市场。但两种市场的电力结算方式与结算时间相差较大，如果售电公司没有处理好这些时间差，很可能会因缺乏资金流动性而对自身经营造成影响。由于市场情形向好，德国许多独立售电商当时没有意识到风险，在现金充裕时期继续用高额返现吸引新客户，2013年德国第二大独立售电商破产，使得大量电力用户的预缴电费没有得到偿还，直接导致德国民众对独立售电商的信任度急剧降低，更换售电商的用户比例出现明显回落。

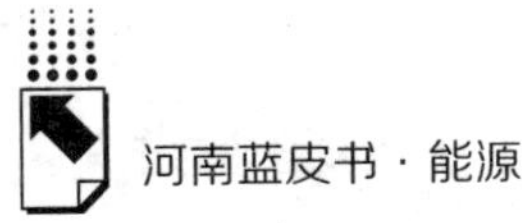

（3）以多元化售电策略创新售电商业模式

从以低价折扣策略吸引用户的独立售电商的破产得到警示：只追求低价而无视客户需求并不是一个稳定的盈利模式。为重塑消费者对独立售电商的信心，从2012年起德国售电商业模式开始多样化，在2013～2015年达到顶峰。其间德国售电套餐数量迅速增长，每年新增套餐数量在500个左右。独立售电商成为德国售电侧商业模式创新的引领者，一方面寻找具有相同特点的用户群体量身定做售电套餐，另一方面和许多不同行业的公司合作，将售电业务和智能家居、合同能源管理、节能服务等整合，成功开拓出多条跨界的售电之路。独立售电商不仅面向居民用户，还针对行业细分中的商业和工业用户的特点设计出许多具有创意的电力资费方案，取得了较好的销售业绩。

（4）以价格优惠和完善的后续服务维持客源

随着售电侧竞争多样性的不断增强，传统能源集团客户流失严重，为重新争取流失客户，弥补经济损失，传统能源集团汲取了之前独立售电商的教训，一方面通过折扣与返现吸引客户更换售电商，另一方面通过后续完善的售电服务提高客户的忠诚度，依托自身的雄厚实力和长期塑造的良好形象，打造了一批低价亲民的售电品牌。

2. 德国售电侧竞争启示

我国电改的目标是还原电力的商品属性，通过市场化的定价方式优化资源的配置。售电公司作为连接电力批发交易与终端用户的纽带，是提升售电侧市场竞争性的关键一环。独立售电公司在未来将承担起发掘用户需求、增强市场活力、探索适合国情的商业模式，以及提升售电服务质量的重任。参考德国售电公司发展经验，在改革的过程中，售电公司核心业务的盈利空间逐步缩小，依托绿色售电、虚拟电厂、需求侧响应、电动汽车等的增值服务是售电公司创新发展新的动力和赢利点，可为国内售电公司发展提供参考。

四　国外售电市场改革的经验借鉴

研究国外售电侧改革发展经验和规律对于我国售电市场改革具有积极的

借鉴意义。目前，我国正处在电力体制改革的关键时期，售电侧放开也处于落地实施的过程中。河南应当汲取各国售电侧放开的经验教训，结合当前的国情省情，积极稳妥地推进售电侧改革。

（一）完善电价体系

在放开售电侧市场前，大部分国家制定了独立的输配电价体系，或明确输配电价的定价机制（如日本），为电网向所有第三方无歧视开放奠定了价格基础。

从用户电价看，各国各类用户价格结构比较合理，基本上不存在交叉补贴，如居民用户与工业用户的电价比例，法国为2.02∶1，英国为2.20∶1，日本为1.36∶1。

（二）建立保底供电制度

保底供电商制度，是指当售电公司无能力供电时，用户仍在供电合同期限内，但找不到其他售电商，则应在法律中明确规定一个负有最终供电责任的供电商，必须向这些用户提供供电服务。比如欧盟要求各国可按照监管机构批准的价格、条款指定一家供电企业或售电企业作为保底供电商。法国、日本、美国等大部分国家由政府指定原供电企业作为保底供电商。

（三）丰富个性化定制服务

售电公司之间的竞争不但是价格竞争和产品供给，还要围绕用户需求提供定制服务或专属解决方案，或者在产品和服务方面不断创新以丰富用户选择。比如德国的一些售电公司为用户提供长期优惠电价保障，提供分时及组合电价，提供节能环保服务、绿色电力供应等产品和服务。

（四）发配售公司占比较高

国外售电侧放开初期，市场上大部分售电公司依托发电、天然气等公用事业企业，也存在一些独立售电公司，但由于受到各种制约，独立售电公司生存较为困难。从发展趋势来看，发售一体化公司逐渐占据市场主要份额。比如英国六大发配售一体化公司售电市场份额达到87%以上；德国零售市场上有超过1000个售电商，4家大型一体化能源电力企业占据零售市场份额50%；新西兰5大发售一体化公司售电市场份额达到97%。

（五）培育忠实居民用户

用户更换供电商比例反映了不同售电公司的竞争效果，可作为市场竞争程度的一个衡量指标。从更换供电商的效果来看，从现有供电商更换到最低价格供电商可以给用户带来电费成本支出的节约，节省幅度从德国（柏林）的43欧元/月到西班牙（马德里）的2欧元/月不等。法国和日本垂直一体化的电力公司，其市场份额受竞争影响不大，用户较少更换供电商。法国电力公司售电市场份额达到82.4%，独立售电公司所占市场份额仅为13.3%；只有7.4%的非居民用户和5.4%的居民用户更换了供电商。日本十大电力公司所占市场份额达93.9%，独立售电公司的市场份额仅为6.1%。美国售电侧放开的18个州中13个州大工商用户更换供电商的比例达80%以上，但居民用户实施购电选择权的比例普遍不高。在欧盟，比利时、葡萄牙、挪威、英国等国家的居民用户更换供电商的比例较高。但总体来看，欧盟国家居民用户更换供电商的比例普遍低于10%。

表3　2011～2012年欧盟部分成员国居民用户更换供电商比例

单位：%，个百分点

国家	2012年更换率	2011年更换率	2012年与2011年差值
葡萄牙	13.2	1.1	12.1
比利时	14.8	9.7	5.1
斯洛伐克	5.0	1.4	3.6
荷兰	12.6	9.7	2.9
希腊	4.0	1.8	2.2
丹麦	3.7	1.8	1.9
挪威	13.0	11.3	1.7
西班牙	11.6	10.0	1.6
匈牙利	1.6	0.3	1.3
瑞典	9.9	8.9	1.0

续表

国家	2012 年更换率	2011 年更换率	2012 年与 2011 年差值
意大利	6.4	5.8	0.6
捷克	7.6	7.4	0.2
保加利亚	0.0	0.0	0.0
德国	7.8	7.8	0.0
法国	3.6	3.9	-0.3
奥地利	1.0	1.4	-0.4
芬兰	7.5	8.6	-1.1
英国	12.1	15.4	-3.3

资料来源：国家电网能源研究院。

五　河南省售电市场改革路径建议

当前国家全面推进深化改革，电力体制改革步伐不断加快；国家发改委相关政策实施细则正抓紧酝酿出台，地方政府改革试点范围不断扩大；售电公司等新市场主体大量涌现，社会舆论高度关注改革动向，改革到了关键时期。本文在系统分析全国及河南售电市场改革形势的基础上，探讨了河南省售电市场改革的路径及建议。

（一）全国及河南售电市场改革形势

1. 全国售电市场改革形势

根据国家对电力体制改革的总体部署，2015 年 3 月新电改方案《关于进一步深化电力体制改革的若干意见》（中发〔2015〕9 号）（以下简称 9 号文）发布，我国新一轮电力市场化改革全面推进。“管住中间、放开两头”是本轮电改的总架构；“三放开、一独立、三强化”是主要路径；“稳步推进售电侧改革，有序向社会资本放开售电业务”是热点。我国通过推行“电价改革、电力市场建设、售电侧放开、新能源发展、政府职能转变”等建立统一开放、竞争有序的电力市场体系，还原电力商品属性。

售电侧放开是本次电力体制改革的最大热点。一是鼓励社会资本投资配电业务，逐步向符合条件的市场主体放开增量配电投资业务，鼓励以混合所有制方式发展配电业务。二是构建多个售电主体，放开用户选择权，形成“多买方－多卖方”的市场格局。2015年11月我国出台了《关于推进售电侧改革的实施意见》，明确了售电公司准入条件、售电公司类型及业务范围、市场化交易方式等内容。2016年10月，国家能源局发布《售电公司准入与退出管理办法》和《有序放开配电网业务管理办法》。11月30日，国家发改委、能源局印发《关于规范开展增量配电业务改革试点的通知》（发改经体〔2016〕2480号），批复了第一批增量配电业务改革试点名单，共计105个。截至12月，国家发改委共批复省级售电侧改革试点8个和新疆生产建设兵团；其余已经批复的电力体制改革综合试点省份在综合试点方案中也均涉及售电侧改革。10月，国家发展改革委引入大公国际作为第三方征信机构，委托大公国际开展电力行业信用建设工作，与电力交易机构沟通协同，以售电公司信用备案为突破口，逐步完善行业信用体系，范围不断扩大到各类电力市场主体，并积极推进信用评价、市场黑名单管理、失信企业联合惩戒等重点工作。截至2016年底，全国已经工商注册成立3500余家售电公司，其中在各省电力交易中心注册并公示的超过600家。

在售电侧改革的持续深化中，用户自由选择权已放开，极大提高了用户参与市场的积极性，社会资本投资增量配电业务、开展售电业务热情高涨：截至2016年11月底，广东电力交易中心共有市场主体1297个，其中有210家售电公司进入市场；新一轮电力体制改革后的首张《供电营业许可证》4月28日颁发给云南省能投集团，标志着全国放开增量配电市场迈出第一步；8月16日，全国首个混合所有制供电企业——深圳前海蛇口自贸区供电有限公司，参加广东电力交易市场月度集中竞价，以全电量成交，实现了第一笔竞争性售电业务；贵州选取国家级新区贵安新区为配售电改革试点，由贵州电网公司、贵安新区开投公司、社会资本按4∶3∶3股比组建配售电有限公司，在新区范围开展增量配售电业务。

2. 河南省售电市场改革形势

《关于进一步深化电力体制改革的若干意见》（中发〔2015〕9号）发布以来，河南省售电市场改革工作按照发改委、能源局统一部署和政府相关要求，主动参与，积极推进，改革工作平稳有序。

截至2016年12月，河南省共注册售电公司155家，注册资本154亿元，其中涉及配电业务的有32家。国家发改委批复的第一批增量配电业务改革试点名单中河南省有6个，分别是新乡市现代煤化工循环经济产业园区增量配电业务试点、郑州航空港经济综合实验区增量配电业务试点、登封新区东区增量配电业务试点、洛阳市洛龙工业园区增量配电业务试点、濮阳县产业集聚区增量配电业务试点、南阳市中关村科技产业园增量配电业务试点。2016年，根据省政府有关要求和国网部署，河南省通过交易平台组织开展电力直接交易，累计全年成交电量320亿千瓦时，降低企业用电成本28.3亿元，涉及发电企业89家（次）、电力用户223家（次）。

（二）河南省售电市场改革路径建议

售电侧改革是一项复杂艰巨的任务，河南省的售电侧放开要以国家电力市场为平台依托，进一步明晰目标和手段，积极稳妥地推进。不盲目相信“放开万能”，不要为了“放开”而“放开”，只有做到“放开有效、监管有力”，才能真正实现“提高市场效率，优化资源配置”的改革目标。本文结合河南实际，就推进售电侧改革提出以下建议。

1. 加强改革顶层设计

英国电力体制改革初期，以新自由主义经济理论为改革理论基础，整体设计了以私有化、市场化为核心内容的改革方案，并通过1989年《电力法》将其纳入法制化轨道，从理论基础到改革方案核心指导思想再到法制法规的约束，都得到了彻底的贯彻执行。根据目前国家电改工作进度，预计各省实操方案还须解决很多关键细节，河南省要提早研究和设计可操作的、流程性的规章制度，特别就售电业务界定、安全责任划分等关键问题，提出符合河南省实情的实操设计方案。

2. 保证市场公平开放

公平、公正、公开是一个市场良好运行的根基，无论是市场监管方，还是各市场主体，保证市场公平开放都是其首要责任。开放售电市场的建设过程中，影响公平公正公开的因素是方方面面的，比如资源的占比以及信息数据的不平衡都可能影响售电市场开放的公平程度。因此有必要细化市场“三公”准则，并据此校核各市场机制，只有将“三公”落细、落小、落到位，才能有效实现市场的公平开放。

3. 构建统一开放的交易平台

一个公平开放、完整统一的交易平台是售电市场良性运行的技术保障。河南省售电侧改革应该充分利用现有平台，通过推进全国统一电力市场交易平台建设和深化应用，加强对现有技术平台公平开放度的监管，促进市场有序开展竞争，提高资源的优化配置效率，降低改革成本，提高实效性。

4. 有序放开用户选择权

放开用户选择权是售电侧放开的关键点。参照国外实施路径，基本是按照电压等级高低或用电容量大小，从大用户开始分阶段逐步放开用户选择权的，且第一阶段放开大用户的市场份额基本在30%以下。目前，英国、法国等欧洲大部分国家，以及新西兰、澳大利亚已经全部放开用户的选择权。

5. 方便终端用户购电选择

只有终端用户充分运用购电选择权，售电侧改革才能取得更好成效。在调动终端用户积极性方面，现代化手段可以派上用场，比如“互联网+”与售电业务的对接，独立售电商与终端用户的互联交互，售电商与交易平台的信息传递等等。这些能源互联网的概念和技术既可以方便终端用户，又能够帮助售电商构建广域能源信息系统，搭建终端用户和交易中心、发电商之间的信息桥梁，有效抢占市场先机，实现灵活灵巧运营。

6. 保障中小用户选择权

多元化的售电商必将提出多样化的商业模式和售电方案，客观上将增强市场的灵活性和流动性，有利于供需双方根据自身情况定制售电方案，提高电力资源优化配置水平。为增强中小用户的选择能力，保障其基本用电权益，电力部门需要就售电业务建立标准化的售电商业模式，规范其基本费用模式（如固定费率、浮动费率等）、典型售电周期（如3个月、6个月、12个月等）、基本服务保证（如接受用户投诉、向用户提供用电数据、接受节能咨询等）等；还应规定售电商有义务提供各类必要信息，例如费用构成、新能源占比（及全网平均水平）、排放指数（及全网平均水平）等，确保用户获得充分的知情权和选择权。

7. 建立信息共享机制

售电侧改革将形成多元化的售电商，但报装、计量、抄表等业务仍将由电网公司或配电公司负责。在这样的市场结构下，用电数据和信息如果无法交互和共享，将影响市场交易的组织工作，也不利于各售电公司拓展市场，更不利于其提供创新服务和增值服务。比如，根据用电数据可以分析用户的用电习惯，进而提供定制的节能服务、需求响应方案等。因此，在售电商、电网、交易中心之间共享数据和信息是市场高效运行的必然要求。河南省电力市场需要建立有效的终端用户—售电商—电网交易中心的数据和信息共享机制，由交易中心负责数据平台硬件和软件的维护，并定期从相关单位收集与维护各项数据和信息，经过必要的处理后，无差别地向市场公开。

售电侧放开是一件系统的、复杂的改革任务，牵涉的利益主体多，不可一蹴而就，必须循序渐进，稳步推动。综观世界各国的售电侧改革经验，无一不是经过长期的积累，一步步地全面放开。英国从1989年开始进行售电侧改革，经历了11年的时间才逐步实现全面放开；日本从1995年开始探索售电市场放开事宜，经过20年，到目前仍没有全面完成；法国从2000年开始逐步实施售电侧放开准入，历经7年基本完成放开事宜；更有阿根廷和俄罗斯等国家历经数年的改革，不但没有达到预期效果和目的，反而降低了市场效率、提高了电价，最终不得不重新回归垄断。所以河南省的售电侧放开要循序渐进，以国家电力市场为平台依托，明晰目标和手段，要做到放开有效，监管有力，真正实现“提高市场效率，优化资源配置”的改革目标。

参考文献

中共中央、国务院：《关于进一步深化电力体制改革的若干意见》（中发〔2015〕9号），2015 年 3 月 25 日。

马莉、张晓萱、魏哲：《法国售电侧市场放开的经验及启示》，《南方电网技术》2015 年第 8 期。

曾鸣、段金辉、李娜：《英国电力双边交易市场模式的经验借鉴》，《华东电力》2013 年第 1 期。

EDF：EDF group sustainable development indicators 2013. http：//shareholders – and – investors. edf. com/fichiers/fckedtor/comun/developmet_ duralbe/2013/indicators/EDF2013_ indicateursDD_ va. pdf.

张弛：《国际电力体制改革经验及对中国的启发》，《电力技术经济》2007 年第 19 期。

国网能源研究院：《2015 国外电力市场化改革分析报告》，中国电力出版社，2015 年 12 月。

国网能源研究院：《2014 国外电力市场化改革分析报告》，中国电力出版社，2014。

国网能源研究院：《2013 国外电力市场化改革分析报告》，中国电力出版社，2013。

管文林：《德国独立售电商的突围之路》，http：//wusuobuneng. com/archives/30671，2016 年 5 月 23 日。

井志忠、刘月君：《日、美、欧电力市场化改革分析》，《东北亚论坛》2004 年第 1 期。

B.15

创新驱动河南省能源转型升级发展的路径研究

彭俊杰*

摘　要：能源创新发展在能源革命中起决定性作用，必须摆在能源发展全局的核心位置。就河南省而言，长期高投入、高消耗、高排放、低效率的粗放型经济增长模式依然存在，经济增长与能源消耗之间的矛盾日益突出，创新驱动能源转型升级迫在眉睫。本文提出“十三五”及未来一个时期河南省应从构建技术创新体系、打造创新示范基地、建立创新服务平台等三个方面来创新驱动能源转型升级发展，着力提升能源自主创新能力。

关键词：河南省　创新驱动　能源转型升级　路径分析

能源与环境问题是事关经济社会可持续发展全局的重大战略问题。能源作为经济社会发展的物质基础，是经济增长不可或缺的要素之一。经济的高增长和能源的高消耗，产生了较多的污染物排放，导致环境的不断恶化，制约了环境的可持续发展，潜在威胁着生态系统的健康和安全。根据 IPCC① 评估报告，大气二氧化碳浓度已由工业革命前期的 280 ppm② 上升到当前的

---

* 彭俊杰，河南省社会科学院助理研究员。

① 联合国政府间气候变化专门委员会（Intergovernmental Panel on Climate Change）。

② 百万分比浓度（parts permillion）。

380ppm，21 世纪末期可能达到 700ppm，全球地表的平均温度将可能达到 1.1~6.4℃。随着全球气候变暖的不利影响日益凸显，人们对美好环境的诉求不断增强，推动能源转型升级，实现绿色发展显得尤为迫切。对于中部地区的河南省来说，长期高投入、高消耗、高排放、低效率的粗放型经济增长模式依然存在，经济增长与能源消耗之间的矛盾日益突出。针对能源发展的这一独特阶段，本文系统梳理当前河南能源领域创新发展取得的显著成效，深入探讨能源转型升级面临的问题，并提出相应的对策建议，为河南贯彻落实“内节外引”能源方针和绿色发展理念，大力实施创新驱动发展战略，加快产业转型升级提供科学依据。

一 河南能源领域创新发展取得的显著成效

当前，能源科技创新进入高度活跃期，新兴能源技术正以前所未有的速度加快对传统能源技术的替代，对世界能源格局和经济发展将产生重大而深远的影响。党中央、国务院历来高度重视科技创新，做出了一系列加快科技事业发展的重大战略举措，河南能源在创新驱动发展战略的指引下，日益成为推动全省经济社会又好又快发展、实现全面建成小康社会的重要力量。“十二五”时期，河南能源较快发展，能源技术自主创新能力得到大幅度提升，能源创新载体平台建设不断取得突破，能源发展与互联网技术融合不断深化，能源体制机制改革创新取得显著成效，能源供给保障能力不断增强，能源发展站到了转型变革的新起点。

（一）能源技术自主创新能力得到大幅提升

河南不断加大能源领域基础性、关键性产业研发投入，培育形成了全省新的经济增长点。“十二五”时期，河南先后实施了“特高压输变电装备关键技术”等一批重大科技专项，涉及项目总投入 62.07 亿元，研发投入 8.56 亿元。大量的投入有效地推动了创新能力的提升，永城煤电控股集团实施的重大科技专项“大型甲醇和醋酸联合装置关键技术研究应用”，解决了煤气化多项关键技术，可增产甲醇10%，每年直接经济效益2.2亿元，减排温室气体6.8万吨以上；许继集团紧密围绕国家电网建设要求，全面落实国家“一带一路”、“互联网+”行动计划等战略部署，不断加快重大技术装备攻关和参与重点示范工程建设，全力支撑我国和全球能源互联网的构建。在特高压输电领域，±1100千伏/5000安等一系列直流换流阀及控制保护系统、1000千伏交流控制保护及监控系统、±320千伏1000兆瓦/1500兆瓦柔性直流换流阀等达到国际领先水平；在智能变配电系统领域，研制了新一代智能变电站保护、监控、间隔层设备、电子互感器及预制式二次组合设备集成仓，CBZ-8000B智能变电站系统、省域智能配电网全景监控系统等达到了国际领先水平；在新能源发电及并网领域，研制了2兆瓦“电网友好型”风电机组和2兆瓦微风速全功率风电机组及核心设备，具备大规模风电并网、智能微电网解决方案，光伏并网逆变器、光伏电站监控系统的产品总体达到国际先进水平。

（二）能源创新载体平台建设不断取得突破

创新平台和载体是聚集创新要素、整合创新资源、有效提升自主创新能力的重要途径。河南能源领域始终坚持把构建科技创新平台载体作为实施创新驱动发展战略的一项基础性工作，整合全省优势资源，支持和引导企业增强自主创新活力，为全省创新平台建设营造了良好的政策环境，取得了显著成效。一是创新平台明显增多。截至2016年底，全省拥有省级以上企业技术中心1200余个，其中能源领域有200余个，占比17%；拥有省级重点实验室125个，其中能源领域有25个，占20%；拥有国家级重点实验室10个，能源领域占20%，其中以中国平煤神马能源化工集团有限责任公司建设的“炼焦煤资源开发及综合利用国家重点实验室”、河南天冠企业集团建设的“车用生物燃料技术国家重点实验室”为代表。二是创新平台研发投入稳步增长。2016年，全省省级以上企业技术中心研究与试验发展经费投入276.06亿元，同比增长40.1%，其中，能源领域同比增长20.2%，增速比全国平均水平高1.5个百分点。三是创新成果不断增加。2016年，全省能源方面省级以上企业技术中心专利申请数1151件，同比增长14.6%，其中，发明专利申请347件，同比增长25.6%。

（三）能源发展与互联网技术融合不断深化

推动能源发展与互联网技术的互动融合，有助于全面提升电力系统的智能化水平和促进集中与分散的清洁能源开发消纳，充分发挥智能电网在现代能源体系中的关键作用。近年来，国网河南电力公司作为关系全省国民经济命脉、能源安全和人民生产生活的国有骨干企业，全面落实创新驱动发展战略，大力推动构建“全球能源互联网”，实施“清洁替代、电能替代”战略，倡导绿色、节能、低碳的生活方式。坚强智能电网建设稳步推进，“十二五”实现总投入突破1100亿元，较“十一五”时期实现翻番，500千伏“两纵四横”梯形主网架进一步完善，全部县域实现110千伏双电源供电，累计治理“低电压”用户408万户，实现电网整体供电能力由2010年的4000万千瓦提高到6000万千瓦。第一个分布式光伏发电及微网运行控制试点工程——河南财专分布式光伏发电及微网运行控制工程建成投运，累计发电量达97.52万千瓦时。与国家电网公司签订《“十三五”电网发展合作框架协议》，大力发展以特高压电网为骨干网架、各级电网协调发展的坚强网架为基础，以通信信息平台为支撑的坚强智能电网，“十三五”投入1800亿元。加快电能替代进程，预计“十三五”期末，电能替代电量累计完成600亿千瓦时，相当于在消费终端减少烧煤2871万吨，减排二氧化碳5110万吨，减排二氧化硫、二氧化物、粉尘等370万吨。

（四）能源体制机制改革创新取得显著成效

一是电力体制改革不断深化，电力市场建设、交易机构组建、发用电计划放开、售电侧和输配电价改革加快实施，加大提升电力资源配置的市场化程度，形成以电网企业、发电企业、售电企业、电力用户等市场主体为核心的统一开放、有序竞争的市场体系。二是能源管理制度不断创新。大幅取消和下放行政审批事项，行政审批制度改革成效明显，对能源企业制定相应的配套措施，加强事中事后监管。对能源领域保留的审批事项，不断优化流程、简化手续，积极推行优化程序、在线办理等手段，规范审批行为、提高审批效率。三是油气体制改革稳步推进。按照国家部署，引导供需双方进入天然气交易中心开展交易，逐步建立由公开交易形成气价机制，不断深化非居民气价改革，为天然气完全市场化改革奠定基础。取消电煤价格双轨制，煤炭资源税改革取得突破性进展，能源投资进一步向民间资本开放。

二　创新驱动河南能源转型升级发展存在的问题

随着经济进入新常态，全省能源发展进入新的阶段。当前，国内能源发展呈现消费增速回落，消费方式进入油气替代煤炭、非化石能源替代化石能源双重更替期，能源发展动力向科技和体制创新转变，能源系统形态向集中式供能与分布式供能并重的系统形态转变。聚焦河南，全省能源需求增长放缓、供应宽松已成新常态，能源供需市场从卖方市场向买方市场转变，能源消费增长动力从高耗能产业逐步向服务业和居民生活转变，能源结构正在从高碳向低碳绿色化转变。但是，结合能源创新发展前沿趋势，立足河南实际，全省能源发展在认识新常态、适应新常态、引领新常态上还存在一些不足，以创新驱动河南能源转型升级还存在一些问题。

（一）能源科技创新水平亟待提高

当前河南能源发展的自主创新基础薄弱，科技基础条件和基础设施难以支撑主流能源技术创新。例如，部分关键核心技术装备仍受制于人，重大能源工程依赖进口设备现象较为普遍，大功率风机、高效太阳能发电、储能、燃气轮机、电网智能化等自主研发的关键技术产业化应用尚未突破，清洁能源技术产业化推广应用面临诸多挑战，高性能、高技术含量能源装备产品的设计、制造能力同国外相比差距较大；创新模式有待升级，引进消化吸收的技术成果较多，与省情相适应的原创性成果不足，与能源相关的国家重点实验室、国家工程技术中心、国家认定企业技术中心、企业国家重点实验室少，技术“空心化”和技术对外依存度偏高的现象尚未完全消除；创新体系有待完善，能源科技信息建设与管理滞后，创新投入的低收益问题仍较为突出。

（二）能源科技创新体制有待完善

能源领域垄断体制尚未取得实质性突破，油气体制改革尚未破题，能源价格市场化形成机制尚未建立；能源科技管理职能交叉、多头管理、效率不高的问题依然存在，促进科技创新的财税政策不健全，技术与产业政策法规之间协调性差。科技创新尚未成为国有企业考核体系的实质性指标，创新成果没有与企业管理团队的利益挂钩，政府作用的“缺位”与“越位”现象并存。随着《中共中央国务院关于进一步深化电力体制改革的若干意见》（中发〔2015〕9 号）及系列配套文件出台实施，电力体制改革有序进行，河南应该主动作为，不断创新体制机制，积极推进能源领域改革，通过改革还原能源商品属性，理顺生产、供应和需求关系，激发发展潜力，为全省经济社会发展提供有力保障。

（三）企业自主创新主体作用发挥不足

能源企业由于具有资金密集型及资源密集型的行业属性，在企业性质上以国有企业为主，但由于国有企业的经营班子相比民营企业而言，一般缺乏推进科技创新的内在动力，更多企业乐于追求低成本劳动力和垄断优势，直接造成能源企业技术创新主体动力不足等问题。例如，就企业研发密度而言，《2014 年中国能源企业创新发展报告》指出，能源行业平均研发密度低于中国企业联合会 2014 年发布的中国 500 强企业 1.25% 的水平，更低于同一排行榜制造业 500 强的 1.78%。而根据经济合作与发展组织（OECD）的标准，研发强度值为 1% ~4% 才属于创新能力中等的标准区间；就全员劳动生产率来看，能源企业平均全员劳动生产率为 169 万元/人，该水平低于中国企业联合会发布的 2014 中国 500 强（181 万元/人）、全国工商联发布的 2014 中国民营企业 500 强（179 万元/人）的水平，也低于 2013 年石化行业民营百强企业（285 万元/人）的水平。结合创新驱动能源行业转型发展的时代要求来看，能源企业还无法真正发挥创新引领的主体作用。

（四）清洁能源发展任务艰巨

为应对全球变暖，我国承诺 2030 年左右二氧化碳排放达到峰值并将努力早日达峰，单位地区生产总值二氧化碳排放量比 2005 年下降 60% ~ 65%，非化石能源占一次能源消费比重提高到 20% 左右，这对于发展清洁能源、提升河南能源生产消费的环境承载能力提出更严峻的挑战。当前，河南煤炭消费占一次能源消费总量的 76.5%，高于全国平均水平 12.5 个百分点。“以气代煤”和“以电代煤”等清洁能源替代成本高，洁净型煤推广困难，大量煤炭在小锅炉、小窑炉及家庭生活等领域散烧使用，污染物排放严重。高品质清洁油品利用率较低，交通用油等亟须改造升级。另外，天然气消费水平明显偏低与能力阶段性富余问题并存，基础设施不完善，管网密度低，储气调峰设施严重不足，输配成本偏高，扩大天然气消费面临诸多障碍，需要推进商业模式创新，尽快拓展新的消费市场。

三　创新驱动河南省能源转型升级发展的对策建议

“十三五”时期创新驱动河南能源转型升级发展，应坚持以国家战略和河南省地方发展需求为导向，加快构建“四大技术创新体系、四大创新示范基地、三大创新服务平台”，紧跟能源产业转型升级步伐，集中力量突破重大关键技术瓶颈，为实现经济社会发展、应对气候变化、环境质量改善等多重发展目标提供技术支撑和持续动力。

（一）加快构建四大技术创新体系

一是加快构建清洁高效化石能源技术创新体系。进一步提高煤炭开发效率和油气资源采收率，加强致密气、致密油、稠油、页岩气、页岩油和煤层气等勘探及低成本高效开发，研发深水油气有效开发关键技术及装备，提升全省煤油气资源的自我供给和保障能力。在清洁高效燃煤发电领域，研究二氧化碳低能耗、大规模捕集技术，二氧化碳驱油利用与封存技术，掌握具有自主知识产权先进超超临界机组、大型 IGCC 机组、循环流化床机组设计制造技术，研发低能耗大规模二氧化碳捕集工艺与设备，积极开展多污染物一体化脱除技术和工艺的自主化研发。

二是加快构建新能源电力系统技术创新体系。研究 8MW－10MW 陆上风电机组关键技术，建立大型风电场群智能控制系统和运行管理体系。突破高效太阳能电池的产业化关键技术，发展新型太阳能电池技术，持续提高光伏发电系统的能量转换效率、经济性和智能化水平。积极开展地热能利用关键技术及装置研发和示范工程建设。在高比例可再生能源并网及传输领域，重点突破大型可再生能源基地和大量分布式可再生能源并网、特高压直流与柔性输电核心技术与装备等关键技术；进一步提升电网和互联网信息的相互融合及源网荷协同水平；在现代信息通信技术的运用、新型电力设备制造及传统电力设备的智能升级等方面持续取得进展。推进能源互联网建设，加强智能配电与用电网络建设，促进分布式能源和多能互补式发电项目在微网中的利用，积极开展能源互联系统运营交易技术研究。

三是加快构建战略性能源技术创新体系。从国民经济和社会发展的战略高度出发，重点加强先进高效微小型燃气轮机、重型燃气轮机、特殊领域专用燃气轮机关键技术的开发；进一步研发高能量密度特种清洁油品的制造技术，发展煤直接液化、煤衍生油等制造清洁燃料和特种油品的成套技术；积极开展氢能利用及燃料电池发电技术研究，发展高效催化技术，研究高效低成本氢气储运技术，推动高性能低成本燃料电池发电产业化；积极开展高温超导材料基础性研究，实现超导输电、超导储能和超导电力装备的突破。

四是加快构建能源技术装备创新体系。依托风电产业基础和陆上风电工程建设，提升大功率风机整机制造能力；依托可再生能源综合利用基地建设，重点发展高效晶体硅太阳能电池、薄膜太阳能电池及其核心设备，推动生物质能、地热能等可再生能源产业发展；依托清洁煤电技术研发，做强清洁煤电装备及电力成套装备产业。积极发展纯电动汽车、插电式混合动力汽车等新能源汽车整车及关键零部件制造，加快发展 LNG 运输车辆、船舶等环保型运输装备产业。加快提升全省重大技术装备和高技术装备的设计、制造和系统成套水平及自主化能力，积极推进能源装备产业与互联网、物联网融合发展，推动产业创新升级。

（二）着力打造四大创新示范基地

一是着力打造可再生能源综合利用创新示范基地。坚持分散利用与集中开发并举，因地制宜发展可再生能源，推动多能互补供能，加强综合利用。平原地区稳步发展风电，大力发展太阳能，扩大光伏发电“领跑者”建设规模。山地丘陵地区重点发展水电、生物质能、太阳能、风光水储一体化集成供能等，各城市、中心镇结合工业厂房、公共建筑屋顶、商业和旅游综合体等推进光伏、光热、地热能等利用，广大农村地区推进太阳能、屋顶光伏、沼气等利用。

二是着力打造“互联网 +”智慧能源创新示范基地。加快推进河南“互联网 +”智慧能源行动计划，探索城市能源互联网试点，逐步实现“源—网—荷—储—用”系统协调优化。通过大数据、云计算等互联网技术运用，率先探索智慧能源管理平台、智慧能源监测中心、智能电网综合建设工程。依托许昌学院电力系统动模实验室智能微电网、信阳师范学院 5KW 光伏微电网等示范项目和分布式能源示范项目，通过集成新能源、新材料、新设备，融合信息、控制、传感、储能等新技术，积极探索能源生产、传输、消费的智能化、信息化、互动化，实现能源智慧互联、系统优化、效能提升。

三是着力打造煤电一体化发展创新示范基地。在煤电企业长期合作基础上，探索煤矿与电站定点、定量、定煤种的稳定供应模式，加大力度将煤炭就近转化为电力，提高煤炭利用效率和缓解能源缺口不断扩大背景下能源运输的压力；推进煤电一体化发展，重点推进煤电存量资产兼并重组，坚持新增动力煤矿井煤电一体化开发，逐步形成政府监管、企业运作、市场驱动的煤电可靠供应新格局，促进煤电持续稳定健康发展。以河南骨干煤炭企业为试点示范，利用煤矸石、中煤、煤泥、矿井水资源等低热值资源发电，大力推动骨干煤炭企业利用瓦斯发电，以提高资源的利用效率，同时增加有效、高端能源的供给。

四是着力打造能源科技装备产业创新示范基地。依托河南能源科技装备产业基础，推动产业创新升级，优化空间布局，全面实施清洁能源产业工程，积极创建国家级大型风力发电装备产业化研发制造基地、吉瓦（GW）级太阳能电池生产基地，实现储能装备、大功率风机、新能源汽车、LNG运输装备、智能电网等制造的产业化，提高全省高技术装备、重大能源装备的研发、系统成套和制造能力。

（三）积极建立三大创新服务平台

一是积极建立技术创新研发平台。要围绕河南经济社会发展对能源创新的需求，依托高校、重点实验室、中试基地、工程技术中心等研发机构和人才团队，整合相关科技资源和创新要素，建设具有产业特色、产学研紧密结合的公共平台。注重高层次领军人才及团队的引进与培养，形成人才高地，瞄准能源领域国家重大专项工程，整合现有科研力量，建设一批能源创新中心和实验室。进一步激发能源企业、高校及研究机构的创新潜能，推动大众创业、万众创新，鼓励加强合作，建立一批技术创新联盟，推进技术集成创新。强化企业创新主体地位，健全市场导向机制，加快技术产业化应用，打造若干具有国际竞争力的科技创新型能源企业。依托现有人才计划，强化人才梯队建设，培育一批能源科技领军人才与团队。

二是积极建立创新资源共享平台。以国家技术转移郑州中心建设为依托，加快能源技术转移的组织创新和模式创新，集聚和培育一批技术转移机构，布局建设一批技术转移分中心，构建专业化、网络化、开放式的能源技术转移市场体系。利用现代信息技术手段，运用共建共享机制，对能源领域现有的大型科学仪器、设备、设施、科学数据、科技文献、自然科技资源等进行整合、重组和优化，为创新发展提供技术支持。积极对接高校、科研院所、企业、投融资机构等各类创新主体，整合利用国内外能源技术、成果、人才等各类创新资源，集成国际国内技术转移、创新成果展示和发布、科技资源共享、技术交易、知识产权服务、科技金融服务等各类服务功能。

三是积极建立国内外交流与合作平台。在能源技术领域推进国际合作，广泛开展双边、多边合作与交流，加强与优势国家和地区在高效储能、高比例可再生能源消纳、非常规油气开发、先进能源材料、碳捕集封存利用、燃气轮机等领域的合作，提高全省在相关领域的技术水平。充分利用全省优势企业在新能源、大型水电、输配电、煤炭深加工、清洁燃煤发电等领域的优势地位，依托重大工程建设和政府合作平台，支持能源技术走出去。深度融入国家"一带一路"建设，利用沿线国家和地区的资源优势，进行能源技术领域务实合作，培育有全球影响力的先进能源装备制造基地，打造有国际竞争力的能源工程人才队伍。

参考文献

李文浩：《中国低碳经济的发展研究——基于能源开发与经济增长的视角》，《经济学家》2012 年第 1 期。

朱沁夫：《海南绿色发展道路的基础：互联网 + 能源创新》，《中国人口 · 资源与环境》2016 年第 1 期。

苏竣、张芳：《政策组合和清洁能源创新模式：基于光伏产业的跨国比较研究》，《国际经济评论》2015 年第 5 期。

邵庆龙、饶蕾：《可再生能源创新的影响因素分析——基于 OECD 国家的实证检验》，《软科学》2016 年第 1 期。

河南省统计局：《河南省统计年鉴 2016》，中国统计出版社，2016。

B.16 河南省跨越中等收入陷阱过程中电力经济发展趋势研究

白宏坤*

摘　要：　当前，河南正处于“跨越中等收入陷阱”的关键时期，经济发展方式和电力经济关系呈现出不同于以往的新特征，亟须深入研究经济与电力关系的新规律、新趋势，为能源电力科学决策提供支撑。本文从“中等收入陷阱”的产生机理、关联关系入手，对比分析了我国与典型国家（日本、韩国、巴西、阿根廷等）在“跨越中等收入陷阱”过程中的经济电力发展特征，并对我国及河南未来一段时期的经济与电量变化趋势进行了预判。

关键词：　河南省　中等收入陷阱　电力经济特征　趋势研究

“中等收入陷阱”是指当一个国家的人均收入达到中等水平后，陷入经济增长停滞期，在相当长的时间内无法成功跻身高收入国家行列的现象。据亚洲开发银行研究，如果一个国家进入中低收入国家行列超过 28 年未达到中高收入标准，可认为其落入“中低收入陷阱”；进入中高收入国家行列但未能在 14 年内进入高收入行列，可认为其落入“中高收入陷阱”。依据 2011 年 7 月世界银行划定的“中等收入”水平标准，河南省目前正处于跨越“中等收入

* 白宏坤，国网河南省电力公司经济技术研究院教授级高级工程师，工学博士，研究方向为能源电力经济、电网规划与设计。

陷阱”的关键期，经济发展方式、电力经济关系、电力需求特征都发生了变化。本文从“中等收入陷阱”的产生机理入手，分析总结了陷入“中等收入陷阱”国家以及实现成功跨越国家所呈现出的电力经济特征，对河南在跨越“中等收入陷阱”过程中的经济与电量变化趋势进行了预判。

一 中等收入陷阱的含义及产生机理

（一）中等收入陷阱的含义及划分标准

世界银行根据人均国民总收入 GNI① 对经济体进行分类，划分出低收入、中等收入和高收入国家。根据 2011 年 7 月标准，低收入为年人均 GNI 在 1005 美元及以下，中等收入为 1006～12275 美元，高收入为 12276 美元及以上。其中，在中等收入标准中，又划分中低收入和中高收入两类。前者标准为 1006～3975 美元，后者标准为 3976～12275 美元（见表 1）。

2007 年，世界银行首次提出了“中等收入陷阱”的概念：当一个国家的人均收入达到中等水平后，陷入经济增长停滞期，在相当长的时间内无法成功跻身高收入国家行列。

表 1　世界银行根据人均国民总收入水平划分经济发展阶段

阶段划分	低收入	中等收入		高收入
		中低收入	中高收入	
年人均 GNI 水平	1005 美元及以下	1006～3975 美元	3976～12275 美元	12276 美元及以上

据统计，1960 年以来的 101 个中等收入经济体中，只有赤道几内亚、希腊、爱尔兰、以色列、日本、毛里求斯、葡萄牙、西班牙、波多黎各、新加坡、韩国、中国台湾和香港 13 个经济体先后跻身高收入经济体行列，成

① 1993 年联合国将 GNP（Gross National Product）改称为 GNI（Gross National Income），即国民总收入，指一个国家所有由该国国籍的公民（在国内或国外）在一定时期产生的商品和劳务的价值总额。

功跨越“中等收入陷阱”。而另外一些发展中经济体，如巴西、阿根廷等拉美国家，在达到中等收入水平之后，增长速度显著放缓，长期不能达到高收入标准，陷入“中等收入陷阱”。

（二）中等收入陷阱的产生机理

经济的增长主要由供给和需求相互作用推动。从供给侧看，依据宏观经济增长函数 $Y = A \cdot F(K, L, E)$①，劳动、资本、能源以及技术进步四大要素中，资本供给总量的充足程度、劳动力供给的质量、能源供应的结构及保障力度、技术创新的支持力度和创新机制的合理性，将会影响宏观经济增长和国民收入水平。

从需求侧看，投资、消费、出口“三驾马车”中，投资结构的合理性、消费的支持力度、政府购买和转移支付的方向、净出口的战略导向，将直接影响国民收入的水平。

从制度侧看，制度是宏观经济增长和国民收入水平提升的保障，包括经济体制、社会分配制度、产权制度以及创新的体制机制等。高效的制度体系能够刺激经济发展主体，使之更加有效、积极地配置资源发挥效用。

以巴西为代表的拉美国家，过早地推进资本密集型的重化工业发展，忽视劳动密集型产业发展，造成供给侧劳动和资本要素的结构性失调，严重影响地区经济总产出，并造成了高失业率；同时，这些拉美国家还没有认识到消费需求对经济的拉动作用，使得三驾马车无法实现对经济的均衡拉动，中低收入阶层消费严重不足，陷入“中等收入陷阱”。多米尼加共和国在进行产业结构转型的同时，没有充分做好制度准备，基础教育和社会服务的投入和保障严重不足，产业转型得不到制度支持，最终陷入“中等收入陷阱”。这些国家落入“中等收入陷阱”的主要原因是在供给侧要素支持方面、需求侧拉动经济发展方式方面、制度侧对经济转型保障方面出现了问题。

---

① 宏观经济增长函数，其中 Y 表示总产出，A 表示技术水平，K 表示资本投入，L 表示劳动投入，E 表示能源投入，是从传统的柯布－道格拉斯增长函数 $Y = Af(K, L)$ 入手，将能源消费作为生产要素纳入模型体系的。

陷入“中等收入陷阱”会对经济体产生一系列负面影响，主要体现为经济增长不稳定，增长速度缓慢甚至停滞，金融体系脆弱；民主乱象，腐败多发，社会动荡；贫富分化，收入分配不均，收入差距过大；公共服务短缺，就业困难，社会保障水平低；过度城市化等。

二　跨越“中等收入陷阱”时期典型地区对比分析

受长序列数据获得限制，笔者以巴西、阿根廷作为陷入“中等收入陷阱”的典型国家，以日本、韩国作为跨越“中等收入陷阱”的典型国家进行对比分析。

（一）收入阶段对比分析

阿根廷、巴西较长时间处于中等收入阶段，陷入“中等收入陷阱”。阿根廷人均 GNI 在 1965 年为 1230 美元，2012 年达到 11870 美元，从而走出“陷阱”，处于中等收入阶段长达 47 年；巴西人均 GNI 在 1975 年为 1170 美元，2015 年达到 9850 美元尚处于“陷阱”中，处于中等收入阶段长达 40 年。世界四国、全国与河南人均 GNI 及各收入阶段年份划分详见表 2、表 3。

表 2　世界四国、全国及河南人均 GNI

单位：美元

区域	1965 年	1970 年	1975 年	1980 年	1985 年	1990 年	1995 年	2000 年	2005 年	2010 年	2015 年
阿根廷	1230	1320	2700	2940	2650	3170	7330	7440	4600	9240	12460
巴　西	280	440	1170	2180	1560	2710	3680	3840	3910	9650	9850
日　本	890	1810	5060	10670	11360	27560	41270	34980	39140	41980	36680
韩　国	130	260	640	1900	2510	6480	11650	10750	17800	21320	27440
中　国	100	120	200	220	290	330	540	930	1750	4300	7820
河　南	—	—	—	207	197	228	395	658	1385	3611	6281

资料来源：世界四国及中国数据来自世界银行数据库。

说明：河南省不统计 GNI 数据，本文用河南人均 GDP 代替人均 GNI 作为衡量指标。经验证，1962 ~ 2015 年间，中国人均 GDP 和人均 GNI 平均偏差率为 2.33%，具有较强的可替代性。

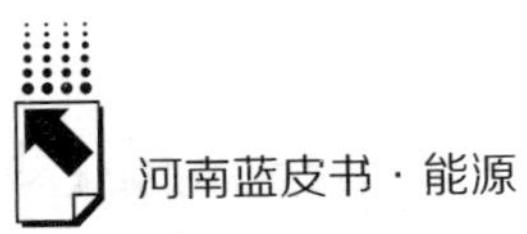

表 3　世界四国、全国及河南各收入阶段年份划分

地区	低收入	中低收入	中高收入	高收入
阿根廷	20 世纪 60 年代前	1965 ~ 1991 年	1992 ~ 2012 年	2013 ~ 2015 年*
巴　西	1974 年前	1975 ~ 1995 年	1996 ~ 2015 年	
日　本	1965 年前	1966 ~ 1973 年	1974 ~ 1985 年	1986 ~ 2015 年
韩　国	1977 年前	1978 ~ 1988 年	1989 ~ 1995 年	1996 ~ 2015 年
中　国	2000 年前	2001 ~ 2010 年	2011 ~ 2015 年	
河　南	2003 年前	2004 ~ 2011 年	2012 ~ 2015 年	

说明：2013 年阿根廷人均 GNI 为 12850 美元，从划分标准看，其已经进入高收入国家行列。

日本、韩国处于中等收入阶段历时 20 年左右，成功跨越了“中等收入陷阱”。日本和韩国分别于 1986 年和 1996 年跨入高收入国家行列，日本人均 GNI 在 1966 年为 1030 美元，1986 年达到 13650 美元，历时 20 年；韩国人均 GNI 在 1978 年为 1250 美元，1996 年达到 13080 美元，历时 18 年。

中国目前处于中等收入阶段。中国人均 GNI 在 2001 年为 1010 美元并进入中等收入阶段，2015 年达到 7820 美元，历时 14 年。其间，我国经济经历了两位数的高速增长，近期进入中高速发展的新常态。

河南目前处于中等收入阶段。河南人均 GNI 在 2004 年为 1112 美元并进入中等收入阶段，2015 年达到 6281 美元，历时 11 年。长期以来，河南 GDP 增速变化与全国趋势一致，比全国平均水平高出 1 ~ 2 个百分点，近期增速呈现稳中趋缓态势。

（二）经济指标对比分析

1. 人均 GDP 水平对比分析

巴西、阿根廷人均 GDP 起伏波动较大，多次出现下滑停滞情况。阿根廷人均 GDP 自 1965 年以来累计出现 8 次下滑，特别是 1997 ~ 2001 年持续 4 年下降，由峰值 8249 美元/人降到 2579 美元/人，降幅达到 69%。巴西人均 GDP 自 1975 年以来累计出现 7 次下滑，特别是 1996 ~ 2001 年持续 5 年下降，由峰值5260美元/人降到2806美元/人，降幅达到47%；近年来再次出现下滑趋势，人均GDP从2011年的13039美元降到2015年的8539美元（见图1）。

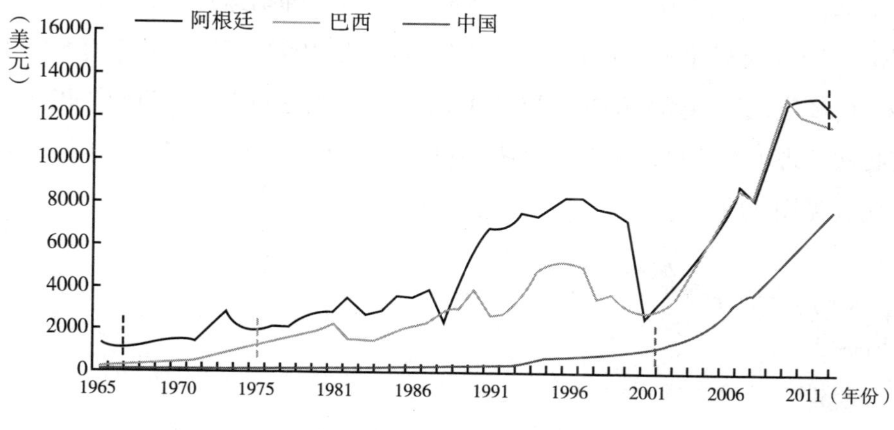

图1　阿根廷、巴西、中国人均GDP对比

日本、韩国人均GDP呈波动增长态势，中国保持持续增长。中等收入时期，日本人均GDP持续增长；韩国只有1次短期下滑，由1995年的13255美元/人下降到1997年的8134美元/人，降幅38%。中国人均GDP也呈持续增长态势（见图2）。

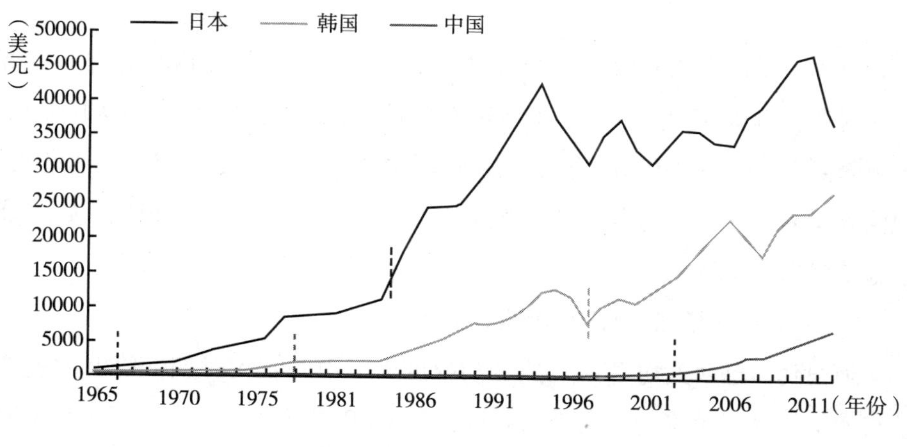

图2　日本、韩国、中国人均GDP对比

2. 人均 GNI 水平对比分析

巴西、阿根廷人均 GNI 起伏波动较大，多次出现下滑停滞情况。阿根廷人均 GNI 自 1965 年以来累计出现 7 次下滑，特别是 1997 ~ 2003 年持续 6 年下降，由峰值 8110 美元/人降到 3550 美元/人，降幅达到 56%。巴西人均 GNI 自 1975 年以来累计出现 5 次下滑，特别是 1997 ~ 2003 年持续 6 年下降，由峰值 5030 美元/人降到 2920 美元/人，降幅达到 42%。近年来巴西经济再次出现下滑趋势，人均 GNI 从 2013 年的 12180 美元降到 2015 年的 9850 美元（见图 3）。

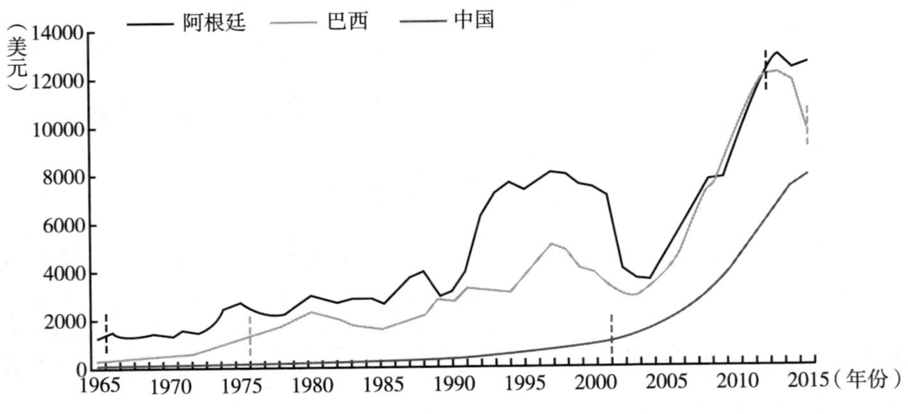

图 3　阿根廷、巴西、中国人均 GNI 对比

日本、韩国人均 GNI 呈微幅波动增势，中国则呈持续增长态势。中等收入时期，日本人均 GNI 只有 1 次短期微弱下滑，由 1981 年的 10940 美元/人下降到 1983 年的 10060 美元/人，降幅仅 8%；韩国人均 GNI 持续增长。中国人均 GNI 增长态势与“中等收入”时期的日本、韩国较相似，始终处于增长状态（见图 4）。

3. 人均 GNI 增速与 GDP 增速对比分析

阿根廷、巴西人均 GNI 增速变动幅度大。中等收入时期，GDP 增速变动与人均 GNI 增速变动方向大致相同，但 GDP 增速变化较稳定，人均 GNI 增速变化幅度较大，且不稳定（见图 5、图 6）。

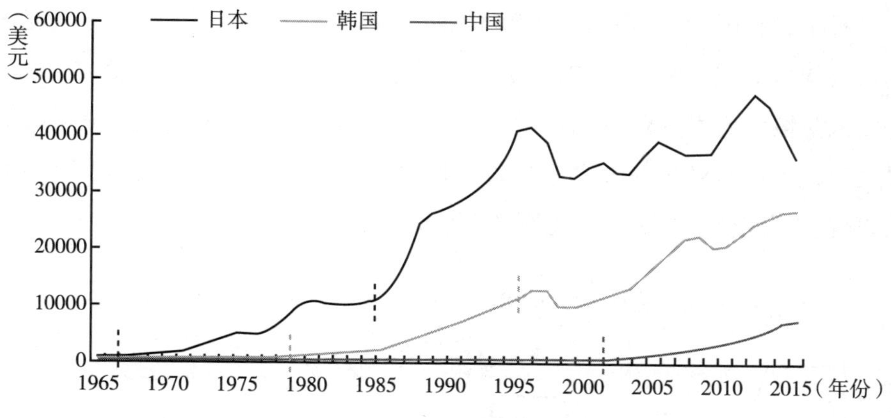

图 4　日本、韩国、中国人均 GNI 对比

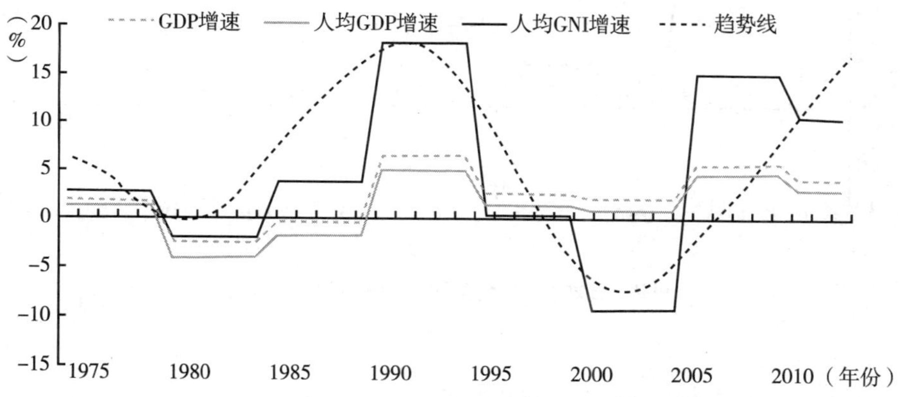

图 5　阿根廷 GDP 增速和人均 GNI 增速对比

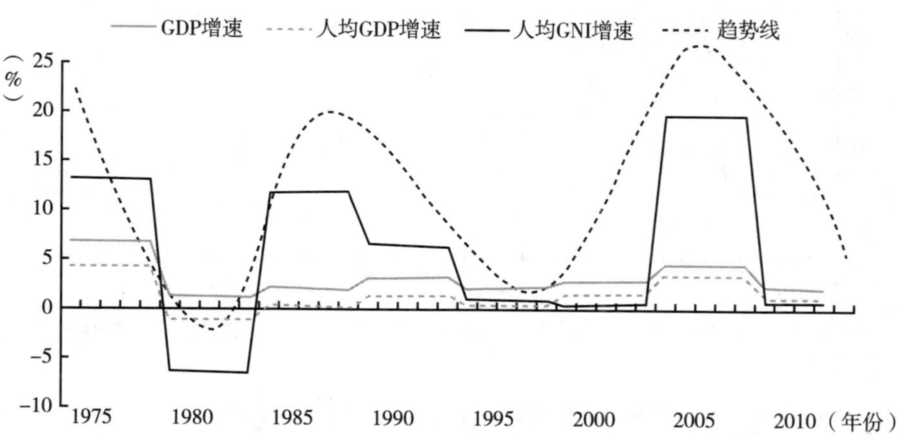

图 6　巴西 GDP 增速和人均 GNI 增速对比

日本、韩国人均 GNI 增速变动趋缓。在研究时间周期内，GDP 增速变动与人均 GNI 增速变动方向一致，逐步从较高增速向较低增速变化。在中等收入阶段，人均 GNI 变动幅度远大于 GDP 变动幅度；在跨入高等收入水平之后，人均 GNI 增速变动幅度逐步收窄；在跨越关键期，人均 GNI 的增长率变动幅度会逐步收窄（见图 7、图 8）。

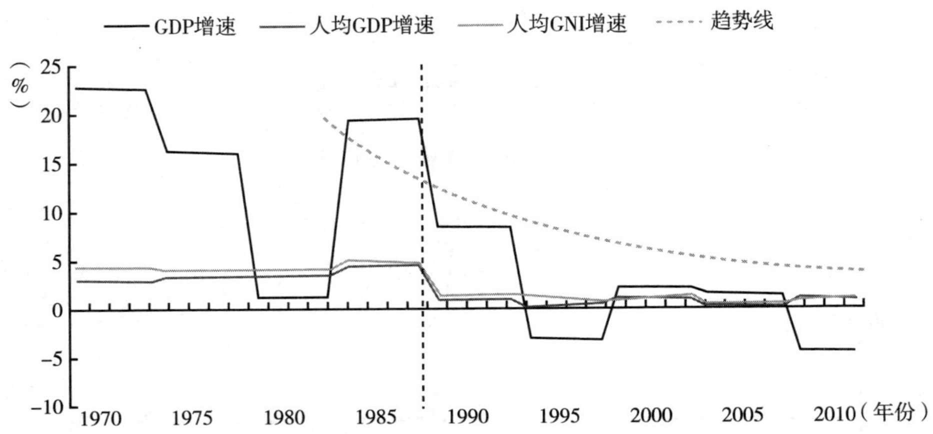

图 7　日本 GDP 增速和人均 GNI 增速对比

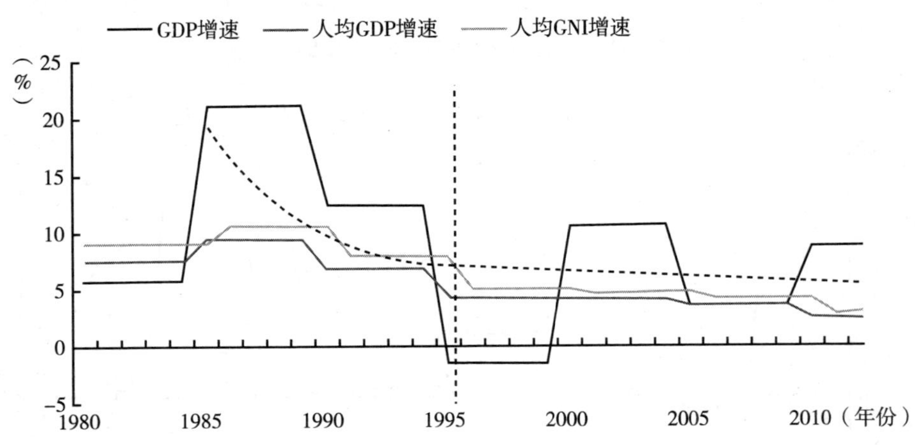

图 8　韩国 GDP 增速和人均 GNI 增速对比

中国与河南人均GNI增速变动趋缓。2005年以来人均GDP、人均GNI走势较为一致，均呈现变化幅度缓慢减弱的趋势，这一趋势与日韩跨越“中等收入陷阱”关键期所呈现的趋势基本一致（见图9、图10）。

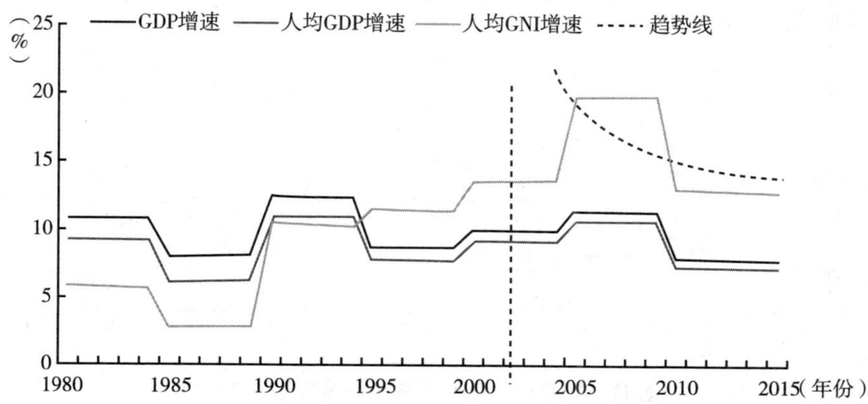

图9　中国GDP增速和人均GNI增速对比

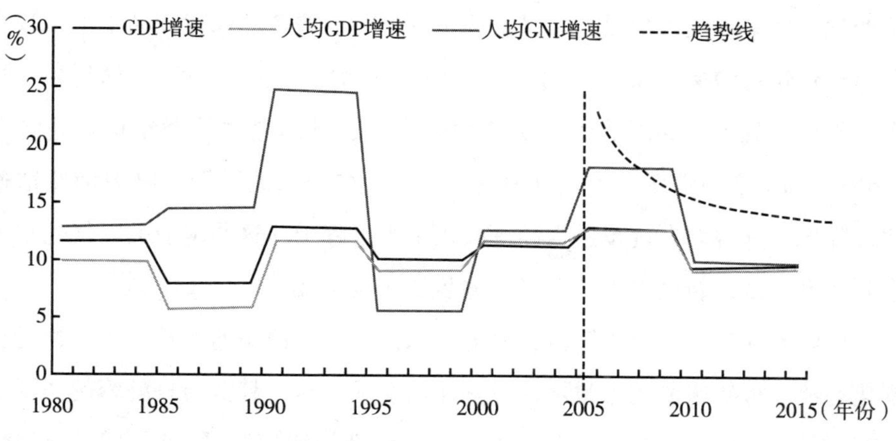

图10　河南GDP增速和人均GNI增速对比

（三）电力消费对比分析

阿根廷、巴西中等收入时期，电力消费增长呈波动下行态势。阿根廷电力消费增速不稳定波动与其制度功能缺失导致资源开发不稳定有密切的关系；巴西电力消费增速从1983年开始逐步下降，于1990年呈低速波动下行态势（见图11）。

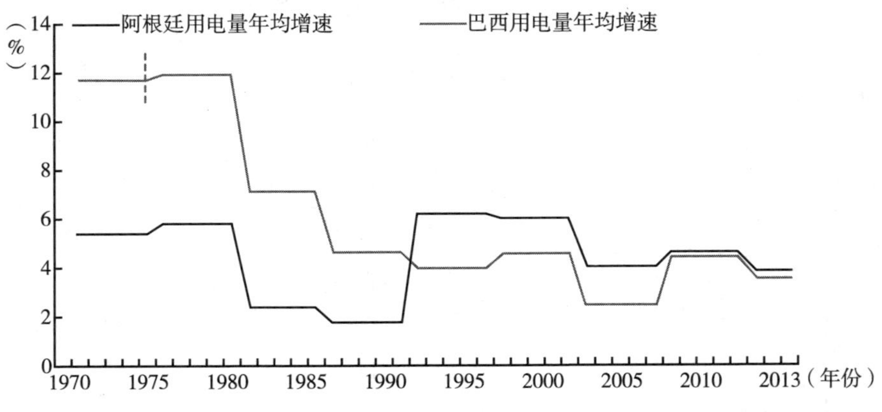

图11 阿根廷、巴西用电量增速变化趋势

日本、韩国在研究时间周期内，电力消费增速逐步从较高增速向较低增速变化。在中等收入阶段，日本、韩国的电力消费增速保持较高水平，日本电力消费年均增速为6.1%，韩国电力消费年均增速为11.2%；达到高等收入水平后，日本和韩国的电力消费增速下降，日本电力消费年均增速降为1.6%，韩国电力消费年均增速降为6.6%；在跨越关键期，电力消费增速逐步降低。这说明在逐步进入高等收入水平过程中，这些国家的电气化水平达到较高程度，新增电力消费潜力逐步变小（见图12）。

中国和河南中等收入阶段，用电量增速均呈现由快速增长向中低速增长变化态势。近年来的用电量增速下降比较明显，这一趋势与日韩跨越关键期的特征较为一致。经济新常态背景下的经济结构转型升级、用电结构优化，是用电量增速变缓的主要原因（见图13）。

（四）经济与电力结构对比分析

阿根廷、巴西在中等收入时期，经济结构中第二产业占比不超过40%并持续下降，在中高收入时期基本达到30%以下；其间电力结构中第二产

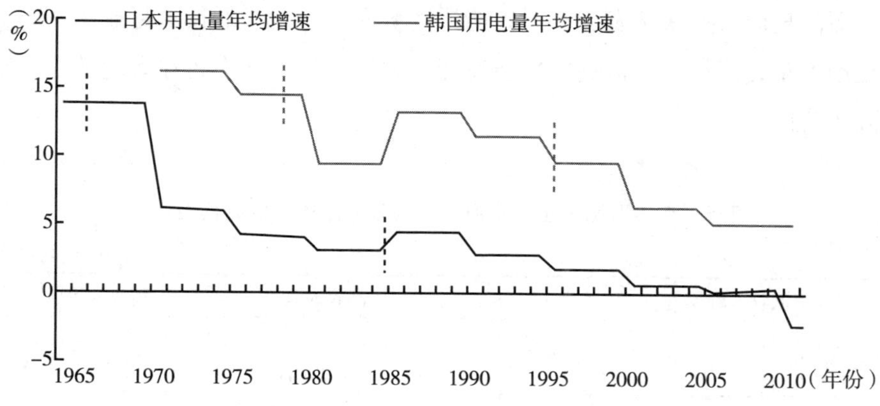

图 12　日本、韩国用电量增速变化趋势

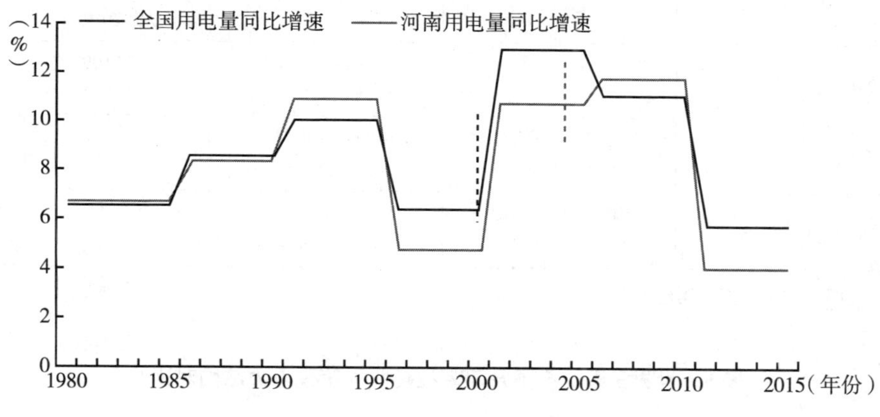

图 13　中国、河南用电量增速变化趋势

业占比在45%以下，并呈现小幅下降态势。世界四国、全国及河南第二产业在各收入阶段产业结构及电力结构对比见表4、表5。

日本、韩国在中等收入时期，经济和电力结构中第二产业占比较为稳定；高收入时期，第二产业占比均有下降趋势。原因在于两国产业结构调整进程均遵循“轻工业—重工业—现代服务业—新兴战略产业”的发展路径。

全国、河南在中等收入时期，经济结构和电力结构中第二产业占比均出现了“先升后降”的态势，且用电比重一直高于70%。原因是产业结构正在经历高耗能行业快速发展——以能源资源密集行业和低技术行业为主的旧增长动力正在退出——以高端制造业为代表的新增长动力正在崛起的这一结构调整阶段。

表 4　世界四国、全国及河南在各收入阶段产业结构对比

单位：%

地区	低收入阶段	中等收入阶段	中高收入阶段	高收入阶段
阿根廷	—	36(1990 年)	28(1995 年) 30(2012 年)	—
巴西	—	38.7(1990 年) 27.5(1995 年)	26(1996 年) 26(2012 年)	—
日本	—	—	—	37.5(1990 年) 26(2012 年)
韩国	—	—	41.6(1990 年) 41.9(1995 年)	41.3(1996 年) 38(2012 年)
全国	—	44.7(2001 年) 46.2(2010 年)	46.1(2011 年) 40.5(2015 年)	—
河南	—	48.9(2004 年) 57.3(2011 年)	56.3(2012 年) 49.1(2015 年)	—

说明：表中数据为第二产业占比。

表 5　世界三国、全国及河南在各收入阶段电力结构对比

地区	低收入阶段	中等收入阶段	中高收入阶段	高收入阶段
巴西	—	—	44.5(1998 年) 42.1(2012 年)	—
日本	—	—	—	44.5(1990 年) 29.5(2012 年)
韩国	—	—	61.2(1990 年) 61.4(1995 年)	54.4(2000 年) 50.9(2012 年)
全国	—	72.5(2001 年) 74.9(2010 年)	75.0(2011 年) 72.2(2015 年)	—
河南	—	75.8(2004 年) 77.4(2011 年)	74.9(2012 年) 75.7(2015 年)	—

说明：表中数据为第二产业用电量占比。

（五）电力经济关系对比分析

1. 电力弹性系数对比分析

阿根廷、巴西在中等收入时期，电力弹性系数变化波动较大，主要原因在于其间两国经济发展迟缓甚至倒退。1980～1985 年阿根廷 GDP 年均增速为 -2.5%；1986～1990 年 GDP 年均增速为 -0.5%，其间电力弹性系数为 -3.78。1975～1980 年巴西 GDP 年均增速为 6.7%；1981～1985 年均增速仅为 1.1%，其间电力弹性系数高达 6.62（见图 14）。

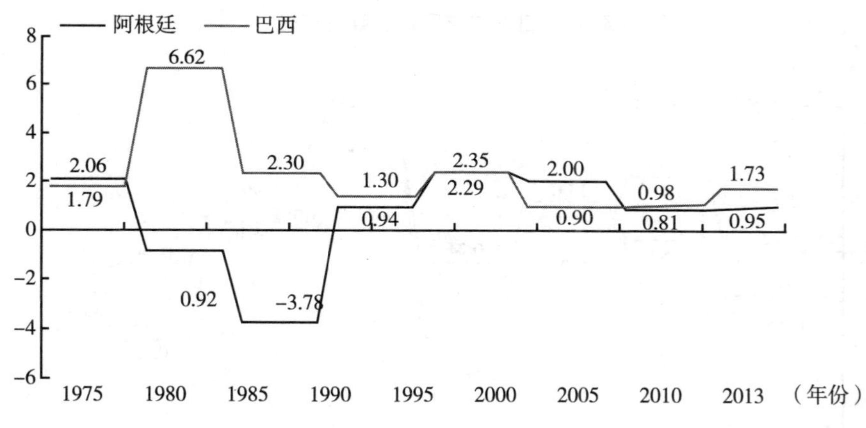

图 14　阿根廷与巴西“中等收入时期”电力弹性系数

日本、韩国在中等收入时期，电力弹性系数长期来看接近 1，原因在于经济与电量增速变化基本保持同步。日本在中等收入时期用电量年均增速为 6.1%，GDP 年均增速为 5.2%，其间电力弹性系数为 1.18。韩国在中等收入时期用电量年均增速为 11.2%，GDP 年均增速为 8.3%，其间电力弹性系数为 1.35（见图 15）。

全国、河南电力弹性系数呈逐步降低态势，河南电力弹性系数低于全国平均水平。2001～2015 年，我国经济保持中高速增长，电力消费从快速增长转变为增速趋缓导致弹性系数逐步走低。河南经济增速始终高于全国，近期受发展动力转变、产业结构调整影响，其用电量增速放缓明显（见图 16）。

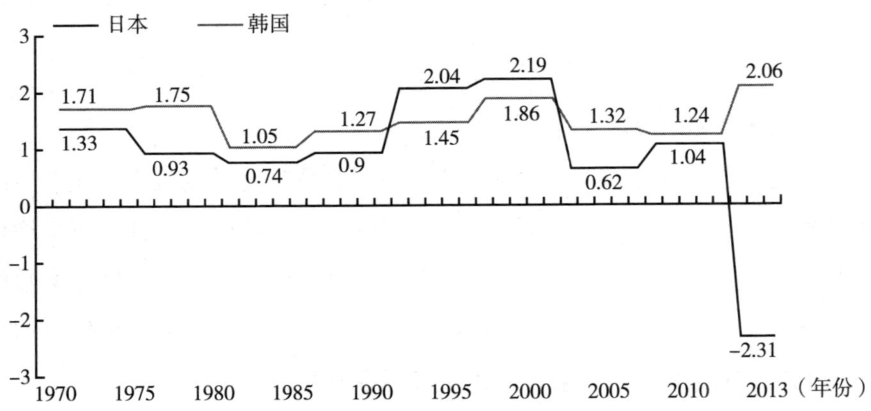

图 15　日本与韩国电力弹性系数

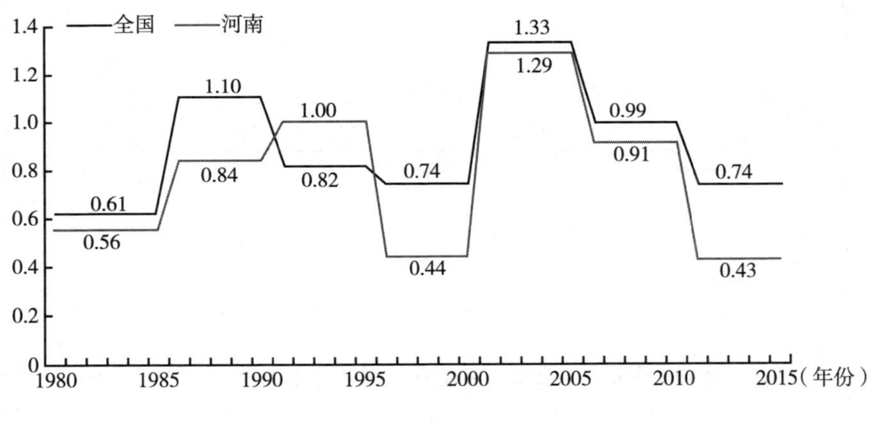

图 16　全国与河南电力弹性系数

2. 经济、用电量增速差对比分析

成功跨越“中等收入陷阱”的国家，在跨越中等收入的关键期，其GDP和用电量增速差往往增大，这一特征在跨入高等收入阶段后会逐步消失。从阿根廷和巴西两国GDP增速和电力消费来看，在陷入“中等收入陷阱”期间，GDP增速基本低于电力消费增速，近年来巴西呈现收敛的趋势，而阿根廷无明显趋势特征。

日本在跨越中等收入关键期，经济与用电量增速差加大。日本在“中等收入”时期，用电量年均增速高于GDP年均增速0.9个百分点；在跨越中等收入关键期，用电量年均增速低于 GDP 年均增速 1.3 个百分点，增速差加大。这一特征在跨入高收入水平阶段后逐步减弱（见图 17）。

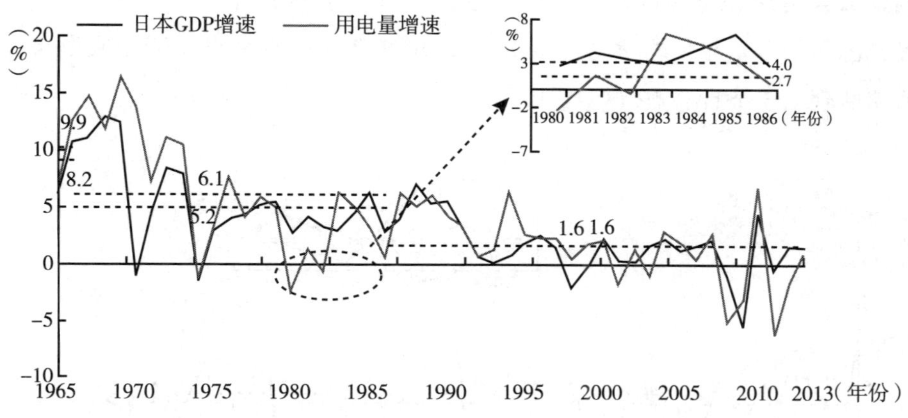

图 17　日本 GDP 与用电量增速对比

韩国在跨越中等收入关键期，经济与用电量增速差加大。在“中等收入”时期，韩国电力消费增速始终高于 GDP 增速，用电量年均增速高于 GDP 年均增速 2.9 个百分点（见图 18）；在跨入高收入水平的节点年份，增速差基本达到峰值，差值为 3.6 个百分点。

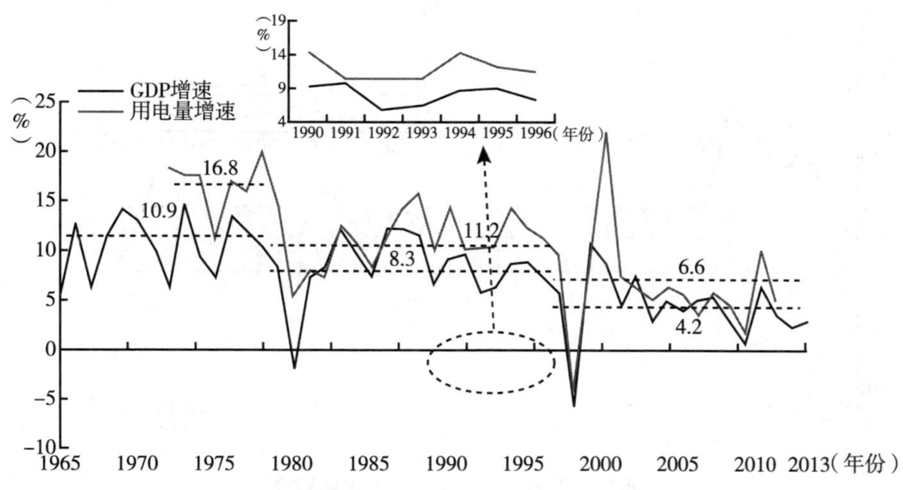

图 18　韩国 GDP 增速与用电量增速对比

阿根廷、巴西电力与经济关系不稳定。“中等收入”阶段，阿根廷用电量年均增速高于 GDP 年均增速 1.6 个百分点。近年来，受国内宏观经济影响，二者增速关系多次出现反转，电力经济关系不稳定。“中等收入”阶段，巴西用电量年均增速高于 GDP 年均增速 2.3 个百分点，近年来两者差值缩减到 1.5 个百分点（见图 19、图 20）。

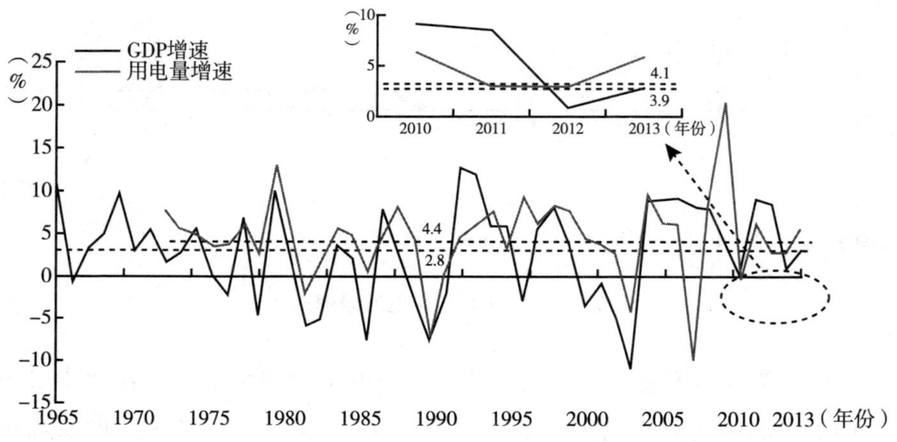

图 19　阿根廷 GDP 与用电量增速对比

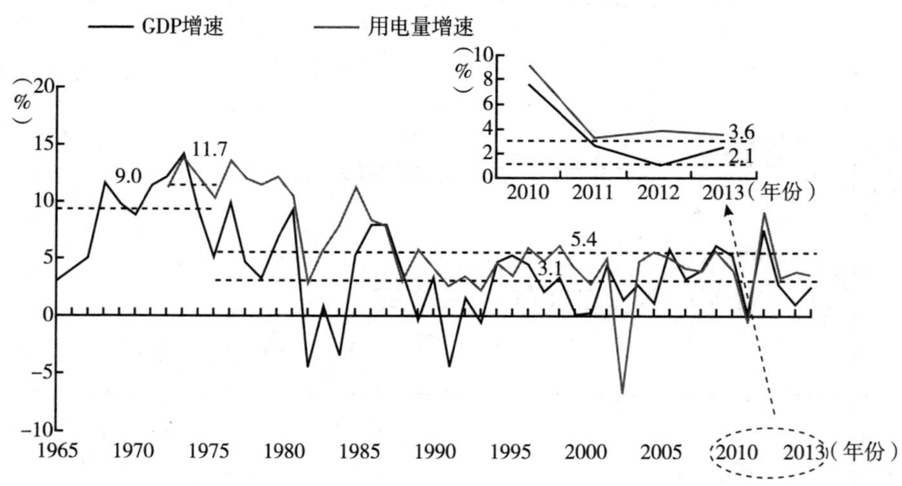

图 20　巴西 GDP 与用电量增速对比

全国与河南自“十二五”以来，经济与用电量增速差开始加大。全国2001年步入“中等收入”时期，其间用电量年均增速高于GDP年均增速0.3个百分点。“十二五”以来，GDP年均增速高于用电量年均增速2.1个百分点。河南2004年步入“中等收入”时期，其间GDP年均增速高于用电量年均增速3.1个百分点。“十二五”以来，两者增速差扩大到5.5个百分点（见图21、图22）。

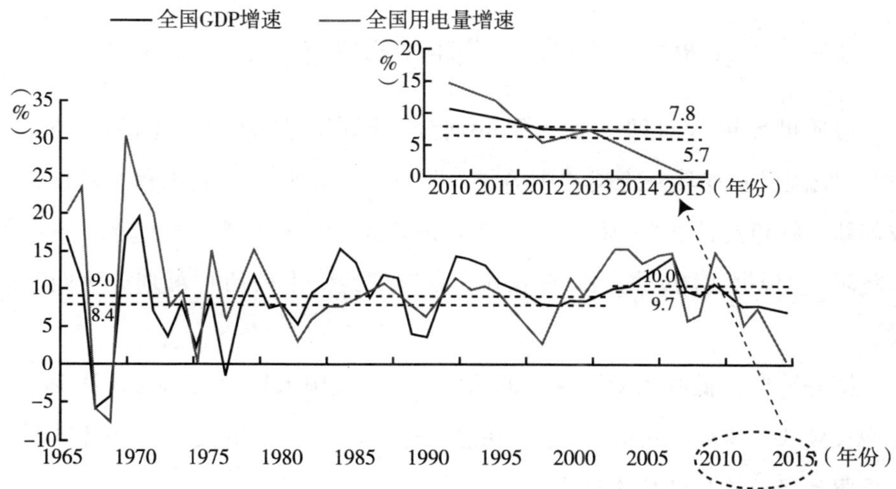

图21　全国GDP增速与用电量增速对比

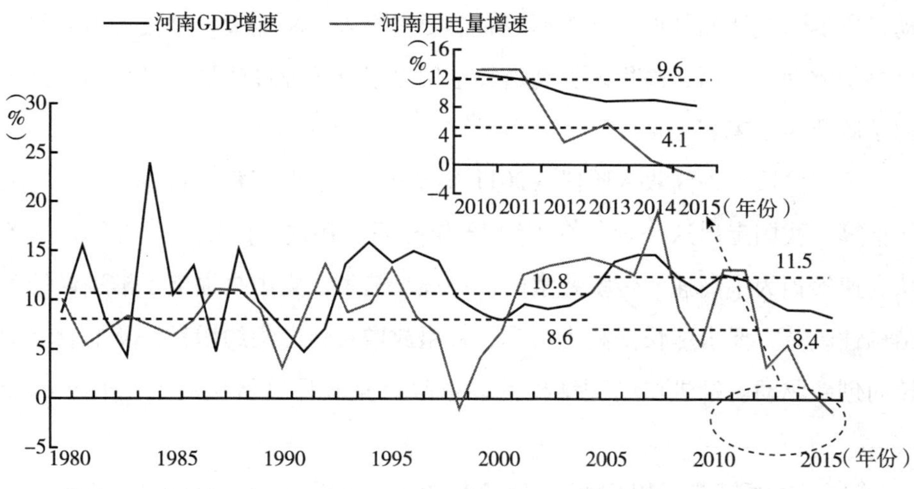

图22　河南GDP增速与用电量增速对比

从经济增速与用电量增速关系来看，河南与全国一样近年来两者增速差在加大，且河南的表象更为明显，这一特征与日韩跨越“中等收入陷阱”关键时期所呈现的电力经济关系特征基本一致。

三　跨越“中等收入陷阱”趋势研判

（一）中国跨越“中等收入陷阱”趋势研判

参照世界银行对四个收入组的划分，根据中国社会科学院的研究结论①，我国已基本具备跨越“中等收入陷阱”的条件。工业化和城镇化、科技创新、绿色经济、“一带一路”等经济支撑点将使我国成功跨越“中等收入陷阱”。根据我国人均国民总收入，我国的经济发展历程可划分为四个阶段。

第一阶段：低收入阶段（2000 年以前）。我国人均国民总收入从 190 美元增长到 820 美元，历时 20 年。在这一过程中，社会主义市场经济体制改革是驱动经济增长的根本动力。

第二阶段：中低收入阶段（2001 ~2010 年）。这个阶段的典型特征是劳动、资本、土地和其他自然资源等有形要素投入不断加大，增长动力主要来自要素驱动。然而，高投入、高增长也付出了资源环境代价，增长不可持续的矛盾凸显出来。

第三阶段：中高收入阶段（2011 年至今）。按照经济中高速 6.5% 的增速推算，我国走出这一阶段将用约 13 年时间。在这一阶段，经济增长开始从高速换挡为中高速，传统要素的优势逐步消失。党中央提出了推进供给侧结构性改革，要求尽快提高生产率，从粗放增长转向集约增长，从要素驱动转向创新驱动。推进供给侧结构性改革政策是确保经济中高速增长和跨越

① 中国社会科学院中国特色社会主义理论体系研究中心研究员、美国研究所所长郑秉文研究成果。

“中等收入陷阱”的“助推器”。

第四阶段：高收入阶段（预计从 2024 年开始）。高收入经济体并不必然是发达经济体。目前，我国技术创新对经济增长的贡献率已上升至 55.3%，仍远低于发达国家水平。中国若成为发达经济体就必须是技术创新型国家，必须以技术创新作为驱动增长的根本动力源泉。

（二）河南跨越“中等收入陷阱”趋势研判

1. 河南省将于2025年前后跨越“中等收入陷阱”

2004 年河南省步入“中等收入”阶段，比全国晚 3 年。根据《河南省国民经济和社会发展第十三个五年规划纲要》，“到 2020 年惠及全省人民的小康社会全面建成；全省地区生产总值和城乡居民人均收入比 2010 年翻一番以上；主要经济指标年均增速高于全国平均水平，生产总值年均增长 8% 左右，高于全国平均水平 1 个百分点以上，力争经济社会发展主要人均指标达到全国平均水平”。按照中高速发展趋势与全国经济增长水平，预计未来 10 年河南省 GDP 可保持 7.5% 左右的增长水平。2015 年全省人均 GDP 为 6281 美元，预计 2025 年河南人均 GDP 将达到 12945 美元，达到高等收入国家水平。

因此，预计河南省可在 2025 年前后跨入高等收入行例，比全国晚 1～2 年，历时 22 年。

2. 河南省电力消费增速放缓、结构将持续优化

根据国际发达国家与国内先进地区发展经验，居民生活用电水平将随着电气化、城镇化水平提高大幅上升。随着河南省经济转型升级、创新发展和人民生活水平的提高，电力仍是支撑河南经济发展的主要动力源泉，河南的电力需求是刚性的。

2015 年河南省人均用电量为 3038 千瓦时，低于全国 4047 千瓦时/人的平均水平，为全国平均水平的 75%，未来电力消费增长潜力巨大。根据《河南省“十三五”电力规划》，河南“十三五”期间全社会用电量年均增速 5.5%～6.9%，2020 年全社会用电量达 3760 亿～4020 亿千瓦

时。预计未来10年全省电力消费年均增速为5%～6%，低于经济增速1～2个百分点，与日韩跨越“中等收入陷阱”关键期的电力消费特征较为相似。到2025年全省全社会用电量为4940亿千瓦时，人均用电量达到5200千瓦时，此时全国人均用电量为6050千瓦时，河南为全国水平的86%。

河南用电结构将持续优化。经济进入新常态以来，随着全省产业结构战略性调整政策实施，战略新兴产业和服务业快速发展，第二产业用电比重逐渐降低，第三产业比重逐步提高。同时城镇化率不断提升带来了电气化水平的稳步提高，农网改造、电能替代等将带来农村用电潜能进一步释放。全省第二产业用电量占比将继续下降，第三产业与居民用电量占比将继续提升。预计到2025年，河南第二产业用电占比为58.5%，比2015年降低17.2个百分点；第三产业和居民用电占比分别为14.8%、24.7%，分别比2015年提高5.2个、11.9个百分点（见表6）。

表6　2005～2025年河南省分产业用电量

单位：亿千瓦时，%

方案		2005年	2010年	2015年	2020年	2025年	“十一五”时期用电增速	“十二五”时期用电增速	“十三五”时期用电增速	“十四五”时期用电增速
一、全社会用电量		1353	2354	2880	4020	4940	11.71	4.11	6.90	4.21
二、人均用电量		1385	2504	3038	4230	5200	12.57	3.94	6.84	4.22
三、各行业用电量	第一产业	52	77	54	88	98.8	8.15	-6.71	10.37	2.24
	第二产业	1066	1830	2179	2790	2889.9	11.42	3.56	5.07	0.71
	第三产业	110	177	277	458	731.12	10.06	9.35	10.59	9.79
	居民生活	126	270	369	683	1220.18	16.54	6.45	13.12	12.29
四、各行业用电比重	第一产业	3.80	3.30	1.90	2.20	2.00				
	第二产业	78.80	77.70	75.70	69.40	58.50				
	第三产业	8.10	7.50	9.60	11.40	14.80				
	居民生活	9.30	11.50	12.80	17.00	24.70				

3. 河南省电力增速与经济增速差变大是现阶段的典型特征

河南省是工业大省，自2000年以来，传统的六大高耗能行业对河南省经济增长贡献较大，其用电量占比在50%以上。

2000年以来，河南省六大高耗能产业增加值占GDP比例总体呈上升趋势，并在2011年后趋稳。从2000年占比9.6%逐步上升到2011年的16.1%，此后稍有回落，占比在15.8%左右小幅波动。

2000年以来，河南省六大高耗能产业用电量占全社会用电量的比例呈倒U形趋势，具有明显的拐点。拐点出现在2007年，2000年河南六大高耗能产业用电量占全社会用电量比例为52.5%，此后一路攀升，在2007年达到65.5%的峰值，此后占比逐年降低，2015年降至54.3%（见图23）。

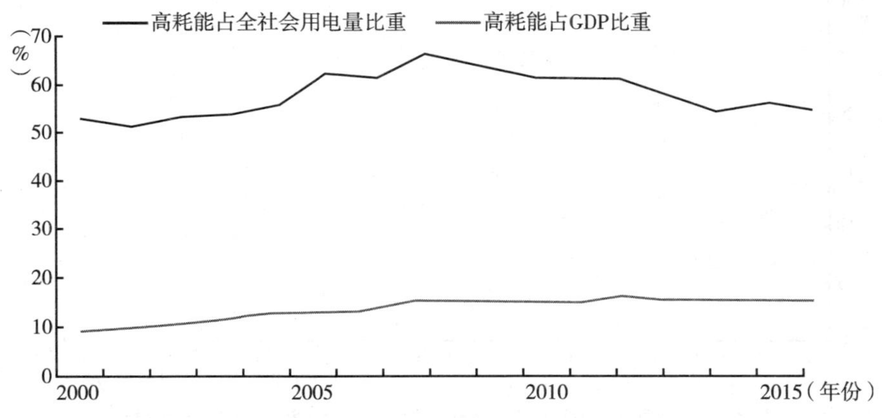

图23　河南六大高耗能产业增加值及用电量占比

河南省近期用电量增速与经济增速差逐步增大，与全省经济结构和工业结构性调整密切相关。自2005年以来，河南省用电量增速和经济增速差呈现逐步增大趋势，从2005年的0.63个百分点增大到2015年的9.7个百分点。剔除高耗能影响后，全省用电量增速和经济增速差明显缩小（见图24）。一方面说明高耗能行业对GDP的拉动作用在不断弱化，高耗能行业发展是导致用电量增速和GDP增速背离的关键因素；另一方面说明在经济新常态驱动下，河南省新兴产业、第三产业和居民生活用电快速发展，新型经济结构正在逐步形成。

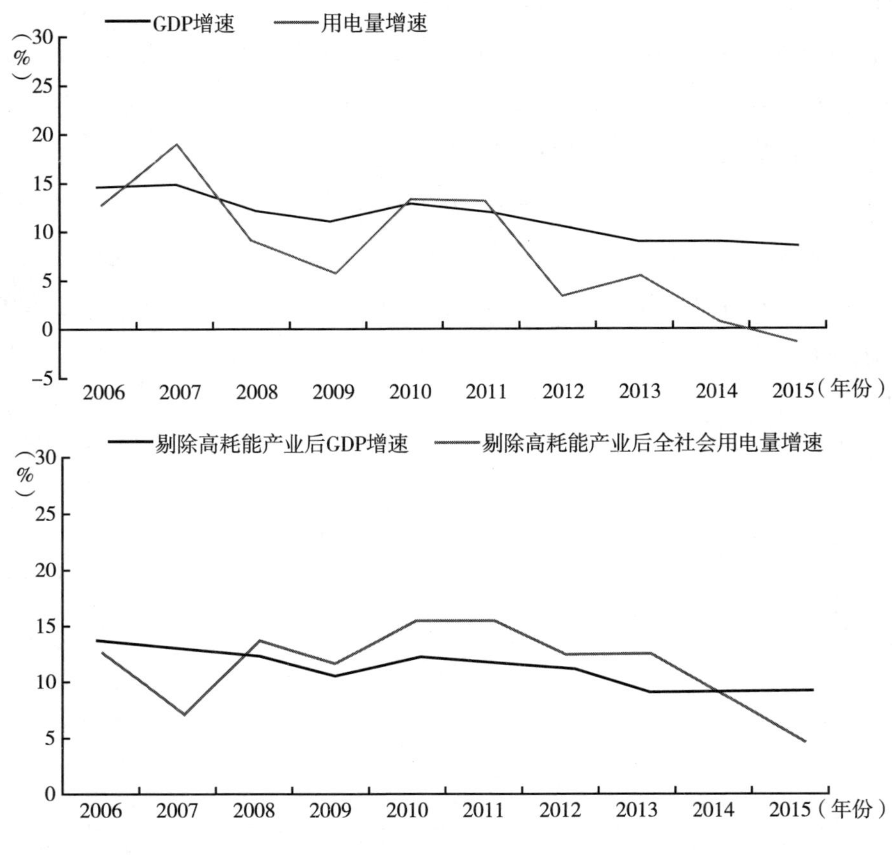

图 24　剔除高耗能行业前后河南省用电量增速和 GDP 增速对比

四　结论及启示

（一）主要结论

1. 在跨越“中等收入陷阱”的关键期，人均 GNI 变动幅度趋于平缓，电力消费增速逐步降低，GDP 增速与电力消费增速差加大

成功跨越“中等收入陷阱”的国家，其人均 GNI 的增长率变动幅度在跨越关键期会逐步减弱，而陷入“中等收入陷阱”的国家其变动幅度始终较为剧烈；成功跨越“中等收入陷阱”的国家，其电力消费增速在跨越关键期会逐步降低，而陷入“中等收入陷阱”的国家其电力消费增速变化无明显规律；成功跨越“中等收入陷阱”的国家，在跨越的关键期GDP增速与电力消费增速差呈逐步扩大趋势，而陷入“中等收入陷阱”的国家，电力经济关系无明显变化规律。

2. 全国和河南具备跨越“中等收入陷阱”的基本条件

2015年我国人均GNI水平为7820美元，远高于当年拉美国家落入“中等收入陷阱”时的水平。从GNI水平变动趋势来看，全国和河南虽处于经济增速换挡期，但近期仍将呈现稳中有进的发展趋势。中国和河南成功利用工业化高速增长时期的潜力，工业化和城镇化、科技创新、绿色经济、“一带一路”等经济支撑点将促使其成功跨越“中等收入陷阱”。全国和河南的增长方式既有生产要素支撑，又有需求侧拉动，与阿根廷、巴西等落入“中等收入”国家的震荡式增长截然不同，已经具备跨越“中等收入陷阱”的基础条件。

3. 河南省将于2025年前后跨入高收入行列，滞后全国1~2年

陷入“中等收入陷阱”的国家中，阿根廷中等收入时期持续47年，巴西中等收入时期持续40年。成功跨越“中等收入陷阱”的国家中，日本中等收入时期持续20年，韩国中等收入时期持续18年。预计中国将在2024年前后跨入高收入经济体行列，持续24年。河南省2004年步入“中等收入”行列，比全国晚了3年，预计未来10年河南省GDP增长水平按7.5%发展，河南省将在2025年前后跨入高等收入行列，持续22年。

4. 河南省产业结构和用电结构变动趋势与全国基本一致，未来电力消费需求潜力较大，结构持续优化

与日韩发达国家相比，河南省人均用电量有很大的发展空间，预计在跨越“中等收入陷阱”关键期，电力消费年均增速为5%~6%，低于同期经济增速1~2个百分点。到2025年全省全社会用电量为4940亿千瓦时，人均用电量达到5200千瓦时，接近中等发达国家水平。从日韩情况来看，在跨越“中等收入陷阱”关键期，产业结构和用电结构的变动幅度并不显著，在成功跨越“中等收入陷阱”后，产业结构和用电结构优化幅度加大，河南正处于产业结构和用电结构缓慢变动向大幅变动的关键期，未来第三产业对GDP和全社会用电量的贡献度将大幅提升。

（二）启示

中等收入时期是发展动力转换的关键时期，只有通过创新驱动实现发展动力平稳转换、实现经济接续发展，才能成功跨越“中等收入陷阱”。

一是加快推进供给侧结构性改革。推进供给侧结构性改革政策是确保经济中高增速和跨越“中等收入陷阱”的“助推器”。要重视供给侧生产要素结构优化和技术进步，加速创新驱动，推进经济健康、可持续发展。

二是重视需求侧拉动方式对国民收入的影响。要通过减小收入差距，促进中等收入阶层形成，加大消费对经济增长的拉动力度。

三是重视制度保障在经济社会发展中的基础性作用。重视二次分配对经济发展的保障作用，加大力度完善收入分配制度，同时，通过制度优化提升政府及金融体系效率。

四是主动适应新常态下的电力经济特征。用电量增速放缓、第二产业用电量及增加值占比下降、第三产业用电量及增加值占比上升，是实现成功跨越中等收入陷阱国家的典型电力经济特征，与目前河南省新常态下的电力经济特征一致。

五是要正视河南近期用电量增速和经济增速差增大这一阶段性现象。用电量增速与经济增速差增大现象是跨越“中等收入陷阱”关键期呈现出的典型特征，是供给侧结构优化、产业结构转型时期的共性特征。河南要以发展、客观的眼光正视这一现象，积极推进供给侧结构性改革和产业结构转型。

参考文献

孙泾源等：《“中等收入陷阱”的国际背景、成因举证与中国对策》，《专业眼光看经济》2011 年第 10 期。

张德荣:《“中等收入陷阱”发生机理与中国经济增长的阶段性动力》,《经济研究》2013 年第 9 期。

郑秉文:《“中等收入陷阱”与中国发展道路》,《中国人口科学》2011 年第 1 期。

王向、王庆芳:《城市化、服务化、增长与城乡收入差距》,《天津财经大学学报》2013 年第 6 期。

李玲玲:《经济增长放缓的理论述评》,《工业技术经济》2014 年第 7 期。

全毅:《跨越“中等收入陷阱”东亚的经济及启示》,《世界经济研究》2012 年第 2 期。

代法涛:《跨越“中等收入陷阱”理论、经验和对策》,《财经研究》2014 年第 2 期。

李月、周密:《跨越中等收入陷阱研究的文献综述》,《经济理论与经济管理》2012 年第 9 期。

朴馥永:《以经济转型跨越“中等收入陷阱”》,《经济社会体制比较》2013 年第 1 期。

陈义国、徐骏:《中国城市化对城乡平衡增长的影响》,《经济理论与经济管理》2016 年第 3 期。

B.17
农网发展对河南省经济社会发展的促进研究

河南能源蓝皮书课题组*

摘　要： “十三五”时期是河南省全面建成小康社会的决胜阶段，承担着河南省90%面积、80%人口和70%经济总量县域供电任务的农村电网，对农村地区全面建成小康社会具有至关重要的作用。本文详细介绍了近年来河南农村电网的发展成就，并从扩大有效投资、拉动相关产业发展、稳定经济增长、提升城乡电力服务均等化水平、推进贫困地区打赢脱贫攻坚战和促进农村能源消费结构升级等方面阐述加快农村电网发展对河南经济社会发展的促进作用。

关键词： 河南省　农村电网　促进经济社会发展　脱贫攻坚

“十三五”时期是河南省全面建成小康社会的决胜阶段，是建设经济强省、迈向全国经济发展第一方阵的关键时期。承担着全省90%面积、80%人口和70%经济总量县域供电任务的农村电网，是强化县域产业支撑、有序推进新农村建设和城乡发展一体化的重要基础设施。当下，河南省第十次党代会对河南电网发展提出了“建设中部领先的城乡电网”的新要求。在河南省经济增长转速、结构转型、动力转换的大背景下，农村电网已超越作

* 课题组组长：余晓鹏、耿德建。课题组成员：田春筝 朱攀峰、王利利、全少理、李秋燕。

为基础设施的单一功能，实现了多功能相叠加，在推动全省全面建成小康社会、实现跨越发展的过程中将产生更加重要的影响。

一 河南省农村电网发展取得的显著成效

截至 2015 年底，河南省共有 108 个县，县域面积 14.9 万平方公里，占全省总面积 89%，辖 1710 个乡镇、43789 个行政村。县域常住人口 7380 万人，占全省总人口 77.8%，城镇化率 38.3%；县域生产总值 25246 亿元，占全省经济总量 68%。全省共有 53 个贫困县、6492 个贫困村（含郊区 382 个），其中国家级贫困县 38 个、省级贫困县 15 个。县域低压用户数 2662 万户，占全省低压用户数的 78%；供电可靠率 99.89%（年停电时间 9 小时），综合电压合格率 99.02%；县域全社会用电量 1622 亿千瓦时，占全省用电量的 56.3%；县域全社会最大负荷 3130 万千瓦，占全省最大负荷的 58.5%。

县域是河南省如期全面建成小康社会的战略重点，农村电网是县域经济和社会发展的重要公用基础设施。2014 年以来，河南省持续加大农村电网建设力度，全面理顺农电管理体制，改革输配电价，从而促使河南农村电网进入全面提速新阶段，站在了历史发展的新起点。

（一）农村电网保障能力跃上新台阶

2014 年以来，河南农村电网持续加大建设投入，2014～2016 年累计完成投资 414 亿元，年投资分别达到 85 亿元、115 亿元和 214 亿元，年均投资 138 亿元，是“十二五”时期前三年平均投资水平的 4 倍。河南省财政对农网建设补贴力度逐年增强，2014～2016 年分别完成补贴资金 1.5 亿元、5 亿元和 10 亿元。

农网投资规模的扩大带来了供电保障能力的快速提升。与 2013 年相比，目前河南省农网 110 千伏～10 千伏变电容量合计 1.05 亿千伏安，提升 36%；农网户均配变容量由 0.87 千伏安提升至 1.4 千伏安，提升 61%，全

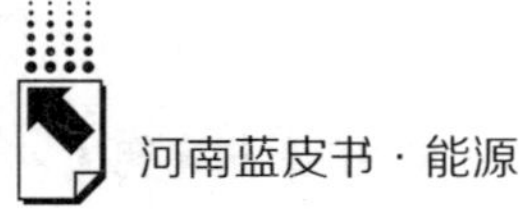

部解决139个乡镇单回路供电问题，无变电站乡镇由434个减至181个；累计完成310万户"低电压"治理，消除"低电压"问题，农村户均停电时间由15.6小时缩短为8.8小时。

（二）农电体制改革迈出新步伐

河南省政府相继出台了《关于深化农电体制改革的指导意见》和《进一步加快全省农电体制改革工作方案》，2013年启动全省农电国有产权无偿划转工作，通过统筹推进、协调沟通、出台政策、落实责任等措施，河南于2015年底前完成106家县级供电企业代管体制取消工作，基本解决了河南农村电力管理体制方面存在的体制不顺、产权不清晰、责权利不统一的问题。国务院于1998年10月提出城乡用电同网同价目标，经过持续努力，河南省终于在2015年4月全面实现了城乡各类用电同网同价，县域工商业用电电价每千瓦时平均降低6.93分钱，县域工商业用户每年节约电费支出约35亿元。开展"子改分"工作，进一步理顺管理体制，压缩管理层级，为农村电力可持续发展创造有利条件。

（三）电网企业发展能力实现新提升

河南省委省政府和国家电网公司始终高度重视河南电网发展。针对河南输配电价较低，省级电网企业经营较困难问题，通过输配电价改革、降低资产负债率、低成本融资支持、对口帮扶等措施，增强河南电力公司自我发展能力。2014年、2015年先后提高输配电价1分/千瓦时、0.45分/千瓦时。2014年以来，国家电网公司累计给予东西部地区帮扶资金超过150亿元，安排低成本融资近675亿元。国网河南省电力公司资产负债率由2013年85.17%降低至目前的81.93%，经营困难得到有效缓解，发展能力明显增强。

（四）河南电网扶贫取得新成效

2016年，河南省贫困地区农网投资达112亿元，占全省农网总投资的

52%，其中兰考、滑县电网改造任务提前完成。安排81亿元加快变电站布点和网架建设，服务城镇转移就业脱贫；安排16亿元大力实施“村村通动力电”工程，服务农村特色优势产业脱贫；安排1亿元加快“三山一滩”①脱贫搬迁安置区配套电网建设，服务异地搬迁脱贫；安排14亿元加快实施农田机井通电，服务高标准粮田建设；全面落实低保、五保户和新增纳入政策性保障兜底脱贫范围的低保群众电费减免政策，电费减免2亿元，服务社会保障兜底脱贫。

（五）经济社会发展注入新动力

近年来，河南省农村电网取得长足发展，为农民生活、农业生产、农村经济持续快速发展提供可靠供电保障。农网建设标准和供电质量的提高，带动大功率家用电器的消费增长，居民生活电气化水平不断提升，2016年河南省县域居民人均生活用电量达到515千瓦时，比2013年增长50%。农村电网加快建设，为新型工业化、农业现代化和现代服务业快速推进提供了坚强保障，加快了县域产业转型升级。2016年1～10月，106个改制县售电量同比增长7.15%，较城市增速高6.1个百分点。农网供电能力及网架结构的增强，为实施“两个替代”创造了有利条件，切实改善了生态环境。2016年县域消纳风电、光伏等新能源达到438万千瓦，消纳规模比2013年提升近5倍。2014～2016年，县域累计实现电能替代电量70亿千瓦时，相当于在消费终端减少燃煤306万吨，减排二氧化碳568万吨，减排二氧化硫、氮氧化物、粉尘等10万吨。

二　河南农村电网在经济强省建设中的重大意义

在当前经济下行压力较大的情况下，加快农村电网发展，是加强供给侧结构性改革、补齐农村基础设施建设短板的重要内容，是扩大有效投资、拉

---

① 三山一滩：大别山、伏牛山、太行山和黄河滩区。

动相关产业发展和稳定经济增长的重要举措，是推进贫困地区坚决打赢脱贫攻坚战和农村地区如期全面建成小康社会的基础保障，是河南省提升城乡电力服务均等化水平、促进城乡一体化发展的迫切需要。

（一）有效拉动经济增长

农村电网建设是拉动县域经济增长的重要力量。“十三五”期间河南电网发展投入预计超过 1700 亿元，其中约 70% 投向县域。按照电网投资对 GDP 的拉动系数 2.26[①] 计算，县域电网建设的年均经济效益约 540 亿元。农网发展在带动电气设备、钢铁、水泥等原材料扩大消费的同时，能够充分释放农村用电需求，拉动对空调、冰箱、电磁炉等家用电器消费，从而扩大内部需求。加快农村电网发展，在一定程度上缓解了供电瓶颈约束，为县域招商引资、发展开放型经济拓展了新的空间。

（二）强力助推精准扶贫

电力是“六到农家”基础设施扶贫工程之一。河南省贫困地区电网发展水平普遍较低，53 个贫困县人均用电量、6492 个贫困村户均配变容量分别为全省农网平均水平的 54%、70%，电网脱贫攻坚任务艰巨。精准推进贫困地区电网改造升级，全面消除供电短板，在加快改善贫困地区农民生活质量的同时，有效满足特色产业用电需求，促进贫困村、贫困户因地制宜发展种养业和加工业等特色优势产业，催生贫困地区经济发展的内生动力，促进扶贫从“输血”到“造血”转变，为从根本上实现全省脱贫攻坚任务目标奠定坚实的基础。

（三）推动产业转型升级

用电结构的变化是产业结构变化的重要影响因素。加快农村电网发展，提高农业基础设施水平，提升农业生产电气化水平，增强农业减灾抗灾能

① 河南省社科院《河南电网发展的经济社会效应研究》，2016 年 6 月。

力，保障全省粮食稳产增产，带动全省农业产业升级和土地流转，有利于构建新型农业经营体系，引导农村产业集聚发展，调整优化农业结构，拓展农业多种功能，延伸农业产业链，促进乡村旅游、“互联网＋现代农业”和电子商务等新型业态发展，进而带来产业结构的全新变化，推动县域产业转型升级。

（四）促进城乡一体发展

农村电网建设既是加快城乡基本公共服务均等化进程的重要内容，又是促进城乡一体化发展的重要基础设施和物质基础。加快农村电网发展，实现城乡电力服务均等化，促使城市功能向农村传导，发挥城市辐射带动作用，促进公共基础设施向农村延伸、公共服务向农村覆盖、现代文明向农村辐射，在以城带乡、以工促农的带动作用下，逐步破解城乡二元结构，让广大农民平等参与改革发展进程、共享改革发展成果。

（五）大幅扩展就业容量

农村电网发展可以创造较大的就业空间。一方面作为基础产业本身，农村电网具有投资规模大、产业链长、劳动密集等特点，可以有效带动上下游产业发展，在电力设备制造、建设、施工、安装等行业创造大量就业岗位；另一方面通过优化布局，结合区域性能源布局、产业特点和经济转型升级发展方向，提升农村电网发展能力，能够有效促进三次产业融合发展，为大众创业、万众创新和返乡经济发展提供更大的回旋余地，有助于拓展就业渠道，扩大劳动力就业容量，为经济社会发展注入新活力。

三　河南农村电网在经济强省建设中存在的问题

近年来，河南省农村电网虽然取得了长足发展，但放在建设经济强省的大背景下，仍然存在“三不适应一滞后”的问题，即农网发展不适应河南省十次党代会提出的城乡电网中部领先的目标要求，不适应县域经济快速发展的新要求，电网企业持续发展能力不适应决胜全面小康所赋予的重任，农网发展配套措施滞后。

（一）农网发展不适应河南提出的城乡电网中部领先的目标要求

河南省十次党代会提出建设中部领先的城乡电网的目标，但目前河南农网主要指标普遍落后于中部其他省份。从供电能力看，2016 年河南省农网 110 千伏、35 千伏电网容载比分别为 1.81 和 1.73，均为中部省份最低；农村户均配变容量 1.4 千伏安，为中部其他省份平均水平的 75%。从电网结构看，目前仍有 181 个乡（镇）无 35 千伏及以上变电站，1/5 中低压线路供电半径超标，农网停电时间是中部其他省份平均水平的 1.5 倍。从装备水平看，约 9.5 万公里（约占 1/2）10 千伏线路线径过细，7.6 万台（约占 1/3）配电变压器运行年限超过 10 年，存在 1.7 万台 S7 及以下高损配变。从智能化水平看，配电自动化覆盖率仅 1.4%。专业管理的多个信息系统尚未延伸到县级供电企业。

（二）农网发展不适应县域经济快速发展的新要求

加快产业转型升级和推进新型城镇化，建设先进制造业强省、现代服务业强省、现代农业强省、网络经济强省，对农网的供电能力和供电质量均提出新的、更高的要求。随着河南省经济发展重心下移、县域经济加快发展，未来县域用电量增长空间较大。2015 年河南省县域 GDP 达 2.5 万亿元，用电量 1622 亿千瓦时，每亿元 GDP 耗电量 642.5 万千瓦时，若到 2020 年保持 9% 的增速，县域 GDP 将达到 3.9 万亿元，届时农网用电量将达到 2495 亿千瓦时，将产生 873 亿千瓦时的增长空间。目前相对落后的河南省农网发展不能很好地适应县域经济社会快速发展的要求。

（三）电网企业持续发展能力不适应决胜全面小康中担当的重任要求

随着中原经济区等五个国家级战略规划的相继实施，河南省电网企业在建设四个强省过程中，担负着艰巨重任。但电网企业的可持续发展能力与其担当的重任不相匹配。主要表现为：省级电网企业发展能力不足，长期以来，河南省输配电价水平较低，致使省电力公司盈利能力差，自我发展能力不足。到 2016 年 10 月，河南省平均输配电价比国家电网平均水平低 5.2 分/千瓦时，比中部其他省份平均水平低 4.7 分/千瓦时。省电力公司资产负债率 81.93%，为国网系统最高。县级供电企业自我发展能力有限，2015 年有 37 家县供电企业亏损，56 家县供电企业资产负债率超过 75%。

（四）农网发展配套措施滞后不适应可持续发展要求

农网建设过程中存在变电站布点困难、农村青苗赔偿高、项目批复周期长等问题，并时常出现阻挠工程施工的情况。农田机井通电涉农项目资金使用分散，整合难度大，存在重复建设、工期配合不畅等现象。机井通电设施管护水平低，“重建设、轻管护”现象普遍，管护主体缺失、管护责任不到位、管护措施不配套、管护资金落实难等问题较为突出。

四　加快河南省农村电网发展的思路与建议

（一）总体思路

今后一个时期河南省农村电网发展的总体思路是：牢固树立“五大发展理念”，紧紧围绕“城乡电网中部领先”发展目标，突出规划引领，优化发展布局；纵深推进改革，创新发展模式；持续加大投资，提升供给水平；强化企业主体，增强发展能力；加强合作衔接，完善配套功能，努力形成布局合理、重点突出、设施领先、服务一流、动力强劲、保障有力的农网发展新格局，为河南省“决胜全面小康、让中原更加出彩”提供强力的发展支撑。

围绕上述思路，着力把握以下五大发展取向：一是促进合理化布局。强化规划引领，点面结合，突出重点，兼顾一般。结合区域性能源布局、产业特点和经济转型升级发展方向，实现农网合理化布局。二是搞好均等化服务。加快补齐发展短板，推动城乡电网统筹一体化发展。三是实施精准化扶贫。巩固基础，重点突破，推动输血式扶贫向造血式扶贫转变，催生贫困地区经济发展的内生动力。四是推进市场化改革。纵深推进电力体制改革，积极研究探索多元化投融资渠道，发展混合所有制经济形式。五是实现融合化发展。探索“互联网+”电网新业态，逐步提高农村电网信息化、自动化、智能化水平。

（二）对策建议

1. 高度重视农网发展

如果说交通通信是短缺经济条件下满足市场需求的基础性设施，那么电网则是供给侧结构性改革背景下创造市场需求的基础性设施，是未来区域经济竞争中占据发展制高点、赢得发展主动权的关键环节，“要想赢，电先行”。因此要从供给侧结构性改革的层面把握农网发展的关键性，从全面建成小康社会、建设经济强省的高度认识农网发展的重要性，从夯实基础、储备后劲形成现代化发展支撑的视角认知农网发展的艰巨性，形成电网先行的社会共识。要把农网发展纳入“十三五”全省经济社会发展的大框架中统筹运作，以“中部领先”的既定目标引领改造升级。坚持“多规合一”，加强农村电网规划与新型城镇化、农业现代化、新农村建设、扶贫搬迁、土地利用等规划的衔接，将农网项目纳入城乡规划和土地利用总体规划。认真落实《国务院办公厅转发国家发展和改革委员会〈关于“十三五”期间实施新一轮农村电网改造升级工程意见〉的通知》（国办发〔2016〕9号）精神，以“政府主导”的保障机制推动工作落实。强化省、市、县三级工作领导小组的责任，统筹协调全省农网改造升级工作，研究解决重大共性问题。省发改委、能源局积极发挥牵头组织作用，财政、金融、国土、住建、环保、水利等相关部门坚持从各自职能出发，积极支持、主动配合，有效形成推进工作的整体合力。要加大督促检查力度，把这项工作列入政府年度重点督办考核事项，推动各项政策措施落地见效，确保全省农网改造升级工程顺利实施。

2. 优化农网发展布局

从河南省经济社会发展的实际出发，按照立足当前、兼顾长远、突出重点、推进共享的思路要求，谋划农网发展的合理布局。从区域重点看，中原经济区等五个国家层面战略规划的覆盖区是中原城市群的核心板块，是河南省经济发展的主要支撑，关键在于提升其对接国家层面战略的能力；“一带一路”沿线区是河南省走向世界、参与国际合作发展的经济走廊，关键在于提升其融入能力。贫困地区发展关系全面建成小康社会目标的实现，关键在于提升其自我发展能力。从产业重点看，结合产业结构转型、推进新型城镇化、农业现代化等，重点支持绿色生态农业、农产品加工、乡村旅游、农村电商等新型产业发展，满足农业生产及农村消费升级的用电需求。从河南省重大部署看，服务精准扶贫，全面消除贫困地区供电短板，满足农民生活、特色产业用电需求。服务大气污染防治，积极实施县域能源生产侧清洁替代和消费侧电能替代。服务国企改革，满足适应供给侧结构性改革重点项目的用电需求，围绕剥离国有企业办社会职能，保障供电分离移交顺利实施。

3. 实施农网三大攻坚

根据规划，“十三五”期间河南省农村电网投资达 700 亿元。其中 500 亿元用于满足提升农网供电能力和供电可靠性的基本需求，200 亿元用于加速农网提升，满足建设中部领先城乡电网建设需求。切实发挥电网的经济发展“先行官”、脱贫攻坚“开路者”作用，着力开展精准扶贫、重点专项、农网提速三大攻坚任务。实施电网扶贫攻坚。着力抓好 53 个国家和省级扶贫开发重点县农网改造升级，加大投入力度，与省委省政府提出的省定贫困县 2018 年以前实现脱贫、所有贫困县在 2019 年前实现脱贫的总体目标相衔接，优先安排投资和建设项目，确保贫困县电网改造升级任务整体进度比脱贫计划提前一年、贫困村提前半年完成，为脱贫攻坚提供可靠的电力保障。实施重点专项攻坚。加快中心村电网和农业生产供电设施改造升级，2017 年完成剩余 2010 个中心村电网改造升级，将中心村户均配变容量提升至

2.5 千伏安，2020 年达到 2.8 千伏安。完成剩余 33 万眼机井通电和改造任务，实现全省“井井通电”目标。完成剩余 7404 个未通动力电自然村或动力电不足自然村的改造升级，为农村经济社会发展、农民生活改善提供更好的电力保障。实施农网提速攻坚。瞄准建设中部领先的城乡电网的目标，加大农网投入力度，进一步优化电力供给结构，缩小城乡供电服务差距，突出重点、补齐短板、全面发力，在供电能力、网架结构、智能化水平等方面达到中部地区领先，为河南经济强省建设提供强劲的电力保障。

4. 构建农网发展支撑体系

农网工程建设公益性强，主要用于保障农业生产、居民生活等方面用电需求，投入产出效益低。据有关测算，建设 1 千瓦供电能力的电网，工业园区每年产生约 6000 千瓦时的电量，居民生活每年产生约 1000 千瓦时的电量，机井通电每年产生约 300 千瓦时的电量。亟须完善支持农网进一步加快发展的政策支持体系，形成有利于提升电网企业自我发展能力的机制。健全资金筹集机制。河南省政府与电力公司双方共同向国家有关部门沟通汇报，努力把农网工程全部纳入国家中央预算内投资计划，争取中央预算内资金足额下达。争取国家电网公司加大对河南省农村电网建设改造的投资。河南省财政继续加大补贴力度，重点向农村电网等重点民生领域倾斜。探索投资工业园区的配售电公司配套投资农村电网的可能性。推进输配电价改革。加快建立合理补偿电网建设运营成本的电价形成机制。综合考虑河南省输配电价水平低、农网工程投入效益低、城乡电网由中部落后实现中部领先的目标等因素，“十三五”期间，河南省输配电价水平需达到或高于中部地区平均水平。

5. 强化配套措施落实

一是加强多方合作衔接，切实解决农网工程建设用地难、征地赔偿高、项目批复时间长等问题。二是在涉农资金整合使用试点的基础上，把机井通电作为涉农资金整合使用的重点优先扶持，统一项目区域、统一组织实施，确保机井通电工程高低压配套电力设施一次建设到位。三是建立健全机井通电设施长效管护机制，按照“谁受益、谁管护”的原则，低压 400 伏设施交由村集体负责维护，调动农户和村委会的积极性，建议每年省财政给予后期运维费用相应补贴。四是加大宣传、教育力度，提高农村居民支持爱护农网设施的社会意识和节约意识，严厉打击破坏农网设施、无理阻挠施工建设等违法行为。

参考文献

中共河南省委：《中共河南省委关于印发省第十次党代会报告的通知》，（豫发〔2016〕35号），2016年11月。

《河南省“十三五”新一轮农网改造升级规划报告》，国网河南省电力公司，2016年9月。

河南省发展和改革委员会：《我省实现城乡各类用电同网同价》，2015年4月20日。

河南省政府办公厅：《河南省电网脱贫专项方案》（豫政办〔2016〕120号），2016年6月。

国务院办公厅：《李克强总理关于农村电网改造升级工程的批示和张高丽副总理在国务院实施新一轮农村电网改造升级工程电视电话会议上的讲话》（内部情况通报［第270期］），2016年4月。

河南省社会科学院：《河南电网发展的经济社会效应研究》，2016年6月。

国家发展和改革委员会：《全国农村经济发展“十三五”规划》，2016年10月。

国务院办公厅：《国务院办公厅转发国家发改委关于“十三五”期间实施新一轮农村电网改造升级工程意见的通知》（国办发〔2016〕9号），2016年2月。

国家发展和改革委员会、国家能源局：《关于印发小城镇和中心村农网改造升级工程2016—2017年实施方案的通知》（发改能源〔2016〕580号），2016年3月。

B.18
以“两个替代”促进河南省雾霾治理路径研究

刘永民　苗福丰*

摘　要：河南省长期以煤为主的能源消费结构和粗放型的能源利用方式带来了严重的环境污染问题。本文总结了河南省大气污染现状，详细解析了雾霾形成机理及污染源，提出了“两个替代”的雾霾治本之策。从技术特点、经济可行、替代总量三个维度分析了电采暖、电炊具、电锅炉等“电能替代”的实施路径；从技术趋势、成本变化和开发规模三个维度分析了风力发电、光伏发电和区外来电等“清洁替代”的实施路径；提出了河南省推进“两个替代”战略治理雾霾的措施和政策建议。

关键词：河南省　两个替代　电能替代　清洁替代　雾霾治理

环境污染是现阶段河南省面临的首要问题，以煤为主的能源消费结构加剧了河南省大气污染，雾霾问题尤其严重。造成雾霾频发的因素有多种，主要包括能源消费总量持续攀升、能源消费结构不够合理、电煤消费比重偏低和机动车保有量快速增长等。因此，在河南省实施“两个替代”战略，倡

* 刘永民，国网河南省电力公司经济技术研究院高级工程师，工学硕士，研究方向为能源电力，电网规划与技术；苗福丰，国网河南省电力公司经济技术研究院工程师，工学博士，研究方向为电网规划与技术。

导绿色、节能、低碳的生活方式，对于推动能源革命、保障能源安全、优化能源结构、提高能源效率、促进节能减排、建设美丽河南意义重大，是破解河南省雾霾难题的有效措施。

一　河南省雾霾现状及成因分析

随着我国经济的快速发展，以雾霾为主要特征的区域型环境污染问题愈演愈烈。2016 年 12 月 16 日以来全国出现严重的雾霾天气，影响范围多达 17 个省区市，污染面积 142 万平方公里，超过 1/7 的国土被雾霾笼罩，其中重度霾影响面积达到 58 万平方公里，北京、天津、河北、山西、山东、河南等省共 23 个城市发布重污染天气红色预警。这期间河南省也经历了大面积灰霾污染，全省 18 个省辖市全部出现重度或严重污染，其中安阳、新乡、焦作、郑州、平顶山和漯河共 6 个省辖市污染等级“爆表”，雾霾治理形势十分严峻。

（一）河南省大气污染现状分析

按照《环境空气质量标准》（GB3095 - 2012）评价，2015 年河南省 18 个省辖市城市环境空气优良天数平均仅为 183 天，与北京市相比少 3 天，与河北省相比少 7 天，达标率为 50.2%，低于全国平均水平 26.6 个百分点，排名倒数第一。根据河南省环保厅发布的河南省空气质量状况，2016 年前三季度，河南省 18 个省辖市环境空气平均优良天数 153 天，比上年同期多 13 天，PM10 平均浓度为 121 微克/立方米，比上年同期下降 6.2%；PM2.5 平均浓度为 66 微克/立方米，比去年同期下降 13.2%。2016 年 9 月，河南省 18 个省辖市在全国 338 个地级市的 PM10 及 PM2.5 的排名中均在倒数 100 名之内；其中郑州市在全国重点区域空气质量排名中位列倒数第 4。

（二）雾霾形成机理分析

霾是指各种污染源排放的污染物在特定的大气流场条件下，经过一系列物理化学过程，形成细颗粒物，并在水汽的作用下快速吸湿增长，最终导致严重的大气消光现象。污染物包括二氧化硫、氮氧化物、氨、挥发性有机物、颗粒物等。霾的本质是大气中高浓度的 PM2.5 引起消光造成大气能见度严重下降。PM2.5 是空气动力学当量直径小于或者等于 2.5 微米的大气颗粒物的总称，是形成灰霾天气的主要物质，对人体健康和大气环境质量的影响很大。PM2.5 并不是一种单一成分的空气污染物，其来源非常复杂，来源之一是由污染源直接排出，称为一次颗粒物，其成分主要为元素碳、有机碳、土壤尘等；来源之二是由气态污染物经过冷凝或由多相化学反应而形成的复合体，称为二次颗粒物，其成分主要有硫酸盐、硝酸盐、铵盐等。

（三）河南省雾霾源解析

河南省 PM2.5 的来源中，燃煤、机动车、工业过程和扬尘是四大主要污染来源。其中，燃煤排放占 PM2.5 来源的比例高达 31%，是河南省大气 PM2.5 的第一大来源；机动车尾气占比 23%；工业排放占比 21%；扬尘占比 17%；其他污染因素占比 8%。其中“燃煤”是指包括燃煤电厂、集中供暖、居民散烧在内的燃煤排放；“机动车”是指交通流动源和非道路机械、农业机械等的燃油排放；“工业过程”是指所有工业生产过程的排放，核心仍是工业用途的燃煤排放；“扬尘”则包括交通道路扬尘、建筑尘、土壤风沙尘等；“其他”是指农牧业氨排放、厨房油烟、装修喷涂等其他污染源。

（四）“两个替代”是雾霾治理治本之策

燃煤、机动车和工业过程中的燃煤占河南省污染源的 75%，因此，实施“两个替代”战略对河南省雾霾治理具有重要作用。在能源供给侧实施“清洁替代”战略，大力开发风力发电、光伏发电等清洁能源，减少河南省化石能源消耗，尤其是煤炭消耗，对于河南省降低二氧化硫、氮氧化物、粉尘等大气污染物排放，调整能源消费结构、促进能源转型具有重要的作用；在能源消费侧实施“电能替代”战略，以电能代替燃煤和燃油消耗，尤其是散燃煤。大力利用清洁绿色高效电能，提高电能在终端能源中的比重，在提高人民电气化生活水平的同时，还能进一步降低雾霾污染物的排放。

2015 年，河南出台了最为严厉的“1 + 6 + 7”体系，包括 1 个意见（《关于进一步强化大气污染防治工作的意见》），6 项制度性保障文件（《党委、政府及有关部门环境保护工作职责》、《河南省党政领导干部生态环境损害责任追究实施细则》、《河南省环境监管网格化实施指导意见》、《河南省排污许可管理暂行办法（试行）》、《河南省城市环境空气质量生态补偿暂行办法》和《河南省大气污染防治考核办法（试行）》）；7 大领域专项攻坚方案（通过“调、禁、改、关、停”，统筹推进扬尘污染治理、工业大气污染治理、燃煤污染治理、重点行业挥发性有机物污染治理、黄标车淘汰和老旧车及机动车污染治理、秸秆禁烧、重污染天气应急应对攻坚实施方案），全面实施蓝天、碧水、清洁等重大环保工程。2015 年河南省二氧化硫和氮氧化物排放量减少 5.39 万吨和 15.96 万吨，同比削减 4.50% 和 11.23%。河南省通过推进“两个替代”战略，2015 年电能替代电量、新能源发电量和外电入豫电量分别为 53.8 亿千瓦时、15.3 亿千瓦时和 314 亿千瓦时，推动改造超低排放机组 1147 万千瓦，合计减少二氧化硫和氮氧化物排放量为 4.06 万吨和 10.9 万吨，贡献率达到 75% 和 68%，其中实施超低排放贡献达 38% 和 43%。2016 年电能替代电量、新能源发电量和外电入豫电量分别为 80.85 亿千瓦时、55.6 亿千瓦时和 394.04 亿千瓦时，减排二氧化硫和氮氧化物排放量为 8.86 万吨和 17.7 万吨。

二　以电能替代促进河南省雾霾治理的路径研究

电能替代是以电能替代煤炭、石油等化石能源的直接消费，提高电能在终端能源中的比重。加快推进“以电代煤、以电代油、电从远方来、来的是清洁电”电能替代战略，对于大幅减少直燃煤、减少石油依赖、减少大气污染、促进雾霾治理、优化能源结构、推动能源消费革命、落实国家能源战略和能源清洁化发展意义重大。为实现电能替代目标，本文在分析用户用能影响因素和借鉴发达国家先进经验的基础上，提出河南省推进电能替代的可行路径。

（一）影响电能替代进程的因素分析

1. 能源价格

影响用户用能的主要因素之一是能源价格，用户对能源价格的接受程度决定了该能源品种的市场竞争力。目前，用户终端用能种类主要分为电力、煤炭、天然气和液化石油气四大类，全部折算成电价后，等效电价分别是每千瓦时0. 568 元、0. 266 元、0. 304 元和0. 748 元（见表1），电能对于油品的替代具有较强的竞争力。但是，现行的价格体系没能反映能源的环境成本，使清洁能源的综合效益未能全部体现出来；此外，用户在考虑能源使用价格时，还需对设备的初始投资、运行维护费、设备寿命等进行综合比较。

表1　各能源品种有效可比热分析

能源品种	电力	煤炭	天然气	液化石油气
价格	0. 568 元/千瓦时	0. 65 元/千克	2. 25 元/立方米	7. 14 元/千克
单位发热量	3596 千焦/千瓦时	20908 千焦/千克	38931 千焦/立方米	50179 千焦/千克
终端利用效率	>90%	<40%	50% ~90%	50% ~90%
有效可比热(千焦)	3416	8363	25305	32616
折算电价(元/千瓦时)	0. 568	0. 266	0. 304	0. 748

资料来源：《电能替代对大气污染治理作用研究》。

2. 能源需求

工业用户中能源主要用于动力、控制、照明等方面。工业用户在能源选择中，主要考虑三方面的因素。一是能源价格的高低，工业用户种类繁多，其能源使用成本占生产成本的比重差异很大，通常高端产品对能源价格的承受能力相对较强。二是工艺对能源的要求，比如化工产品中，需要天然气作为化工原料；钢铁行业中，焦炭是重要的原料，对于这类行业电能替代的范围有限。三是由于工业用户设备投资成本较大，考虑更换原有的用能方式，需要进行详细的经济效益分析。因此，工业用户领域的电能替代需要综合考虑工艺、能源价格以及技术改造成本等多方面的影响。

相对于工业用户来说，商业用户用能成本较低，对能源价格的承受能力较强，并且对能源清洁性要求较高，考虑到全国商业用能还有很大的发展前景，电能替代应当重点在此领域加大推广应用。

居民用户用能领域主要包括照明、厨卫、采暖/制冷等方面。电力在城镇终端能源消费市场中具有较强的竞争力，特别是对于城市高收入群体，电价承受能力强，对电价波动敏感，制定如峰谷电价、分时电价等合理的电价政策可以提高居民用电积极性。对于广大农村地区，特别是经济相对落后、偏远的农村地区，电能并无较强的竞争优势；随着全国农村经济的发展，农村电气化水平的不断提高，电力在农村终端能源消费市场的竞争力将不断增强。

3. 环保因素

电力是清洁的二次能源。对终端使用者而言，电能是清洁、零污染的能源，在终端使用电能没有任何环境影响，但烧煤或烧油带来的环境影响却大不相同，与每度电产生相同的热量相比：选择原煤会向大气排放 5. 2766 克的二氧化硫和 0. 6123 克的氮氧化物；选择焦炭会向大气释放 3. 8915 克的二氧化硫和 0. 3664 克的氮氧化物；选择柴油，会向大气排放 0. 7514 克的二氧化硫和 0. 3015 克的氮氧化物。

由于全国 79% ~80% 的电力来自火力发电，因此从全过程看，使用电力也会向大气排放二氧化硫和氮氧化物。但电力行业采取脱硫、脱硝等办法集中处理污染物，火电厂脱硫效率可达到 90% 以上，脱硝效率可达 80% 以上，经脱硫、脱硝处理后，电能的硫化物排放量远低于原煤、焦炭和柴油，氮化物排放量低于原煤、焦炭、汽油、柴油和天然气。而且随着清洁能源的发展，电力的排放系数还会逐步下降，电能的环保优势将愈发明显。

4. 其他因素

从安全性看，电能的使用安全是比较有保障的，比如电热水器的安全性就远远高于燃气热水器，燃气热水器需要专门的通风管道，烧煤需要通风换气，否则一氧化碳聚集会引起中毒。

从方便性看，供气需要专门的管道或者用罐装气，如果是老旧小区，加装管道可能会破坏房屋结构，存在安全隐患。电力网覆盖范围远远大于天然气、液化气管网，并且电器通常都有定时功能，给使用带来了很大的方便。

从舆情看，降低污染气体排放，减少雾霾已形成社会共识，清洁能源的大规模开发利用需要转换为电能使用。因此，需要加强对电能的推广，大力推动电能在终端能源消费中的替代，构建稳定、经济、清洁、高效、安全的能源供应体系，满足不断日益增长的能源需求。

（二）国外推进电能替代的经验借鉴

美国为提高电气化水平实行电能替代，采取了多种措施，包括：颁布政策加速农村电气化进程，设立农村电气化局，为农村电气化实行提供技术指导；鼓励电动汽车产业发展，一方面出资支持企业和有关方面进行电动汽车技术的研究开发，另一方面划拨专项购车款用来购买电动汽车及其他代用燃料汽车。

欧盟为施行电能替代采取了下列举措：建立健全相关标准，包括能效标准、排放标准和新电气标准；提升环境保护的社会影响力，欧盟国家普遍把环境和社会诚信、社会责任挂钩，推动企业主动采取措施降低污染物排放，推进电能替代工作的普及。

（三）河南省推进电能替代的路径分析

2016 年 5 月 25 日，国家发改委和国家能源局等八部委联合印发了《关于推进电能替代的指导意见》，提出“十三五”期间，全国将全面推进在居民采暖、生产制造、交通运输和电力供应与消费等 4 个领域的电能替代。2016 年 8 月 15 日，河南省发改委等 11 个部门联合下发《关于河南省电能替代工作实施方案（2016～2020 年）》，提出从能源供给侧和需求侧两端发力，强化环保强制性约束和政策引导性扶持，严格控制增量和优化调整存量并重，积极推进重点区域和重点领域实施“以电代煤”、“以电代油”，最大限度地减少散烧煤和燃油使用量，加快提升河南省电气化水平，形成清洁、安全、智能的新型能源消费方式。“十三五”期间，河南省在能源终端消费环节形成年电能替代散烧煤、燃油消费总量650万吨标准煤能力，带动电煤占煤炭消费比重提高约2.6个百分点、电能占终端能源消费比重提高2个百分点以上，减排二氧化碳1607万吨。

1. 以电代煤

河南省当前以电代煤主要集中在采暖、烹饪以及提供热水或蒸汽等用途，主要替代措施包括推广电采暖、电炊具、热泵、蓄热电锅炉等用电设备。

电采暖具有可控性强，舒适性好和成本较低的优势。从技术特点看，电采暖系统是以电能为能源，发热电缆、电热膜和碳晶电热板等设备为发热体，将电能转化为热能，通过采暖房间的地面以低温辐射的方式，把热量送入房间，具有可控性强，操作方便，舒适性好的优点。从经济可行性看，电采暖利用低谷电加热，减少白天高峰时段耗电量，针对燃气（热力）管网覆盖范围以外的城区、郊区、农村等还大量使用散烧煤进行采暖，使用电采暖设施替代分散燃煤设施，建设成本比普通水暖系统低，节省建筑空间资源，可利用热惰性的特点。从替代总量看，河南省城乡居民用电户数逾3000万户，受燃气（热力）管网敷设限制和传统习惯影响，目前河南省家庭仍有将近一半为燃煤或炉灶方式，集中供暖家庭覆盖率低。以每年100万户采用以电代煤采暖，一年户均燃烧1吨煤计算，每年可减少燃煤100万吨。

电炊具具有效率高、污染小、安全便捷的优势。从技术特点看，电炊具是以电为能源的各类炊具，主要包括电磁炉、微波炉、电饭煲和电水壶等，具有热效率高、污染小、清洁干净、便捷、安全等优点。从能效水平看，电炊具的终端利用效率可达90%以上，远远高于传统燃气灶55%左右的热效率水平，主要市场在农村居民生活领域，体现在家用厨房电气化水平的提高。从替代总量看，随着城镇化进程和农村配网升级改造的加快，农村居民生活方式将发生根本性转变，居民生活用电量有较大的替代空间。按照每年人均居民用电量增加 20 千瓦时推算，每年可替代电量 18 亿千瓦时，相当于减少直燃煤 86 万吨。

热泵具有效率高、适用广的优势。从技术特点看，热泵是经电力做功，将低位热能转换为高位热能的设备，分为土壤源热泵、水源热泵、空气源热泵和工业企业余热源热泵。经济可行性：从能效水平看，热泵系统 COP 在 3.5～5.5，比传统空调系统运行效率要高 40%。热泵系统推广领域主要包括宾馆、商厦、写字楼、医院、学校、别墅和居民小区等。从替代总量看，河南省境内具有较为丰富的浅层地热能，河南全省 1/4 的土地有地热资源，按照每年新增热泵应用建筑面积 3000 万平方米，采暖指标每平方米 120 瓦和利用小时数 2200 小时计算，每年可替代电量约 7.5 亿千瓦时，相当于减少直燃煤 36 万吨。

蓄热式电锅炉具有削峰填谷、环保高效的优势。从技术特点看，蓄热电锅炉是以电力为能源，在电网低谷时段将电能转换成热能，通过蓄热介质储存并在电网高峰时段释放热能，以满足建筑物采暖和生活热水需要的新型供暖设备，具有热效率高、环保、削峰填谷、运行费用低等优势。从能效水平看，蓄热式电锅炉热效率可达 98%，高于燃气锅炉 80% 的热效率水平。蓄热式电锅炉使用领域广泛，主要适用于配电容量富裕、升温速度要求高、对水温有一定要求的场所，用于提供生活热水、采暖和蒸汽。受蒸发量的限制，目前蓄热电锅炉在功能上难以替代大吨位蒸汽锅炉，考虑以替代 10 蒸吨以下锅炉为主。从替代总量看，目前河南省燃煤锅炉 3200 余台，主要分布在南阳、焦作、信阳等地区，有 9800 余蒸吨，按照每年替代 15% 的 10 蒸吨以下燃煤锅炉，综合利用小时数 2000 小时计算，可替代电量潜力约 5 亿千瓦时，相当于减少直燃煤 24 万吨。

电窑炉具有控制精度高、运行稳定性好的优势。从技术特点看，以电为能源，多半以电炉丝、硅碳帮或二硅化钼作为发热组件，依靠电能辐射和导热原理进行氧化气氛烧制，具有精度高、效率高、稳定性高的特点。从经济可行性看，在陶瓷、玻璃、制药等行业市场潜力较大，针对中低温（1300℃以下）、中等加热体积的加热窑。从替代总量，按照每年替代窑炉容量50万千伏安，综合利用小时数3000小时计算，每年可替代电量约12亿千瓦时，相当于减少直燃煤57.6万吨。

蓄冷空调具有峰谷效应、适用性强的优势。从技术特点看，蓄冷空调谷荷时电制冷冻源，峰荷时冷冻源释放。从经济可行性看，随着电蓄热、电蓄冷峰谷分时电价的出台，“双蓄”项目将会有较大的实施潜力。从替代总量看，按照每年新增蓄冷应用建筑面积100万平方米，制冷指标每平方米210瓦和利用小时数1200小时计算，每年可替代电量约2.5亿千瓦时，相当于减少直燃煤12万吨。

燃煤自备机组关停改用网电将会提高发电效率、减少污染。目前，河南省单机容量5万千瓦及以下高污染低效燃煤自备电厂装机38万千瓦，若全部关停改用电网直接供电，每年可实现替代电量3亿千瓦时，减少直燃煤14.4万吨。

关停小火电机组可以减少燃煤、降低排放。“十三五”期间凝气小火电将逐步关停约20万千瓦，每年可实现替代电量1.6亿千瓦时，减少直燃煤7.68万吨。

综上所述，实施以电代煤战略，“十三五”期间河南省每年替代电量约70.4亿千瓦时，减少直燃煤约338万吨；累计实现替代电量352亿千瓦时，减少直燃煤1690万吨。

2. 以电代油

在交通领域，积极推动电动车、电气化铁路和轨道交通发展，减少燃油消耗，降低城市交通对PM2.5污染的影响程度；在农业领域，积极推广“农田机井通电”，降低柴油消耗，减少农村地区PM2.5污染物排放。

电动车具有成本低、污染少、推广性强的优势。从技术特点看，电动车是以车载电源为动力，用电机驱动车轮行驶的车辆。电动车起步快，零排放，噪声小，等候交通信号和交通拥堵时不耗能，适用于城市用车。从经济可行性看，综合目前油价变化趋势和中央与地方的购车补贴，电动汽车替代燃油汽车的经济性较好，并且未来随着电池储电量及使用寿命增加，纯电动车的替代空间将进一步扩大。从河南省电动汽车推广应用的现状分析，

目前河南省纯电动汽车保有量较低，但近几年，河南省以平原为主的特点促进电动摩托车和电动自行车迅速普及。从替代总量看，按照每年新增100万辆电动自行车、行驶里程1500公里，新增3万辆纯电动汽车、行驶里程6000公里，每百公里耗电15千瓦时计算，每年可替代电量2.52亿千瓦时。

轨道交通具有能效少、效益高的优势，从技术特点看，轨道交通从外部电源和牵引供电系统获得电能，通过电力机车牵引列车运行的铁路。轨道交通具有运输能力大、能源效率高、运营成本低、成本效益好等优点。从经济可行性看，电力机车比内燃机车有更好的经济性，电力机车能耗仅为内燃机车能耗的60%，且电气化线路的运营效率比非电气化线路高20%～30%。从替代总量看，河南地处中原，具有得天独厚的地理区位优势，随着“十三五”期间“米字形”高铁和郑州轨道交通建设的积极推进，每年可替代电量3亿千瓦时。

机井通电具有高效率、低成本、替代规模大的优势。从技术特点看，电水泵是以电动机带动泵体输送液体或使液体增压的机械。与柴油泵相比，电水泵有着很明显的高效率、低能耗、低排放等优点。从经济可行性看，以河南实施“农田机井通电”工程为例分析经济性。河南柴油价格约为7元/升，使用一台12匹柴油机灌溉一亩地，每次需用柴油4.2升，需花费29.4元；以电力为动力，每亩地灌溉一次用电10.9千瓦时，按照现行0.68元/千瓦时排灌电价，每亩每次花费7.4元，比柴油机灌溉节省22元。按照每年平均灌溉3.7次计算，电力比柴油机灌溉每亩每年可减少支出81.4元。从运行成本看，电水泵比油泵运行成本低，替代规模较大。从替代总量看，“农田机井通电”工程可作为河南省一项富民惠农工程。目前，全省高标准粮田建设规划区内尚有50.4万眼机井需通电，共需建设配电台区5万个。按照每年增加排灌台区1万个，台区年用电量4万千瓦时计算，每年可替代电量4亿千瓦时。

机场桥载设备替代飞机APU具有污染少、成本低的优势。从技术特点看，利用机场桥载设备为飞机提供电力，不使用飞机上燃油辅助动力装置

（APU）发电，减少航空燃油消耗。从经济可行性看，电能价格远低于燃油价格。从替代总量看，河南省郑州、洛阳、南阳3座民用机场全部采用桥载设备供电，按每年起降20万架次，每次停留1小时，每小时消耗192千瓦时计算，每年可替代电量0.38亿千瓦时。

综上所述，实施以电代油战略，“十三五”期间河南每年替代电量9.9亿千瓦时，减少原油消耗21万吨；累计实现替代电量49.5亿千瓦时，减少原油消耗105万吨。

三　以清洁替代促进河南省雾霾治理的路径研究

大力实施清洁替代战略，以清洁能源替代化石能源，促使河南能源结构实现从化石能源为主、清洁能源为辅向清洁能源为主、化石能源为辅的转变，走上低碳绿色的发展道路。2013年，河南省人民政府印发《河南省能源中长期发展规划（2012～2030年）》，要求到2020年，清洁能源占能源消费总量的比重为8%，到2030年达到15%。本文基于对清洁替代的技术经济性分析，提出河南省推进清洁替代的路径。

（一）清洁替代的技术经济性分析

1. 风力发电

截至2015年底，中国累计装机达到1.45亿千瓦，占比达到33.6%，主要分布在内蒙古、甘肃、新疆、河北和东部沿海地区，其中甘肃、内蒙古风电装机渗透率占比分别达到27%和23%；河南省2016年风电装机为104.1万千瓦，主要分布在三门峡、南阳等地。

目前，陆上风电机组主要机型为鼠笼式异步风电机组和双馈感应型风电机组，部分采用直驱永磁同步发电机组，单机额定功率为1.5兆瓦至2.5兆瓦。海上风电机组主要采用额定功率为1.5兆瓦至3.6兆瓦的风电机组，3兆瓦至6兆瓦的风电机组正处于示范阶段，正在研制额定功率为7兆瓦至10兆瓦的海上风电机组。

随着风电市场需求的快速增长和风电装备制造产能的大幅扩张，特别是2008年国际金融危机之后，风机市场价格大幅下降。2008～2010年中国风机价格累计下降37%，近年来，风机价格下降趋势放缓。预计到2020年，陆上风机的总体造价还可以下降20%～25%，海上风电的造价可以降低40%以上，发电成本也会同步下降。根据国家《能源发展战略行动计划（2014～2020年）》，到2020年，风电与煤电上网电价相当，具备较强的市场竞争力。

2. 光伏发电

截至2015年底，中国累计装机容量达到4300万千瓦，是全球光伏发电装机容量最大的国家，主要分布在甘肃、青海、内蒙古和江苏地区，其中甘肃、青海光伏发电装机占全国总装机的14%、13%；河南省2016年累计装机容量为284.3万千瓦，主要分布在三门峡、安阳等地。

目前，已经成功实现商业化的光伏发电技术包括晶体硅电池、薄膜电池和聚光电池，生产成本近十年降幅达到90%，电池转换率以每年0.5%的速度提升。晶体硅电池技术最为成熟，产业化配套最为完善，市场参与者也最多，并且其可靠性通过多年验证，发电成本也降至较低水平，未来仍将是市场主流。薄膜电池如CIGS、CdTe，虽然发展潜力较大，但受制于其原材料特性（如毒性或稀缺性等）和市场参与者逐年减少，未来的重点将集中在一些细分市场。聚光电池受制于气候环境，导致双轴跟踪的运营成本较高，特别是在晶体硅电池转换效率逐年提升、成本逐年下降的情况下，其在主流市场就更难与晶体硅竞争。

依据光伏组件、逆变器、电气辅助设备和建筑安装所设定价格变化规律，笔者预测中国光伏电站发电成本呈显著下降趋势。目前大型光伏电站投资为9000元左右/千瓦，分布式光伏发电为9000～10000元/千瓦；到2020年，大型光伏电站投资有望降低到7400元/千瓦，分布式光伏发电下降到7400～8800元/千瓦。根据国家《能源发展战略行动计划（2014～2020年）》，到2020年，光伏发电与电网销售电价相当，在用户侧具备较强竞争力。

（二）河南省推进清洁替代的路径分析

1. 加快开发风能资源

河南局部地区风能资源丰富，可开发区域主要集中分布在豫南、豫西北及黄河两岸平原区周围等5个地区，综合考虑风电场建设条件，河南省具备风电开发容量约1000万千瓦。截至2016年，河南省风电装机容量仅104.1万千瓦，后续风电开发规模仍有较大提升空间，特别是随着低速风机技术的逐步突破，未来分布式风电和平原低速风电将迎来大发展期。2020年，河南省风电装机容量预计可达到600万千瓦，年发电量约108亿千瓦时。

2. 积极发展光伏发电

紧抓国家大力扶持光伏产业、加快光伏发电发展的机遇，按照集中开发与分布式利用相结合的原则，积极推进太阳能的多元化利用。实施屋顶太阳能计划，优先在产业集聚地和经济发展水平较高的地方，建设屋顶光伏电站和光伏发电示范小区；在城市道路、公园、车站等公共设施及公益性建筑物照明推广使用光伏电源；在光照条件较好的荒山、荒坡、滩涂等未利用土地建设集中式并网光伏电站；在主要蔬菜、果品基地，推广农业大棚光伏电站技术，开展农业光伏综合利用，节约土地资源，稳步推进农光互补、渔光互补、林光互补等综合利用项目建设。至2016年底，全省已建成太阳能光伏发电284.3万千瓦，年发电量11.5亿千瓦时；2020年，全省太阳能发电装机容量预计可达到350万千瓦，年发电量35亿千瓦时。

3. 积极引入区外电力

贯彻“内节外引”能源战略，推动特高压清洁能源通道建设，到2020年形成包含特高压交流南阳站、天中直流的“一交一直”互联格局，区外电力消纳能力达到1300万千瓦，占全省电力供应比重约为17%，能源保障能力显著增强。通过发展特高压跨区电网可以提高清洁能源发电的消纳规模，有效减少省内燃煤消耗，减少引起雾霾的污染物排放。根据国际绿色和平组织的报告，特高压每输送1亿千瓦时电力，可使负荷中心减排PM2.5约7吨、PM10约17吨，减排二氧化硫、氮氧化物约450吨。

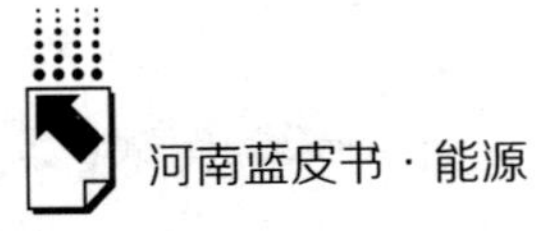

四 结论及建议

预计到“十三五”末，河南省通过推进实施“两个替代”战略，可实现电能替代电量、新能源发电量和外电入豫电量分别达到400亿千瓦时、143亿千瓦时和600亿千瓦时，完成改造超低排放机组4384万千瓦，电力行业将可减少二氧化硫和氮氧化物排放量6.06万吨和26.3万吨，占河南省2020年减排二氧化硫22万吨和21.2万吨目标的27.6%和124%，实现从源头和终端推进河南的雾霾治理。主要建议如下。

（一）科学制定“两个替代”发展规划

科学编制河南省“十三五”“两个替代”发展规划，积极推动将其纳入能源发展规划、电力及相关行业发展规划、城镇化建设规划等政府有关规划，将“两个替代”工作纳入河南省大气污染防治攻坚战中，制定相关工作实施方案。

（二）政府出台“两个替代”支持政策

根据河南省大气污染现状和国家严格的环保政策，建立“两个替代”价格引导机制，加强需求侧管理，推行电能替代和清洁替代价格补偿政策，落实各项财政支持和税收优惠政策，完善“两个替代”市场化交易机制。

（三）积极培育“两个替代”产业链条

采用合同能源管理、工程总包、建设经营移交、融资租赁、能源托管、设备租赁等商业模式，培育发展“两个替代”项目，落实开发重点示范，采用“大云物移”等新技术，开展创新实践，建立产业发展促进联盟。

（四）加快建设“两个替代”电网工程

推动特高压入豫通道建设，做好承接特高压落地方案，积极消纳区外清洁能源；加快智能电网建设，优化储能电站布局，科学有序就近消纳新能源，保障清洁能源“并得上、送得出、落得下、用得好”；加快配套电网工程建设，为电能替代实施提供坚强电网支撑。

（五）全面深入“两个替代”宣传示范

发挥能效服务网络作用，通过集中宣传、交流座谈、技术展览等形式，倡导“绿色、节能、低碳”的能源消费理念，全面深入普及环保意识，增强全社会对“两个替代”的认同感，有效引导客户改变消费习惯，主动选择高品质电能。

“两个替代”工作任务艰巨、责任重大。河南省应紧紧抓住国家能源生产和消费革命、防治大气污染的有利时机，积极推动“两个替代”战略，提高电能占终端能源消费的比重，为减少雾霾、建设美丽河南做出更大贡献。

参考文献

河南省环境保护厅：《2015 年河南省环境状况公报》，2016 年 6 月。

环境保护部：《2015 中国环境状况公报》，2016 年 6 月。

陈朋冲：《从被约谈到空气质量全省第一商丘是咋“逆袭”的》，《河南商报》2016 年 10 月 14 日。

多克辛：《大气灰霾追因与防治对策——河南省大气灰霾污染专项研究成果》，中国环境出版社，2016。

河南省环保厅：《河南省大气灰霾污染专项研究报告》，2015 年 5 月。

国网能源研究院、中国环境科学研究院：《电能替代对大气污染治理作用研究》，2015 年 2 月。

国网天津市电力公司、国网天津节能服务有限公司：《电能替代技术发展及应用——走清洁、环保、可持续发展之路》，中国电力出版社，2015。

河南省政府办公厅：《关于加快新能源汽车推广应用及产业化发展的实施意见》（豫政办〔2016〕56 号），2016 年 4 月。

北京大学、国网能源研究院：《风电、光伏发电成本价格竞争力及财税价格政策研究》，2014 年 11 月。

B.19
河南省发电碳排放趋势研究

郑雅楠　高亚静*

摘　要：　为实现2020、2030年非化石能源分别占一次能源消费比重15%和20%的目标，河南必须加快建立清洁低碳的现代能源体系。本文基于电力综合资源战略规划，深入研究河南非化石能源发电的发展趋势，并与全国及华中地区进行对比，分析发电装机二氧化碳排放达峰情况，为政府、电力行业制定发展规划提供参考。

关键词：　河南省　发电碳排放量　化石能源　非化石能源　趋势判断

气候变化已经成为人类面临的最严峻的环境问题，“十二五”期间，我国制定了以推动能源生产和消费革命为重点的国家发展战略。电力行业是我国能源结构调整的重要领域，其发展不仅涉及化石能源、非化石能源的高效利用，还对我国应对气候变化目标的实现产生直接影响。随着电力体制改革的推进，国家层面的电力综合资源战略规划（Integrated Resource Strategic Planning，IRSP）将取代传统的综合资源规划，成为研究国家和地区电力发展战略的重要选择。聚焦河南，近年来随着经济快速发展，环境污染问题日益突出，转变电力发展方式成为其调整能源结构的重要突破口。

---

* 郑雅楠，国家发展和改革委员会能源研究所可再生能源发展中心高级工程师，工学博士，研究方向为电力系统规划、可再生能源并网消纳、电力经济预测预警；高亚静，华北电力大学电气与电子工程学院副教授，硕士生导师，工学博士，研究方向为能源电力经济、主动配电系统。

一　国内外电力碳排放的发展现状

从国际层面看，《京都议定书》的通过、“巴厘岛路线图”的实施以及哥本哈根世界气候大会的顺利召开，增强了世界各国对碳排放问题的重视。2016 年 11 月 4 日，《巴黎协定》作为继《京都议定书》之后第二份具有国际法律约束力的气候协议，仅用不足 1 年时间即宣告正式生效，刷新了国际协议最速生效纪录，也使 2020 年后全球应对气候变化行动有法可依。但与此同时，据 2013 年政府间气候变化专门委员会（Intergovernmental Panel on Climate Change，IPCC）第五次评估报告，人类影响气候的证据不断增加，如不采取行动，全球变暖将超过 4℃，远高于国际社会普遍接受的 2℃ 升温目标。

从国内发展看，2015 年全国 6000 千瓦及以上煤电机组供电标准煤耗 315 克/千瓦时，相比“十一五”期末下降 18 克/千瓦时，继续保持世界先进水平，超额完成国家《节能减排“十二五”规划》目标；电网建设、运行和管理水平快速提升，2015 年全国线路损失率为 6.6%，接近国际先进水平；发电结构及煤电结构优化，电力碳排放强度呈现持续下降趋势，2015 年全国每千瓦时煤电发电量二氧化碳排放约为 850 克，比 2005 年下降 18.9%；每千瓦时发电量二氧化碳排放约 627 克，比 2005 年下降 26.9%。此外，2014 年国家发展改革委、环保部、国家能源局联合印发《煤电节能减排升级与改造行动计划（2014 ~ 2020）》，提出全国新建燃煤发电机组平均供电标准煤耗低于 300 克/千瓦时；到 2020 年所有现役燃煤发电机组改造后平均供电煤耗低于 310 克/千瓦时，并进一步要求稳步推进东部地区现役燃煤发电机组实施大气污染物排放浓度基本达到燃机排放限值的环保改造。同时，在确保完成“十二五”碳强度下降目标的基础上，“十三五”还要继续设立强有力的碳排放控制目标，力争实现到 2020 年，在 2005 年的基础上，二氧化碳排放的强度下降 40% ~ 45% 的上限目标。

聚焦河南，2015 年全省煤电机组供电标准煤耗 315.63 克/千瓦时，相比“十一五”期末下降10.6克/千瓦时。为实现《巴黎协定工作方案》制定的“十三五”期间河南碳排放强度下降19.5%的目标，下一步，河南尚需继续推动能源结构优化，加强煤炭安全绿色开发和清洁高效利用，鼓励利用可再生能源、天然气、电力等优质能源替代燃煤使用，有序发展水电和天然气发电，协调推进风电开发，推动太阳能大规模发展和多元化利用，增加清洁低碳电力供应，大幅减少主要污染物排放总量。

二 河南发电碳排放的趋势研究

（一）河南省综合资源战略规划模型构建

面对应对气候变化的巨大压力，转变能源发展方式、调整能源结构、降低煤炭消费比重在我国获得高度重视，电力工业作为主要的煤炭消耗行业，通过大力发展风电、光伏发电等非化石能源，逐步降低了我国对煤炭等化石能源的依赖。风电、光伏发电等非化石能源由于受气候、天气等众多复杂因素影响，出力具有极强的不确定性，相较煤电等常规能源，前者要求系统有非常灵活的调节能力，如果这些非化石电源发展不考虑与有调节能力的电源协调规划，未来可再生能源“窝电”、“限电”现象仍会重演，将严重制约非化石电源的发展以及节能减排工作的开展。针对河南省地域、资源、需求特点，本文构建了河南省6大区域综合资源战略规划模型（HNIRSP）。

我国地域辽阔，资源分布不均衡，太阳能光伏资源主要集中在西北地区，风能资源主要分布在华北、东北、西北和华东沿海地区，而负荷中心却主要集中在东南部沿海和中部地区，且各地区存在较大负荷特性差异，因此，整合优化跨区资源，已成为我国电力系统发展的重要任务之一。截至2015年底，全国形成六大区域电网，其中，华北、华东、华中、东北四个区域电网和南方电网形成基本全覆盖的500千伏网架，西北电网在330千伏网架的基础上已建成750千伏网架。我国特高压电网快速建设对于优化配置资源的作用初步显现，国家电网公司跨省跨区跨国输电工程输电能力超过

8600 万千瓦，南方电网“西电东送”总输电能力也达到 2700 万千瓦。未来我国将加强省间、区域间电网的统筹协调，降低各省市的电网冗余建设，跨省、跨区互济，不仅可满足大煤电、大水电和大可再生能源基地电力输送需要，还要保障风、光等不确定性电源的有效利用。综合以上新形势和需要，本文构建了考虑我国 6 大区域电网跨区输电的综合资源战略规划模型。

两个模型都以整个规划期的社会总投入最小为目标函数，统筹考虑电力供需两侧各环节区内、跨区的制约因素，通过全局优化，得到未来各水平年的各类投资和运行费用、电源装机、电网建设规模、发电量、各种污染物排放量等结果。具体目标函数、约束条件如下。

1. 目标函数

目标函数为规划期内总成本 f 最小（考虑资金的时间价值），包括电源成本 C^{Gen}、EPP 成本 C^{EPP} 和排放成本 C^{Emi}：

$$\min f = C^{Gen} + C^{EPP} + C^{Emi} \tag{1}$$

电源成本 C^{Gen} 包括规划期内各年投运机组的固定费用和所有机组的运行费用：

$$C^{Gen} = C_{cap}^{Gen} + C_{run}^{Gen} \tag{2}$$

式（2）中，C_{cap}^{Gen} 表示各年考虑建设补贴的投运机组固定投资之和；C_{run}^{Gen} 为各年考虑运行补贴的所有机组运行费用之和。

能效电厂成本 C^{EPP} 包括规划期内各年新增 EPP 的固定费用和所有 EPP 的运行费用：

$$C^{EPP} = C_{cap}^{EPP} + C_{run}^{EPP} \tag{3}$$

式（3）中，C_{cap}^{EPP} 为各年考虑推广补贴的新增 EPP 固定投资之和；C_{run}^{EPP} 表示各年考虑运行补贴的所有能效电厂运行费用之和。

排放费用 C^{Emi} 包含规划期内各年各类电厂的污染物排放费用：

$$C^{Emi} = C_{CO_2}^{Emi} + C_{SO_2}^{Emi} + C_{NO_x}^{Emi} \tag{4}$$

式（4）中，$C_{CO_2}^{Emi}$、$C_{SO_2}^{Emi}$、$C_{NO_x}^{Emi}$分别表示各年 CO_2、SO_2、NO_X的排放费用之和。

2. 约束条件

模型涉及电力供需两侧各个环节，包含十余类约束，下面将介绍其中主要的约束条件。

（1）装机规模约束。每年各类电源（包含 EPP）的装机规模不超过一定的限度：

$$P_{r,m,y-1}^{endGen} + P_{r,m,y}^{newGen} \leqslant P_{r,m,y}^{maxGen} \tag{5}$$

式（5）中，$P_{r,m,y-1}^{endGen}$为第 $y-1$ 年末区域 r 中第 m 类机组的装机容量（考虑机组退役情况）；$P_{r,m,y}^{newGen}$为第 y 年第 m 类机组的新增装机容量；$P_{r,m,y}^{maxGen}$表示第 y 年末第 m 类机组的最大装机容量限度。

（2）电力约束。考虑各区域电网负荷特性的差异，各区常规电源装机容量（考虑备用容量）、能效电厂等效容量和跨区输入电力之和不小于各区最大负荷需求和跨区输出电力之和：

$$L_{r,y}^{max} + \sum_{rr} P_{r,rr,y}^{Tran} \leqslant \sum_{m} P_{r,m,y}^{endEGen} + \sum_{e} P_{r,e,y}^{EndEEPP} + \sum_{rr} P_{rr,r,y}^{Tran} \tag{6}$$

式（6）中，$L_{r,y}^{max}$为第 y 年区域 r 的最高负荷预测值；$P_{r,m,y}^{endEGen}$为第 y 年末区域 r 中第 m 类机组的有效出力；$P_{r,e,y}^{endEEPP}$第 y 年末区域 r 中第 e 类 EPP 的等效容量；$P_{r,rr,y}^{Tran}$为第 y 年从区域 r 输送到区域 rr 的输电通道容量。

（3）电量约束。常规电源发电量、能效电厂等效发电量和跨区输入电量之和等于负荷需求电量和跨区输出电量之和：

$$E_{r,y}^{maxL} + \sum_{rr} E_{r,rr,y}^{Tran} = \sum_{m} E_{r,m,y}^{Gen} + \sum_{e} E_{r,e,y}^{EEPP} + \sum_{rr} E_{rr,r,y}^{Tran} \tag{7}$$

式（7）中，$E_{r,y}^{maxL}$为第 y 年区域 r 的最高电量预测值；$E_{r,m,y}^{Gen}$为第 y 年区域 r 中第 m 类机组的发电量；$E_{r,e,y}^{EEPP}$表示第 y 年区域 r 中第 e 类 EPP 的等效发电量；$E_{r,rr,y}^{Tran}$、$E_{rr,r,y}^{Tran}$分别表示第 y 年从区域 r 输出到区域 rr 的电量和从区域 rr 输入区域 r 的电量。

（4）跨区电力、电量约束。跨区输电通道电力、电量要在规划限度的约束下：

$$P_{r,rr,y}^{\min Tran} \leqslant P_{r,rr,y}^{Tran} \leqslant P_{r,rr,y}^{\max Tran} \tag{8}$$

$$E_{r,rr,y}^{\min Tran} \leqslant E_{r,rr,y}^{Tran} \leqslant E_{r,rr,y}^{\max Tran} \tag{9}$$

式（8）中，$P_{r,rr,y}^{\max Tran}$、$P_{r,rr,y}^{\min Tran}$分别表示第y年从区域r到区域rr跨区输电通道的容量上、下限。$E_{r,rr,y}^{Tran}$为第y年从区域r输送到区域rr的电量；$E_{r,rr,y}^{\max Tran}$、$E_{r,rr,y}^{\min Tran}$分别表示第y年从区域r到区域rr跨区输送电量的上、下限。

（5）调峰约束。

a）区域内常规电源、能效电厂、跨区输电的可调容量之和不小于不确定性电源（主要是风电、光伏发电）的有效出力和系统最大峰谷差；

b）区域低谷负荷在扣除常规电源最小出力和跨区输电最小输送容量之后不小于不确定性电源（主要是风电、光伏发电）的有效出力：

$$\begin{cases} \Delta L_{r,y}^{\max V} + \sum\limits_{w} P_{r,w,y}^{endEGen} \leqslant \sum\limits_{m} A_{r,m,y}^{endGen} + \sum\limits_{e} A_{r,e,y}^{endEEPP} + \sum\limits_{rr} A_{rr,r,y}^{Tran} \\ \sum\limits_{w} P_{r,w,y}^{endEGen} \leqslant L_{r,y}^{valley} - \sum\limits_{m} P_{r,m,y}^{lowGen} - \sum\limits_{rr} P_{rr,r,y}^{lowTran} \end{cases} \tag{10}$$

式（10）中，$\Delta L_{r,y}^{\max V}$为第y年区域r的最大峰谷差；$L_{\mathrm{r,y}}^{valley}$表示第$y$年区域$r$最大负荷日最小负荷；$P_{r,w,y}^{endEGen}$为第$y$年末区域$r$中不确定性电源$w$的有效出力；$A_{r,m,y}^{endGen}$、$A_{r,e,y}^{endEEPP}$、$A_{rr,r,y}^{Tran}$分别表示第$y$年末区域$r$的常规电源的可调节容量、能效电厂的等效可调节容量和跨区输电的可调节容量；$P_{r,m,y}^{lowGen}$、$P_{rr,r,y}^{lowTran}$分别为第y年末区域r的常规电源的最小出力和跨区输电最小输送容量。

（6）污染物排放约束。每年化石能源发电排放的CO_2、SO_2、NO_X不大于限定值：

$$\sum_{m} (E_{r,m,y}^{endGen} \times I_{r,m,y}^{O}) \leqslant O_{r,y}^{\max} \tag{11}$$

$$\sum_{m} (E_{r,m,y}^{endGen} \times I_{r,m,y}^{S}) \leqslant S_{r,y}^{\max} \tag{12}$$

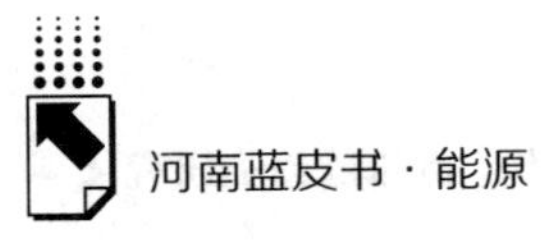

$$\sum_{m}\left(E_{r,m,y}^{endGen}\times I_{r,m,y}^{N}\right)\leqslant N_{r,y}^{\max} \tag{13}$$

式（11）（12）（13）中，$E_{r,m,y}^{endGen}$为第 y 年末区域 r 中第 m 类机组的发电量；$I_{r,m,y}^{O}$、$I_{r,m,y}^{S}$、$I_{r,m,y}^{N}$分别表示第 y 年区域 r 中第 m 类机组的 CO_2、SO_2、NO_X排放强度；$O_{r,y}^{\max}$、$S_{r,y}^{\max}$、$N_{r,y}^{\max}$分别为第 y 年区域 r 中 CO_2、SO_2、NO_X排放限值。

（7）补贴约束。电源补贴（固定成本补贴和运行成本补贴）和 EPP 补贴不能高于一定限度：

$$S_{r,y}^{Gen}+S_{r,y}^{EPP}\leqslant S_{r,y}^{\max} \tag{14}$$

式（14）中，$S_{r,y}^{Gen}$为第 y 年区域 r 的电源补贴；$S_{r,y}^{EPP}$为第 y 年区域 r 的 EPP 运行成本补贴；$S_{r,y}^{\max}$为第 y 年区域 r 的补贴上限。

（二）发电碳排放趋势研究

1. 电源结构对比

从装机容量来看，由图 1 可知，预计 2016～2030 年河南地区化石能源装机容量逐渐增长，增速将逐渐放缓，2016～2020 年年均增速为 2.8%，2021～2025 年略微升至 3.0%，2026～2030 年降至 0.7%。2016～2030 年全国的化石能源装机容量仍然保持一定增长，2020 年、2025 年、2030 年全国化石能源装机容量将分别达到 1120 吉瓦、1278 吉瓦、1553 吉瓦，2016～2020 年保持年均 2.5% 的增长率，2021～2025 年年均增速略微提高至 2.7%，2026～2030 年年均增速将提高至 4.0%。华中地区化石能源的装机容量在 2016～2020 年较为稳定，基本保持在 150 吉瓦左右，2021～2025 年开始逐年增长，年均增长率为 4.1%，2026～2030 年年均增速降低至 2.7%。

从电源结构占比来看，河南地区非化石能源装机占比相对于全国平均水平以及华中地区平均水平来说，整体较低。预计在 2016～2030 年河南地区非化石能源装机容量将保持较快增长，2020 年、2025 年、2030 年非化石能源占比将分别达到 25.6%、32.9%、47.7%。2016～2030 年全国非化石能

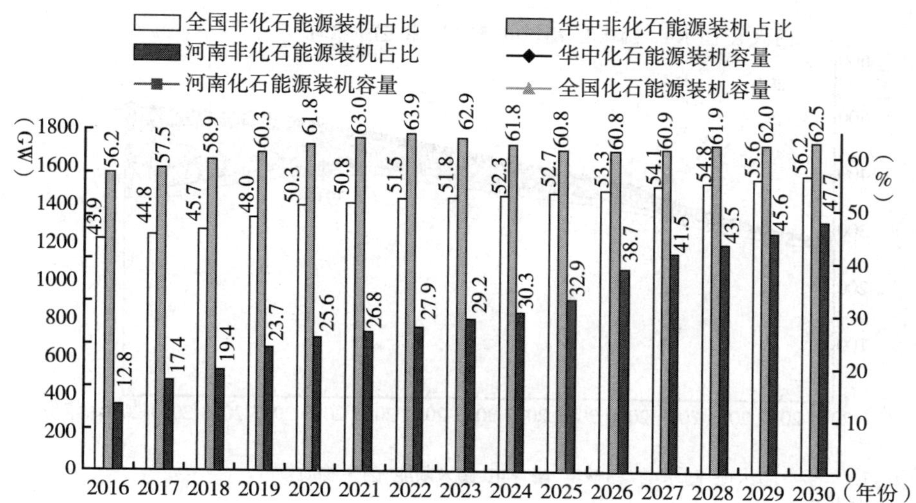

图1　全国及华中地区、河南化石能源装机容量与非化石能源装机占比变化

源装机占比将保持稳定增长，2020、2025、2030 年将分别达到 50.3%、52.7%、56.2%。华中地区非化石能源装机占比在 2022 年达到顶峰，约为 63.9%；2022 年后非化石能源装机占比逐年下降，在 2025 年前后将降至 60.8%；2025～2030 年非化石能源装机占比逐年增长，在 2030 年达到 62.5%。

2. 分技术发电量对比

从发电量来看，如图 2 所示，2016～2030 年全国及华中地区、河南的化石能源发电量均经历了“逐步增长，2026 年达到峰值，然后逐步放缓”的过程，其化石能源发电量峰值分别约为 45030 亿千瓦时和 7560 亿千瓦时、3910 亿千瓦时。从水电、核电、风电、太阳能、生物质等非化石能源发电量来看，2016～2030 年全国及华中地区、河南均将保持较快增长。

从分技术发电量比例来看，河南地区未来仍以化石能源发电为主，预计 2016～2030 年非化石能源发电的比例将有一定程度增加，但是所占比例仍然低于化石能源发电。未来全国水电、核电、风电、太阳能、生物质等非化石能源发电量的比例将逐渐升高，将在很大程度上减少化石能源的消耗，有利于缓解环境污染问题。华中地区由于资源禀赋特点，以煤电和水电为主，

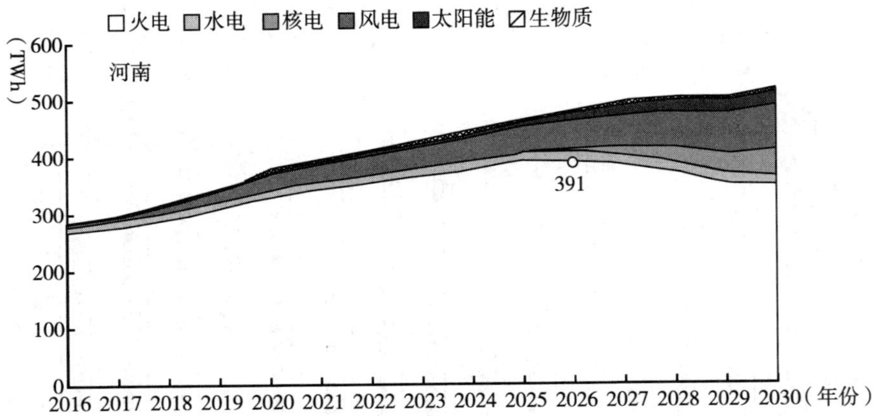

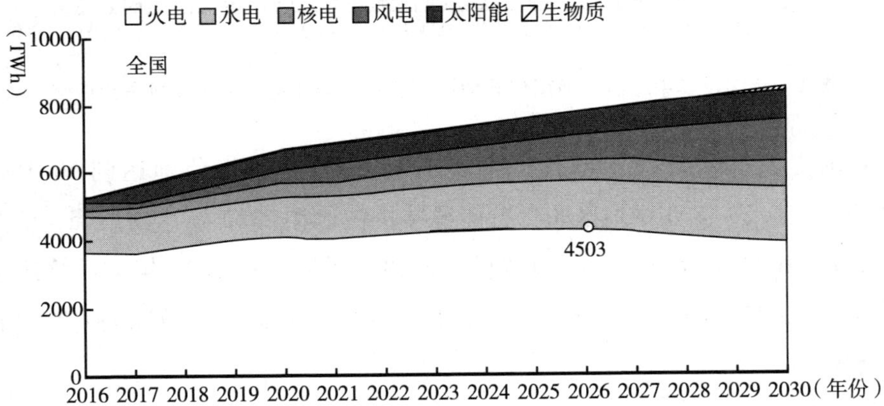

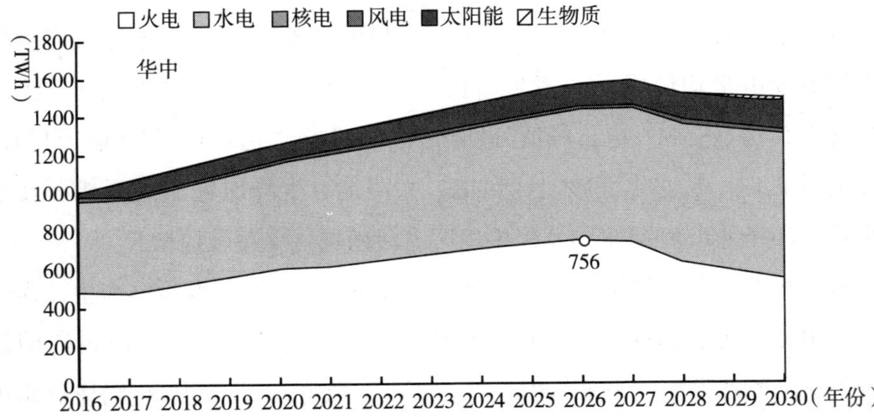

图 2　全国及华中地区、河南分技术发电量

非化石能源发电的比例较小。

3. 排放情况对比

从发电二氧化碳排放变化情况看，到2030年，全国及华中地区、河南的发电二氧化碳排放量呈现先增长后降低的趋势。河南地区的发电二氧化碳排放峰值在2026年左右达到，峰值为29400万吨；全国范围的发电二氧化碳排放峰值在2024年左右达到，峰值为344200万吨；而华中地区的发电二氧化碳排放峰值在2026年左右达到，峰值为57500万吨（见图3）。

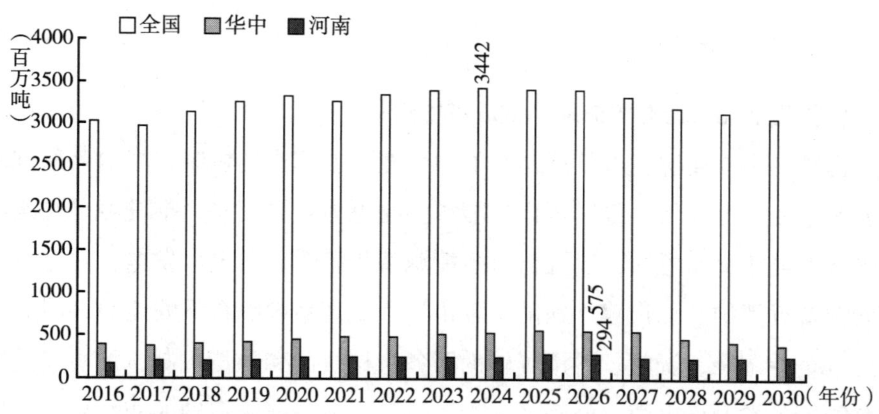

图3　2016～2030年全国及华中地区、河南发电二氧化碳排放变化情况

对比全国及华中地区、河南装机结构变化和分技术发电发展变化情况的分析可知，由于河南省化石能源装机容量呈现持续增长趋势，煤电仍占据较强的主导地位，且非化石能源发电占比较小，因此，河南省发电二氧化碳排放有别于全国及华中地区，呈不断增加的趋势。

三　结论建议

（一）主要结论

绿色、低碳、清洁化成为新时期电力行业发展的重要特征。研究表明，由于受地理位置和资源禀赋影响，河南未来很长一段时间仍将以化石能源发电为主，化石能源发电占比将持续保持 50% 以上；未来河南非化石能源发电将继续保持快速增长，其电力、电量占比均将不断提升，其中风电和太阳能发电呈现爆发式增长。

2026 年河南省化石能源发电二氧化碳排放将达峰值，与全国将在 2024 年和华中地区将在 2026 年左右达到峰值的趋势基本相同。河南电力工业应对气候变化的任务十分艰巨，建议在相关政策、机制建设等方面进一步推进。

（二）主要建议

1. 促进非化石能源的消纳，推进市场机制

提高可再生能源发电就近消纳能力，充分发挥市场机制在消纳存量可再生能源中的关键作用，鼓励可再生能源参与电力直接交易，推进可再生能源与煤电发电权交易置换，以及可再生能源替代燃煤自备电厂发电，促进可再生能源就近消纳。加快建立辅助服务市场，提高系统综合调峰能力，建立健全发电企业调峰、调频、备用等辅助服务考核机制和补偿机制；加快建设抽水蓄能等各类调峰电源，鼓励各方投资建设服务新能源消纳的调峰机组。加强政府监管，加大政策执行力度，提高国家各项清洁能源发展政策措施的统一性和连续性，稳妥处理好电力行业当期投资与长远发展之间的关系，为清洁能源的健康有序发展提供健康的政策环境。

2. 加强需求侧管理，促进节能减排

强化电力需求侧管理的政策激励，建立健全相关的财政、税收、投融资政策，鼓励开发、推广和使用节能新技术、新产品。充分考虑电力需求侧管理成本，通过收取专项基金等方式解决资金来源问题。加快制定和完善主要耗电行业、耗电产品的准入标准、节能设计规范，严把能效关。推行合同能源管理和节能投资担保制度，建立健全节能效益分享机制；鼓励和支持一些地区建立电力需求侧管理平台，强化用电负荷管理，推动这些地区科学用电和节约用电；完善法律法规，加快制定电力需求侧管理的专门法规，明确各相关主体的权利、义务和责任，为实施电力需求侧管理创造良好的法律环境；推动全民参与，电力需求侧管理是一个系统工程，涉及各行各业、千家万户，需要社会各界共同关注、积极参与。要继续加大宣传力度，强化专业培训，坚持“谁参与、谁获利”，营造全社会共同参与的良好氛围。

3. 建立低碳经济下电网规划和运行机制

结合地区资源禀赋，坚持各类能源资源的统一规划，协调发展，开展中长期规划，远近结合，滚动优化；建立竞争性电力市场，必须加快推进电力市场机制和电力运行调度方式改革，取消发电量计划管理制度，形成由市场供需和边际成本决定市场价格的机制，通过竞争方式安排各类机组的发电次序，精细优化确定运行计划、备用容量安排，建立适应我国低碳能源发展的新型调度机制和管理办法。

参考文献

韩毅：《河南省工业发展现状分析》，《北方经贸》2016 年第 4 期。

林采宜、时伟翔：《从资源结构看中国经济转型》，《新金融评论》2014 年第 4 期。

中国电力企业联合会规划与统计信息部：《2016 年度全国电力供需形势分析预测报告》，2016。

单葆国、韩新阳、谭显东：《中国“十三五”及中长期电力需求研究》，《中国电力》2015 年第 1 期。

国家发展和改革委员会：《可再生能源发展“十三五”规划》，2016。

胡兆光：《综合资源战略规划与电力需求侧管理》，中国电力出版社，2015。

舟丹：《2020 年我国电源结构规划设想》，《中外能源》2012 年第 9 期。

朱成章：《中外非化石能源统计分析的启示》，《中外能源》2011 年第 5 期。

程路、蒋莉萍、白建华：《实现 2020 年 15% 非化石能源目标路径研究》，《中国能源》2010 年第 8 期。

程耀华、张宁、康重庆：《考虑需求侧管理的低碳电网规划》，《电力系统自动化》2016 年第 23 期。

曾鸣、王良、李娜：《美国电力需求侧资源的应用及其启示》，《华东电力》2013 年第 7 期。

Abstract

This book is jointly compiled by State grid Henan Economic research institute and Henan academy of social sciences. The theme of the book is "deepening structural reform of energy supply side". This book systematically analysis the status quo and problems of Henan province energy-related industries in 2015 and 2016 and make forecast outlook for the development trend of 2017. This book discusses Henan initiatives and results of promoting energy supply side structural reform and changing the mode of energy development from all-round and multi-angle. Simultaneously this book proposes countermeasures and suggestions of promoting Henan energy development transformation under the new form. It will have reference value to government, energy companies, research institutions and social public-research institutions that enhance understanding of Henan energy development status. The main content of this book can be divided into four parts: general report, industry development articles, prediction and evaluation, reform and innovation.

The general report of this book sets forth the basic viewpoints of energy development trend and predictionof Henan province from 2016 to 2017, and the prospect and countermeasure of energy development in Henan under the background of supply side reform. According to the general report, in 2016, face of the new situation of economic transition and energy development transformation, Henan has thoroughly implemented the development concept of "innovation, coordination, green, openness and sharing", actively changed the energy development mode, vigorously promoted the energy policy of "saving inside, importing outside". Henan adhered to energy safety bottom line, ecological red line, energy efficiency main line, Energy development shows a good momentum that the demand is effectively controlled, the supply is smooth and orderly, the structure is continuously optimized and the efficiency is continuously improved. However, it also faces with the overcapacity of traditional energy; both total control and emission reduction are difficult, the overall efficiency of the energy system is low, "fog haze Besieged City" and other issues. In 2017, energy consumption is expected to total 20. 1 million tons of standard coal, increase of 6. 7% ; energy consumption of 245 million tons of standard coal, increase of 2. 5% ; renewable energy consumption totaled 15. 2 million tons of standard coal, accounting for 6. 3% of primary energy consumption.

The industry development part of the book relied on the team of experts and scholars in the energy industry and research institutions. And it focused on the analysis and assessment and estimated of the resource statue , development of current situation and development trend of Henan province coal, petroleum, natural gas, electric power and clean energy resources industry in 2016. And the book forecast the development trend of various industries in 2017, key tasks and measures of improving quality and increasing efficiency in various industries are put forward under the energy transformation environment.

The forecast and evaluation part of this book, mainly through the key indicators analysis and quantitative analysismodel, the Henan province energy supply and demand, power supply and demand situation was analyzed and studied, and also analyzed and forecast in 2017. In addition it also analyzed and assessed "the relationship between energy and economic development", "the relationship between power and economic development", "energy efficiency" and "coupling relationship between energy system and industry system" .

The reform and innovation part focused on the hot topics of market-oriented reform, energy transformation, development trend of electricity and economy, transformation of rural power network, relationship between electricity and economy, how the "Two alternatives" promote Atmospheric Haze governance, and studied the special research of "reform and inspiration of foreign electricity sales market ", " Development path of research for innovation drive energy transformation and upgrading of Henan province", " economic and electricity change trend in the process of crossing middle-income trap", "the Promotion of Rural Net Development to the Economic and Social Development of Henan Province", "the mechanism and path of "Two alternatives" promote Atmospheric

Haze governance", "Research on the development trend of non-fossil energy of Henan province" etc., put forward the suggestions and countermeasures to promote the transformation of energy development of Henan province from multi dimensions and perspectives.

Contents

I General Report

B. 1 Promote Energy Revolution, Plan for Green Development

—*Analysis and Prospect of Energy Development of Henan Province in 2016 – 2017*

Research Group of Blue Book of Henan's Energy / 001

Abstract: In the year of 2016, the energy strategy of "saving inside, importing outside" is implemented in Henan province, firmly establish the new development concept and further promote energy structural reform of the supply side, which helps maintaining a stable and orderly energy supply and demand situation. The energy development presents a good momentum, its structure has optimized and the efficiency has improved. In 2017, the external environment of Henan energy development will be still complex, for example, the shortages of energy subsequent supply, the difficulty of total amount control and emission reduction, etc. All those problems are difficult and need long-term to solve. As mentioned above, promoting energy green and low-carbon transformation will still face many difficulties and challenges. Based on the analysis of situation in 2016 and the trend judgment in 2017, research group comes to a conclusion that the energy demand will grow at a low rate and the overall easing of supply and demand will continue in 2017. It is expected that, in 2017, the total energy production of Henan will increase 6.7%, and the increasing of total energy consumption is 2.9%. In 2017, Henan energy transformation and upgrading should focus on improving the quality and efficiency and development, take the deepening energy supply side structural reform as thread, promote energy production and consumption revolution, make efforts to resolve and prevent excess capacity, foster innovation and development momentum, fill energy development short board, enhance energy service level. All the measures above will provide a strong guarantee for achieving a well off society and making Henan more colorfully.

Keywords: Henan Province; Energy Development; Situation Analysis; Prospect

Ⅱ Industry Development

B. 2 Analysis and Prospect on Development Trend of Coal Industry of Henan in 2016 -2017 *Ma Renyuan* / 031

Abstract: Since 2016, Henan Province has actively implemented the structural reform of coal supply side, made efforts to cut excessive coal production capacity, and accelerated the optimization and adjustment of industrial structure. However, due to resource constraints and market supply and demand, the development of Henan coal industry is facing many challenges such as the lack of market demand, the slow adjustment of the transformation and upgrading and so on, there are still many difficulties in the development of this industry. On the basis of combing the characteristics of coal resources and development in Henan province and the existing problems in the development of coal industry, this paper analyzes the development of Henan coal industry in 2016, predicts the development of coal industry in 2017, puts forward the countermeasures and suggestions about coal industry transformation, upgrading, innovation and development in Henan Province.

Keywords: Coal Industry; Henan Province; Prospect Analysis; Industrial Upgrading;

B. 3 Analysis and Prospect of Henan Oil Industry Development Situation in 2016 -2017 *Su Dong*, *Li Zong* / 048

Abstract: Affected by the complexity of the global economic situation, the downward pressure of the oil industry in Henan Province is pretty big. Due to the relative lack of oil resources, the per capita oil reserves is much lower than the domestic average, what's more, the overall processing capacity is relatively small, the external dependence is relatively high, and the product variety is relatively simple. This paper based on the summary of oil development characteristics in Henan Province, in-depth analyses the development of oil industry situation in 2016, makes a prediction for the development of oil industry in 2017, and at last makes countermeasures and suggestions about the healthy and orderly development, transformation and upgrading of the oil industry in Henan Province.

Keywords: Henan Province; Petroleum Industry; Prospect Analysis; Industrial Upgrading;

B. 4 Analysis and Prospect of Henan Nature Gas Industry Development Situation in 2016 -2017

Liu Lixin, *Li Zong* / 060

Abstract: Henan province is in a critical period of energy transformation and development. As transition energy from fossil energy to Non-fossil energy, natural gas consumption will show a rapid growth trend. The paper in-depth analyses the development characteristics of Henan natural gas industry in 2016 and the development environment of natural gas industry in 2017. Meanwhile the paper made a situation prediction and proposed countermeasures for healthy and rapid development of Henan natural gas industry.

Keywords: Henan Province; Natural gas industry; Prospect Analysis;

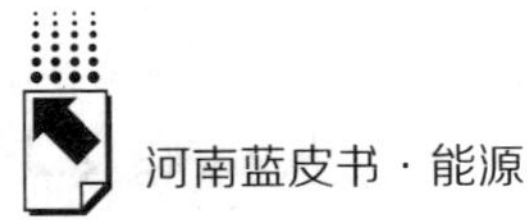

B. 5 Analysis and Prospect of Henan Electric Power Industry Development Situation in 2016 -2017

Yu Xiaopeng / 073

Abstract: The power industry is related to the base of the current economic development beneficial to the people's livelihood industry, Henan province has entered a new norm, the energy revolution is accelerating and the development situation of electric power industry has undergone profound changes. This paper makes a review of the development of electric power industry during the "12th Five -Year" period in Henan Province, the development situation of the electric power industry in Henan Province in 2016 was analyzed, the electricity power industry development situation of Henan Province in 2017 is prospected, pertinently put forward the strategies and suggestions for the development of power industry in Henan province.

Keywords: Henan Province; Electric Power Industry; the Situation of Supply and Demand; Countermeasure and Suggestions

B. 6 Analysis and Prospect of Henan Renewable Energy Development Situation in 2016 -2017

Li Wenfeng, *Mao Yubin* / 092

Abstract: For a long time, fossil energy has been the major components of energy consumption in Henan Province, nowadays, the proportion of non-fossil energy consumption is 6% , and the power consumption of non-water renewable is 2. 2% of the total power consumption. China requires that the proportion of non-fossil energy consumption of Henan in 2020 should reach more than 7% , the power consumption of non-water renewable should reach 7% of the total power consumption. The energy transformation is a difficult task. The development situation of renewable energy is analyzed in 2016, the facing situation is expected in and the development is also overcalled in 2017. This paper anticipates the development situation of Henan renewable energy, and put forward the countermeasures for the development of renewable energy of Henan province.

Keywords: Henan Province; Renewable Energy Source; Green Transformation; Prospect Analysis;

B. 7 Ten Hot Events of Henan Energy in 2016 *Wang Yuanliang* / 114

Abstract: 2016 is the first year of the "13th Five – Year" plan of Henan energy development, and also a crucial year for the energy supply side structural reform. This paper focuses on energy and environment, introduces ten-hot-events in the year of 2016, including the 2016 annual energy work conference of Henan province, the national development cooperation framework agreement signed by the Henan province government and the State Grid Corporation of China (SGCC). What's more, it also includes many major policies such as "Some opinions on deepening the reform of mineral resources management", "Implementation plans on Henan electric power replacement (2016 – 2020)", "Implementation plans on cutting Henan excessive production capacity of coal", "Comprehensive pilot scheme of Henan electric power system reform". Carding and summarizing the hot events of Henan province's energy development.

Keywords: Henan Province; Energy; Hot Events

Ⅲ Prediction and Evaluation

B. 8 Review on Henan Energy Supply and Demand Situation in 2016 and Prospect for 2017 *Li Hujun* / 126

Abstract: Under the background of new normal economic and energy revolution, energy supply and demand situation in Henan province shows new characteristics, this paper firstly reviewed of energy supply and demand situation in Henan province, Energy supply, demand and investment in different periods showed different characteristics. This paper predicted the energy structure based on the grey prediction model of total energy supply and demand in Henan province in 2017, which concluded that: in 2017, Henan province energy countless gap will expand in further, its self-sufficiency rate will be slow down and energy utilization, energy structure optimization will become a trend step by step.

Keywords: Henan Province; Energy Supply; Energy Demand; Grey Prediction Model

B. 9 Reviews on Henan Electricity Demand Situation in 2016 and Prospect for 2017 *Deng Fangzhao* / 138

Abstract: Affected by continuous adjustment of the industrial structure, especially the "cut excessive capacity" brings the development of high energy consuming industries slowed down, and the electricity consumption grew slowly due to the continuous adjustment of industrial structure, especially the high energy consuming industry growth decline. This paper reviews the electricity consumption development situation in 2016 from the dimensions of electricity consumption growth, demand structure, power load and industry expansion installation. What's more, combing the impacts of supply-side structural reform, power system reform, electric power replacement and air pollution control, this paper prospects the electricity demand of Henan province in 2017, and makes some recommendations for promoting the transformation and upgrading of Henan electricity consumption.

Keywords: Henan Province; Power Demand; Situation Review; Influence Analysis; Load Forecasting

B. 10 Analysis and Evaluation of the Relationship Between Energy and Economic of Henan Province *Liu Junhui* / 158

Abstract: Energy and coordinated economic development is the important content of sustainable development. This paper based on analyzing the relationship between energy supply and demand and economic growth, constructing a model of evaluating the energy and coordinated economic development of Henan province and evaluates the matching degree and coupling between energy and industrial system of Henan province and 18 cities. Energy industry extensive development mode and extensive economic development mode with high consistency, improve the level of energy development and utilization is the important way to realize economic sustainable development. Since the 12th five-year, the coordination between energy and economy of Henan has a rapid increase, but the coordination of different cities are different, the coordination of more developed cities like Zhengzhou are higher, and the cities like Hebi, need to improve the coordination between energy and economy.

Keywords: Henan Province; Energy Consumption; Economic Growth; Correlation Analysis; Coordination Assessment

B. 11 Analysis and Evaluation of the Relationship Between Electric Power and Economic of Henan Province

Wang Jiangbo / 169

Abstract: The electricity demand is closely related to the economic development. At different stages of economic and social development, the relationships between the electric power and the economy change accordingly. Taking the main factors affecting the power-economy relationship (such as industrial structure, energy intensity, policy, climate, etc.) as the starting point, this paper comprehensively analyzed the long and short-term power and economic relations of the whole province and sub region from the total amount correlation, growth relevance, structural relevance and energy intensity, etc. Finally this paper evaluated and predicted the electricity demand situation of the "13th Five -Year" period in Henan Province according to the evolution of power economic relations and different economic development scenes.

Keywords: Henan Province; Electricity Economic Relations; Evaluation Prediction; Coefficient of Elasticity

B. 12 Comprehensive Evaluation of Energy Efficiency of Henan Province *Yin Shuo* / 186

Abstract: Energy supply and demand contradictions have always been existed due to the limited resource endowments in Henan, and improve energy efficiency is an important way to ease the contradiction. In this paper, the energy efficiency of Henan Province is evaluated, the regional and industrial differences of energy efficiency in Henan is analyzed via the index of GDP per capita energy consumption. Based on total factor energy efficiency evaluation method and multiple regression model, evaluate the energy environmental efficiency of Henan Province during the 12th five-year from input-output, environment constraints and innovation driven. The result of horizontal comparison with the other provinces shows that energy efficiency of Henan province is in the middle and lower level, energy efficiency improvement path needs to be further optimized.

Keywords: Henan Province; Energy Efficiency; Total Factor Energy Efficiency; Comprehensive Evaluation

B. 13 Research of Coupling Relationship Between Energy System and Industry System of Henan Province *Yang Meng* / 205

Abstract: Promote transformation of energy development and industrial structure upgrading need to co-ordinate and promote each other. Based on the analysis of characteristics of energy system and industrial system in Henan province, on the basis of building energy system-industry system coupling evaluation model,

Evaluating the coupling in Henan province since Tenth five-year, and compared with China. Research results show that the coupling energy system and industrial system of Henan province overall level is low, but the trend rising. From the perspective and the contrast, between Henan province and the country, there is a certain gap but the gap in the gradually narrowed.

Keywords: Henan Province; Energy System; Industry System; Coupling Degree Evaluation

Ⅳ Reform and Innovation

B. 14 Reform and Inspiration of Foreign Electricity Sales Market

Song Dawei / 220

Abstract: The core of electric power system reform is: three release、one independence and three intensify. The sale side reform will be the best part of the power reform. Summarizing the progress of the sale side reform abroad, that can find the ways and means adopted by different countries have its own focus. Different countries make different attempt in the field of theoretical direction、top-level design、implement step by step and reformation and adjustment. In order to move forward the release of sale side reform, the Henan province should under the overall framework of nine texts that is release both ends and supervise the middle. Meanwhile, Henan province should bring into the building process of unified national electricity market system, making overall consideration and steadily advance. The paper draw on the experience of sale side reform in abroad and make targeted discussion on the implementation route of the sale side release in Henan.

Keywords: Sales Market; Reform Mode; Operation Mode; Experience Enlightenment

B. 15　Development Path of Research for Innovation Drive Energy Transformation and Upgrading of Henan Province

Peng Junjie / 237

Abstract: Energy innovation plays a decisive role in the energy revolution, must be placed in the core position of overall energy development. As for the development of Henan province, long-term high input, high consumption, high emission and low efficiency of the extensive economic growth mode still exists, the contradiction between economic growth and energy consumption is increasingly prominent, innovation-driven transformation and upgrading of the energy is imminent. This paper puts forward "13th Five –Year" and a period in the future of Henan province to innovate driving energy transformation and upgrading of development, to improve the energy capacity for independent innovation, such as building technology innovation system, creating innovative demonstration base, establishing innovation service platform.

Keywords: Henan Province; Innovation Drive; Energy Transformation and Upgrading; Path Analysis

B. 16　Research of Economic and Electricity Change Trend in the Process of Henan Crossing Middle-income Trap

Bai Hongkun / 248

Abstract: The Henan province is in a critical period of crossing the middle-income trap, meanwhile the pattern of economic development and power economic relations is changing. It is necessary to study the new trend of the power economic relations, and to provide support for energy and power strategy making. Starting research with the mechanism of middle-income trap, this paper analyzes the power economic characteristics of the countries trapping into and successfully crossing the middle-income trap. The paper elaborates the Henan province's economic and power change trend in the process of crossing middle-income.

Keywords: Henan Province; Middle-income Trap; Power Economic Characteristics; Trend Analysis

B. 17 Research on the Promotion of Rural Net Development to the Economic and Social Development of Henan Province

Research Group of Blue Book of Henan's Energy / 274

Abstract: "The 13th Five – Year Plan" period is the decisive stage of the comprehensive construction of a well-off society in Henan Province, carrying county power supply task of rural power grid including 90% of the area of Henan Province、80% of the population、70% of the total economy , which has a crucial impact on the comprehensive construction of a well-off society in rural areas. This paper introduces the development achievements of Henan rural power grid in the past three years, and elaborate that accelerating the development of rural power grid to promote the Economic and Social Development in Henan role from following aspects which include expanding effective investment, stimulating the development of related industries, stabilizing economic growth, improving the equalization level of urban and rural electric power service, advancing poor areas to win the fight against poverty and promoting the upgrading of rural energy consumption structure and so on.

Keywords: Henan Province; Rural Power Grid; Service Economy Social Development; Poverty Alleviation

B. 18 Analysis of the Path of "Two Alternatives" Promote Atmospheric Haze Governance of Henan Province

Liu Yongmin, *Miao Fufeng* / 286

Abstract: Long term coal-based energy consumption structure and extensivemode energy utilization in Henan province have brought serious atmospheric pollution problems. This paper summarized atmospheric pollution status in Henan province, and analyzed formation mechanism and pollution sources of haze. Then presented "two alternatives" is the fundamental policy of haze governance. The "electricity replacement" paths are analyzed from technical, economical and substitution, such as electric-heater, electric-cooker, electric-boiler, electric-furnace, electric-vehicle, electric-rail and electric-well; the "clean energy replacement" paths are analyzed from technical feature, economic trend and development quantity, such as wind power, photovoltaic and power from outside. Finally, this paper gave the implementation achievement and policy suggestions of promoting "two alternative" strategic to govern haze in Henan province.

Keywords: Henan Province; Two Replacement; Electricity Replacement; Clean Energy Replacement; Haze Governance

B. 19 Research on the Development Trend of Non-fossil Energy of Henan Province

Zheng Yanan, *Gao Yajing* / 302

Abstract: In order to achieve the target of 15% and 20% of the share of non-fossil energy in primary energy, respectively in 2020 and 2030, accelerating the establishment of a clean, low-carbon modern energy system is necessary. Based on the strategic planning of integrated power resources, this paper discusses the future development trend of non-fossil power generation in Henan Province, and compares them with the national and central China regions to explore the peak of CO_2 emission from power generation. It can also provide reference for government and power grid enterprises to formulate development plans.

Keywords: Henan Province; Carbon Emissions from Power General; Fossil Fuels; Non-fossil Fuels; Trend Judgment

❖ 皮书起源 ❖

“皮书”起源于十七、十八世纪的英国，主要指官方或社会组织正式发表的重要文件或报告，多以“白皮书”命名。在中国，“皮书”这一概念被社会广泛接受，并被成功运作、发展成为一种全新的出版形态，则源于中国社会科学院社会科学文献出版社。

❖ 皮书定义 ❖

皮书是对中国与世界发展状况和热点问题进行年度监测，以专业的角度、专家的视野和实证研究方法，针对某一领域或区域现状与发展态势展开分析和预测，具备原创性、实证性、专业性、连续性、前沿性、时效性等特点的公开出版物，由一系列权威研究报告组成。

❖ 皮书作者 ❖

皮书系列的作者以中国社会科学院、著名高校、地方社会科学院的研究人员为主，多为国内一流研究机构的权威专家学者，他们的看法和观点代表了学界对中国与世界的现实和未来最高水平的解读与分析。

❖ 皮书荣誉 ❖

皮书系列已成为社会科学文献出版社的著名图书品牌和中国社会科学院的知名学术品牌。2016 年，皮书系列正式列入“十三五”国家重点出版规划项目；2012~2016 年，重点皮书列入中国社会科学院承担的国家哲学社会科学创新工程项目;2017 年,55 种院外皮书使用“中国社会科学院创新工程学术出版项目”标识。

S 子库介绍
Sub-Database Introduction

中国经济发展数据库

涵盖宏观经济、农业经济、工业经济、产业经济、财政金融、交通旅游、商业贸易、劳动经济、企业经济、房地产经济、城市经济、区域经济等领域，为用户实时了解经济运行态势、 把握经济发展规律、 洞察经济形势、 做出经济决策提供参考和依据。

中国社会发展数据库

全面整合国内外有关中国社会发展的统计数据、 深度分析报告、 专家解读和热点资讯构建而成的专业学术数据库。涉及宗教、社会、人口、政治、外交、法律、文化、教育、体育、文学艺术、医药卫生、资源环境等多个领域。

中国行业发展数据库

以中国国民经济行业分类为依据，跟踪分析国民经济各行业市场运行状况和政策导向，提供行业发展最前沿的资讯，为用户投资、从业及各种经济决策提供理论基础和实践指导。内容涵盖农业，能源与矿产业，交通运输业，制造业，金融业，房地产业，租赁和商务服务业，科学研究，环境和公共设施管理，居民服务业，教育，卫生和社会保障，文化、体育和娱乐业等 100 余个行业。

中国区域发展数据库

对特定区域内的经济、社会、文化、法治、资源环境等领域的现状与发展情况进行分析和预测。涵盖中部、西部、东北、西北等地区，长三角、珠三角、黄三角、京津冀、环渤海、合肥经济圈、长株潭城市群、关中—天水经济区、海峡经济区等区域经济体和城市圈，北京、上海、浙江、河南、陕西等 34 个省份及中国台湾地区 。

中国文化传媒数据库

包括文化事业、文化产业、宗教、群众文化、图书馆事业、博物馆事业、档案事业、语言文字、文学、历史地理、新闻传播、广播电视、出版事业、艺术、电影、娱乐等多个子库。

世界经济与国际关系数据库

以皮书系列中涉及世界经济与国际关系的研究成果为基础，全面整合国内外有关世界经济与国际关系的统计数据、深度分析报告、专家解读和热点资讯构建而成的专业学术数据库。包括世界经济、国际政治、世界文化与科技、全球性问题、国际组织与国际法、区域研究等多个子库。

法 律 声 明